WORK TOGETHER ANYWHERE

LISETTE SUTHERLAND / KIRSTEN JANENE-NELSON / JURGEN APPELO

リモートワーク

チームが結束する
次世代型メソッド

REMOTE

リセット・サザーランド／カースティン・ジャニーン＝ネルソン［著］　ヨーガン・アペロ［序文］

上田勢子／山岡希美［訳］

明石書店

WORK TOGETHER ANYWHERE
A Handbook on Working Remotely -successfully- for Individuals, Teams & Managers
by Lisette Sutherland, and Kirsten Janene-Nelson. Foreword by Jurgen Appelo

日本の読者のみなさんへ

新型コロナウィルス感染症ＣＯＶＩＤ－19によって、世界中の多くの人が、そして日本の皆さんも、リモートワークを余儀なくされています。リモートワークへの移行は、準備ができていないととても困難で、もどかしいものでしょう。仕事をする場所を見つけたり、新しい機器やツールを揃えたり、チームで協力して働くための新しい方法を探さなければなりません。

でも幸いなことに、リモートワークは成功させることができます。世界中の何千もの企業が距離を超えて仕事をする方法を見つけています。それに、リモートワークを正しく行うことができれば、そこには計り知れないほど多くのメリットがあります。働く人にとっては、自分の望むライフスタイルを設計する柔軟性が高まるでしょう。より強く結束力のあるチームをつくることもできます。そしてマネジャーはどこからでも、チームが前進するために目標を定めることができます。

このたび、本書が日本語に翻訳されたことを光栄に思います。この本が、日本の皆さんにとって、仕事に行くというのはどういうことなのか、そしてバーチャルでも仲間意識や信頼関係が構築できるということについての新たなインスピレーションになってくれることを願っています。

リセット・サザーランド

この本の使い方

リモートワークを成功させるためには、概して、特定のツールセット、スキルセット、マインドセットの組み合わせが必要です。具体的には、多様な場面や環境に応じて多様な組み合わせが求められます。あなたのニーズに最も適した組み合わせが判断できるように、本書は4つの部で構成されています。リモートワークの導入を検討中の人から導入後のアドバイスを求めている人まで、どの段階にいても、現時点であなたに最も役立つ情報が見つかるでしょう。

リモートワークの初心者は、第I部から始めてください。そこでは社員や雇用主がリモートワークを選択する主な理由が述べられています。第I部番外編では、バーチャル領域でどう効果を発揮すればよいかについてのよくある質問に対する回答や、職場勤務の重要なメリットを、オンラインでも再現する方法について紹介しています。

第II部ではリモートで働く人に焦点を当てて詳しく説明していきます。リモートワークへの移行を検討している人のために、第3章の冒頭では、リモートワークに必要なことがらを説明し、準備が整っているかどうかを自分で判断する方法を述べます。第II部番外編に示した詳しい質問票を、リモートワークの準備が整っているかどうかを決める手助けにしてください。その結果から、準備を整えるためには、具体的に何をすべきかが明確になります。上司（やチーム）を説得する方法や、リモートの職探しといった、次の段階へ続く助言もあります。第4章では、どうすれば自分でも、そして他者ともうまく働けるのかといったことについて、幅広い観点から述べます。

第Ⅲ部は経営者やマネジャーの視点から見たリモートワークについて検討します。バーチャル領域に初めて踏み込もうとする企業や部署のために、第5章ではその拡大に備える方法を説明します。第6章と第Ⅲ部番外編では、リモートワーカーを雇う方法について説明します。

第Ⅳ部では、リモートチームのマネジメントについて一通り述べます。従来の職場のニーズをオンライン領域でどう満たすか、共に働くためにチームのルールをつくるのかなど、誰にとっても生産的で効率的、それでいて楽しい経験にするための方法を紹介します。第10章には、効果的なミーティングを実行するためのガイドライン、試行を続ける方法、さらには会社が成長する時のリモートワークの拡張の方法についても述べられています。第Ⅳ部番外編にある〈マネジャーの行動計画《アクションプラン》〉では、各章で説明されている行動の手順をまとめて確認できます。

補記

本書の内容の中には、多様な読者や状況に合うように、必然的に重複している部分があります。つまり同じ情報が1ヵ所以上で、または何通りかの方法で書かれていることがあります。しかし、それらの重複箇所は、共に働く方法についての最も重要な事柄を強調しており、繰り返す価値があるものばかりです。

さて、私と一緒にリモートワークという素晴らしい世界の探検に出かけましょう！

本書の原書版はウェブ（https://worktogetheranywhere.pressbooks.com）からもアクセスできます。

原書のe-bookまたは書籍をご購入いただいた方はhttps://www.collaborationsuperpowers.com/passwordからパスワードを発行できます。

＊（ ）は著者による註。［ ］は訳者による註。

目次

第III部　リモートチームのマネジメント入門編――リモートワークの導入と雇用　177

用語解説

ELMO（「もう十分、先に進みましょう」Enough-Let's Move On.）ミーティング中に議題を予定通りに進めるために使用される手法。

X世代 1965年から1984年の間に生まれた世代。

Y世代 「ミレニアル世代」を参照のこと。

Z世代 2004年以降に生まれた世代。

アジャイル方法論 ソフトウェア開発の分野に由来し、大まかに言えば、プロジェクト管理とワークフローの「反復型《イテレーティブ》」手法［業務を小さく測定可能な中間目標《マイルストーン》に分けて、全工程を繰り返しながら効率的に素早く開発を進める手法］。

一方向面接 質問への回答を候補者がビデオで録画しておく面接（非同期面接や録画面接とも呼ばれる）。

反復型《イテレーティブ》 業務を小さく測定可能な中間目標《マイルストーン》に分けるアジャイルプロジェクト管理。

インスタントメッセージ（IM）（通常、携帯電話を使って送信されるテキストとは違って）コンピューターを使用して、二人の参加者の間で行われるテキストメッセージのセッション。IMセッションはどちらか一方の参加者が終了させるまで接続されたままの状態となる。

イントラネット 権限を与えられた者以外はアクセスすることができないプライベートネットワーク。

ウィキ 誰もが編集できる共同的なウェブサイトで、情報の宝庫とも言える。この用語は「素早い」を意味するハワイ語に由来している。初期のウィキ創設者であるウォード・カニンガム氏の言葉を借りると「ウィキの概念は最初は奇妙に思えるかもしれない。でも、飛び込んでリンクを探検すれば、すぐに慣れてくるだろう。ウィキは合成システムであり、議論用の媒体であり、リポジトリであり、メールシステムであり、コラボレーションのためのツールだ。私たちは明確にそれが何であるかは分かっていないが、分かっているのは、それは、ネットワークを介して非同期的にコミュニケーションをとるための楽しい方法であるということだ」[1]

ウェブミーティング　インターネットベースの手段で、複数の場所の間でリアルタイムのオーディオ／ビデオ通信を可能とする。通常、ミーティング、トレーニング、プレゼンテーションを行うために用いられる。重複トルデスクトップ共有、アプリケーション共有、またファイル共有を含めて行われる（「ビデオミーティング」と比較のこと）。

ウェブセミナー／ウェビナー　インターネットを介して、通常インタラクティブに素材を配信すること。多くの場合は、指導や教育目的のため少人数のグループで行われる。

オフィスの自由選択　雇用主がリモートと職場の両方の社員を同等に歓迎していることを表す用語。

音声ミーティング　複数の場所の間で行われるリアルタイムの音声のみの通信（「ビデオミーティング」および「ウェブミーティング」と比較のこと）。

オンラインでのコラボレーション　リモートツールを使って、職場でのコラボレーション体験をオンラインで再現すること（「バーチャルオフィス」も参照のこと）。

完全分散型　全てのチームメンバーがリモートワークで働く場合（「部分的分散型」と比較のこと）。

カンバン　需要と供給のバランスを取るためワークフローを視覚化する方法（日本のトヨタ生産方式に由来しソフトウェア開発者によって改良されたもの）。

協定世界時（ＵＴＣ）　世界の時計と時間を調整する主な基準。以前はグリニッジ標準時（ＧＭＴ）として知られていた。

業務の見える化《ワーキングアウトラウド》　チームの取り組みに対する個人の献身性を継続的に示すための手段。通常はリモートツールを使って、自身が何に取り組んでおり、どのようにして連絡を取ることができるかを示す。

集約型　同じ拠点で働くこと。

クラウドソーシングサイト　リモートワーカーと仕事をマッチングするサイト。

個人事業主　従業員を雇わない中小企業経営者。

コワーキングスペース　仕事場や個室を貸し出す施設。

サイレントジェネレーション　１９２５年から１９４４年の間に生まれた世代。

時間志向の働き方　明確な成果を出すこととは対照的

に、（特に一定期間中の）労働時間を記録することが主に期待される仕事（「成果志向の働き方」と比較してください）。

ショートメッセージサービス（SMS）　携帯電話サービスを介して送信されるテキストメッセージのことで、多くの場合１６０文字に制限されている。

スクラム　アジャイルのプロジェクト方法論の一つ。「ウォーターフォールワークフロー」［緻密な計画を立てて、業務工程をひとつずつ順番に完了していく手法］の反対であるとも言われる。アジャイルは、「反復型《イテレーティブ》」手法で、業務を小さく測定可能な中間目標《マイルストーン》に分割する。スクラムでは、通常これらの中間目標――「スプリント」ともよぶ――を1〜2週間の短期間に区切り、確実な成果をあげる。その成果物は完成したプロジェクトであるとは限らない。各スプリントの終わりに、チームは（通常、振り返り《レトロスペクティブ》ミーティングで）集合し、進捗状況を確認した上で、どのように進めるのが最善であるかについて話し合う。

スタンドアップ　通常、毎日行われる手短な進捗報告ミーティングで、全員が①前日に何を行ったか、②その日は何を行うのか、③困っていることはないか、を共有する（「スタンドアップ」という表現は、座る必要のないぐらい短時間の進捗報告を行っていた職場でのミーティングに由来している）。

スプリントレビュー　「振り返り《レトロスペクティブ》」と「スクラム」の両方を参照のこと。

成果志向の働き方　労働時間（特に特定の場所で何時間過ごしたか）を記録することとは対照的に、成果を出すことが主に期待される仕事（「時間志向の働き方」と比較のこと）。

長距離通勤者　90分以上かけて通勤する人。

デジタル社会の流浪者《ノマド》　インターネットとポータブルテクノロジー（携帯電話、ノートパソコン、クラウドベースのアプリケーション）を駆使して、流浪的な暮らしを維持する人。例えば、ピエロ・トファニン氏は、妻のダニエール氏と共に過ごしているキャンピングカーで、居場所に関係なく、ITビジネスコンサルタントとして働いている。トレーナー、講演者、コンサルタントであるアンディ・ウィリス氏は、オーストラリア、ニューサウスウェールズ州の海岸沿いの町に暮らすが、毎年3ヵ月間はそこを離れ、フランス・アルプスで仕事やハイキングをしている。

テレワーク／ＩＣＴモバイルワーク（Ｔ／ＩＣＴＭ）　会社の敷地外での業務を目的とした情報通信技術（スマートフォン、タブレット、ノートパソコン、デスクトップコンピューターなど）の使用。[2]

ネット配信／ウェブキャスト　インターネットを介して、素材を配信すること。ライブや録画の場合もあり、通常は非会話型（「ウェブセミナー」と比較のこと）。

ハイブリッド（ワークスペース）モデル　定期的に複数のワークスペースを利用することで、ほとんどの場合、タスクや関係者に合わせて最適の場所を選ぶことが目的。

バーチャルオフィス　間取り図や同僚のアバターが表示される、デジタル「オフィス」にアクセスできるソフトウェア。実際のオフィスと同じように、部屋から部屋へ移動することができ、同じ部屋にいる人の声しか聞こえず、同じ部屋にいる人にしか話しかけることができない。

バーチャルプライベートネットワーク（ＶＰＮ）　インターネットを介して、安全に別のネットワークに接続することを可能とするネットワーク。

バックチャンネル　外国語理解など、参加者の理解を深めるために、テレビミーティングやイベントなどの別の活動と同時に実施されるリアルタイムオンライン会話（通常はチャットテクノロジーを使用する）。

非在宅勤務者　（２０１６年度ＰＧｉ社の「グローバルテレワーク調査」[3]によると）職務上まったく在宅勤務をしない人。

ビデオミーティング　インターネットベースの手段で、複数の場所の間でリアルタイムのビデオ通信を可能とする。通常、ファイル共有や画面共有などの機能を含まずに実施される（「ウェブミーティング」と比較のこと）。

非同期　電話やビデオミーティングのようなリアルタイムではないコミュニケーションを意味する。例えば、メールやテキストがこれに当てはまる。

部分的分散型　チームの一部が職場、一部が在宅で働く場合（「完全分散型」と比較のこと）。

振り返り《レトロスペクティブ》／スプリントレビュー　進捗状況の共有、問題の提起、解決策の議論のために定期的に実施されるセッションで、多くの場合、1～2週間ごとに開催される。様々な設定や状況に合わせて、多様な振り返り《レトロスペクティブ》の手法がある（詳しくはウィキの https://retrospectivewiki.org/index.php? title=Retrospective_

Plans で「Retrospective Plans」を参照のこと)。

フリーランス　補足的、一時的あるいはプロジェクトベースか契約ベースの仕事に従事する個人。

ベビーブーマー　１９４５年から１９６４年の間に生まれた世代。

方向性の一致《アラインメント》　企業文化や行動方針について社員が共通の認識を持ち、方向性が揃っている状態。

ポータブルテクノロジー　固定の場所の外で生産性を可能にする技術。

保留事項《パーキングロット》　ミーティング中に出た議題に無関係の問題をミーティングの最後まで据え置くという概念。イシュービン、コーヒーポット、ウォータークーラー、リンボ、栗、ポップコーン、冷蔵庫と呼ばれることもある。[4]

マルチメディアメッセージングサービス（ＭＭＳ）　携帯電話サービスを介して送信されるテキストメッセージのことで、多くの場合１６０文字に制限されている。ＳＭＳとは違い、ＭＭＳには画像、ビデオ、音声を含めることができる。

ミレニアル世代　１９８５年から２００４年ごろの間に生まれた世代。

目標と主要な成果（ＯＫＲ）　会社やチームの目標と測定可能な主要な成果を定義する文書。「社員同士が協力して、測定可能な成果を生み出すことに集中できるようにする、批判的思考のフレームワークと継続的な規律」[5]を提供することが目的。

リモートオンリー　社員はリモートでしか仕事をしないという組織構成とマインドセット（第Ⅲ部番外編〈リモートオンリーのマニフェスト〉を参照のこと）。

リモートチーム　プロジェクトに共に取り組む人々の集団。

リモートファースト　厳密に言えば、リモートワーカーが職場のワーカーと同じくらい貢献できるようにするためのワークフローを構築する手法。実際には、悪天候、交通渋滞、病気、都市全体の異常事態などの理由で、社員の一人以上が在宅で仕事をしなければならない場合に、シームレスな生産性を可能にするためのデフォルトの非常用対策案と考えることもできる。

リモートフレンドリー　リモートワーカーの採用を受け入れる会社。

序文

ヨーガン・アペロ

今日は、アジリティスケール社でとてもよいチームミーティングをすることができました。はじめの5分間は、流行りの子どものカーニバル衣装について話し合いました（今シーズンはどうやらレゴ忍者が人気のようです）。これは、お互いが親しくなれるように、すぐに仕事モードに入るのではなく、パーソナルなことを5分間ほど話し合う雑談タイムです。

雑談の後は、どのようにオンライン製品の特徴を説明するか、そして、顧客にどう説明するのが最適であるかなどについて、白熱した議論が交わされました。また、新製品の特徴の優先順位、ユーザーコミュニティの役割といった、いくつかの重要な決定事項についても話し合いました。みんなが平等に参加し、マーケティングと人間味のある会話が不思議と入り混じった楽しいミーティングでした。

ちょうど1時間でミーティングを終わらせ、いつも通り、「投資した時間に対するリターン」の儀式で締めました。三つ数えた後、ミーティングがどのくらい効果的であったかを5段階評価で全員が指で示します。今回のミーティングではキリル以外の全員が5本の指を挙げていました。あと少しで完璧な評価でした！　私たちが、今後のミーティングにキリルは招待しないと冗談を言うと、彼は、今回も招待されていないし、みんなを苛立たせるために参加したのだと冗談を返してきました。大きな笑いが続き、私は「ミーティングから退出する」のボタンをクリックしました。
ノイズキャンセリングヘッドフォンを外し、アンドロイドタブレットを片付け、空港のカフェを見渡して、ミーティング中に荷物が盗まれていないかを確認し、所持品をまとめ、出発ゲートを目指しました。

私はリモートワーカーです。どこにいても仕事ができます。私は仕事はするものであって、行く場所ではないと考えています。こうした考えを持つには、特定の考え方、組織への別の取り組み方、そして、ほんの少しの計画が必要となります。

あなたがいる場所がその時々のオフィスになる場合、書類はどこに保管しますか？　お互いに対面する機会が少ない中、どのようにチームとして働きますか？　オンラインミーティング、スケジュール、ワークフロー、設計や開発のための最適のツールは何ですか？　また、集中や創造的思考がなかなかできない環境にいる時は、どのように仕事をすればよいのでしょうか？

ビジネスの世界はこのような働き方に慣れていません。実際、「通常の」企業で働く人々が私のような働き方を形容する言葉は、どれも的を射ていません。なぜ「離れた場所での仕事《リモートワーク》」という表現を使うのでしょうか？　私の会社には物理的なオフィスはありませんから、そこから離れる、という発想すらありません。

また「仮想《バーチャル》」チームとはどういうことでしょうか？　物理的に同じ場所にいないだけで、私たちのチームは「実在」しないと判断されてしまうのでしょうか？　さらに、「実生活上で」と言われることについては話し出したらキリがありません。灰色の壁に囲まれてゆっくり死んでいく大半のオフィスワーカーに比べ、私は生活をエンジョイしていると思います。

バーチャル対オフィスでの働き方ということで言えば、2013年に私は、本書の著者のリセット・サザーランドさんを私の会社、ハッピーメリー社のバーチャルチームのマネジャーに起用しました。ハッピーメリー社は、人々が仕事をより楽しめるように支援し、職場の幸福を求めるグローバルなプロフェッショナルの集まりです。

物理的なオフィスがない会社をつくりたかったこと、そして、リセットがこの分野の先駆者であったことから、彼女に全ての試行錯誤と探求を任せることは理にかなっていました。そして後で、リモートワークのマネジメントについてのヒントや秘訣を教えてもらおうと考えました。

結果として、それは最善の判断でした。彼女はバーチャルワークライフやチームワークに関する調査と探求を終え、今、リモートワークの分野で成功するための秘訣を、本書を通して皆さんに伝授することができるのです。

私はこの文章をフランスのトゥールーズで書き始めました。そして、今オランダのロッテルダムにあるお気に入りのコーヒーバーで書き終えようとしています。デュッセルドルフ、ブリュッセル、そしてアムステルダムでも書き続けながら、同時に四大陸に跨がる12ヵ国以上に分散したチームをリモートでマネジングしていました。これがいろいろな場所で書き継いだ文章だということに、あなたはお気づきになったでしょうか？

ここに述べた事柄は、どれも馴染みがなかったり、難解に聞こえたりしたかもしれません。でも心配はいりません。リセットがこれから、あなたやあなたのチームのためにリモートワークを計画する方法を教えます。さあ、仕事に出かけずに、仕事を始めようではありませんか！

まえがき

2006年、私はカリフォルニア州に住んでいて、テクノロジー、未来、そして健康維持に関心を持つ人たちのソーシャルコミュニティに参加していました。毎週日曜日はみんなでハイキングをしました。その中で一人、特に興味を引かれる人物がいました。彼は、死を根絶したいという独特な考えのもと新規事業の立ち上げに取り組んでいました。

私はアンチエイジングについて実験や研究をしている多くの長寿愛者（ロケット科学者、理論物理学者、事業家、ソフトウェア開発者など）がいることを知りました。ある人はカロリー制限を実践し、ある人は人体冷凍保存について研究し、そして、ある人はナノテクノロジーに取り組んでいました。死に刃向かおうとする私のハイキング仲間は、彼自身の情報網を通して、同じ目標を掲げる人々と巡り会っていました。しかし、定期的に話し合ったり、情報を共有することはなかったようです。そこで彼は、オンラインのプロジェクト管理ツールの作成を通じて世界中の長寿科学者が共同で老いの問題を解決することを志しました。

それは私にとって目から鱗の体験でした。長年の間、経営者たちは、会社に出向くことが可能な人の中から、最適の人材を採用してきました。（数学的に言えば）所在地は必然的に「定数」となり、出勤可能な中での最適な人材が「変数」となっていました。それは必ずしも「最良かつ優秀な人々」でチームが構成されていたということではありませんでした。近くにいた、あるいは、近くに移動可能であった人の中から最適の人材を選択していただけでした。これはもちろん雇用主の観点です。被雇用者の観点から言うと、朝起きるのが楽しみになるような仕事ではなくても、その時点で得ることができた最良の選択であったというだけです。

しかし、所在地を「変数」――ほんの些細なもの――にする方法が見つかれば、「定数」を遥かに重要な条件にすることができます。それは、熱意《エンゲージメント》をも含む、個人の能力です。雇用主は、所在地に関係なく、最も適任で聡明で仕事熱心な人材を採用できるようになります。

私はこの概念がとても好きです。以前、エキサイティングでもないのに「条件がよい」というだけの仕事に就いたことがありました。私が灰色の箱と呼ぶ、漫画『ディルバート』に出てくるような間仕切り型オフィス《キュービクル》に出勤する度に、「ああ、こんなはずではなかった」と考える自分がいました。

数年後、当時まだ若くて世間知らずだった私は、この給料のよい安定職を辞め、自己表現がより許される、活気ある仕事に転職しました。華やかさはなく、長い間給与も良くはなかったものの、ようやく自分に適した、成功できる場所を発見することができました。

テクノロジーによって、全ての人が心躍る仕事に就けると考えただけでワクワクします。私は同じような考えを持つ多くの人々と話をするようになりました。そして距離による隔たりを埋めることに成功している80社以上の企業の重役や幹部にインタビューをしました。コンサルティングサービス、外部委託業務、トレーニング講座などを提供している会社です。

さらに、ソフトウェア開発者から人事部長、神経科学者まで、何百人もの人と話しました。リモートワークを自身やチームのためにどう活用しているのか、全員が実に多くのことを語ってくれました。定期的な連絡やチームビルディングの必要性についてなど、私がすでに知っていたり、ある程度予想していたりした内容もありました。しかし、ビデオカメラをオンにしただけでどれほどつながりが生まれるのか、また、人は新しい挑戦にいかに消極的であるかなど、中にはとても驚かされる内容もありました。

これら全ての会話から得た最大のポイントは、リモートワークには「たった一つの解決策」や唯一の方式があるわけではないということです。様々なツールや手法を試しながら、それぞれの人や企業に合ったもの、そして最も成果の上がるものを見つけなくてはなりません。しかし、どんなツールが利用可能なのか？　多様なリモートチームにどの手法が有効なのか？

私はバーチャルの藪の中を嗅ぎまわりながら、実現するだけではなく、確実に生産的で、理想的ですらあるリモートワークの方法について、あらゆることを学びました。そうして得た情報の全てが本書に集約されています。

本書は、リモートワークへ移行するプロセスの様々な段階にいる読者に合わせて、部や章が分けられています。〈この本の使い方〉でも書きましたがリモートワーク自体が初めてだという人は、第Ⅰ部から読んでください。そこには、リモートワークの現状についての全貌――だれが、どのように、どこで、なぜ――が詳しく書かれています。

第Ⅱ部は、リモートワークを検討中の人や始める準備が整っている人（第3章）、または、より完璧に仕上げたいと思っている人（第4章）に向けた内容となっています。

第Ⅲ部と第Ⅳ部はチームリーダーやマネジャー／経営者向けの文章です。リモートワークへ移行中の場合は第5章、リモートワーカーの採用を考えている場合は第6章、リモートワーク導入後のアドバイスについては第7章から第10章までをご参照ください。

各部の終わりには、番外編としてその部に関する追加の参考資料を載せています。そして、私が詩を吟じるかのように書き上げた結論もお見逃しなく。そこでは、世界中のあらゆる人々がどのようにしてリモートワークを発展させたのか、さらに、それによってこれまで不可能と思われていた奇跡をどのようにして成し遂げたのかについて語っています。

最後に、コラボレーションスーパーパワーズのポッドキャストでインタビューに答えてくれたリモートワークの専門家の皆さんに感謝の気持ちを伝えたいと思います。執筆の時点で175回目のユニークなエピソードを配信することができました。巻末の〈インタビューに答えてくれた方々〉のセクションでは、こうした専門家の言葉の引用だけでなく、さらに詳しく知りたい読者のための情報も記載してあります。

より多くの情報を得ることがよりよい準備に繋がる、というのが本書の前提の一つです。したがって、あなたと共に働く人のために書かれた章も、少なくともざっと目を通すことを強くお勧めします。お互いの見解について理解を深めることで、確実に有益な何かを共に生み出す可能性が高くなるでしょう。視野を広く持つことで、リモートワークをうまく機能させる方法への全員の理解度が高まるのです。

まだリモートワークの世界に飛び込めていない人にとっては、このプロセスは気が遠くなるように思えるかもしれません。でも心配ご無用。個人にとってもマネジャーにとっても、そして経営者にとっても、リモートワークの始め方だけでなく先に進むための情報が、本書にはぎっしり詰まっています。ここにまとめられた情報は、現代にもたらされた素晴らしい可能性を示しています。企業は絶えず順応し、リモートワークでコラボレートするための技術も日々進化していますから、ますます明るい未来が期待できるでしょう。

リモートワーカーへのインタビューを続ける中で、好きな仕事を積極的に追い求めている世界中の人々と巡り合う機会がますます増えています。間仕切り型オフィスで過ごした灰色の日々を思い返すにつけ、未だに暗がりの中で仕事に取り組んでいる人々について考えます。そんな日々を送る必要はありません。テクノロジーは、仕事熱心な社員と、朝はりきって起きたくなるような仕事との懸け橋になります。続くページでその方法を説明していきます。

私の野心溢れる友人は死の克服を志していますが、おそらくいつまでたっても実現しないでしょう。しかし本書のヒントやツールやタスクリストが、あなたが今可能なリモートワークというものに目を向け、自分にとって最高な働き方を始めるインスピレーションになってくれることを願っています。リモートワークに適した人たちと共に働くことで、どんな素晴らしいことが成し遂げられることでしょう！

第I部

リモートワークの前提条件

——だれが、何が、どこで、なぜ必要なのか

〈この本の使い方〉で述べたように、第Ⅰ部ではリモートワーカーやその雇用主がいる環境について、そして、そこにたどり着くまでの道のりについて簡潔に伝えていきます。

第1章はリモートワーカーの視点から、リモートワークの魅力（一言で言えば柔軟性です！）について説明します。第2章では、柔軟性が雇用主にとってどれほど有益であるかを説明します。また、少し疑い深い読者のために、この章では、リモートワークについてのよくある疑問とそれに対する解決策も紹介します。

また第Ⅰ部の終わりにある番外編の〈よくある質問〉ではさらに質問と回答、そしてそれに関する詳しい情報が本文のどこに書かれているかが参照できます。同じくコラム〈一覧〉では、職場勤務の利点をオンラインで再現するための多くの方法を要約してあります。これらの情報については第8章でより詳しく説明します。

さらに先へ進む準備が整った方は第Ⅱ部〈リモートワーク実践ガイド〉をご覧ください。経営者やマネジャーは第Ⅲ部〈リモートチームのマネジメント入門編〉へとお進みください。すでにリモートワークを導入済みのマネジャーは第Ⅳ部〈リモートチームのマネジメント中級編〉を参照してください。

第1章
なぜリモートワークをするのか？
――職場の柔軟性について

私たちが見ているものの多くは決して新しくはありません。テクノロジーの発展によって、より多くの人がどこからでも働けるようになったというだけです

――ピラル・オルティ[1]

あなたがチームメンバーであっても、チームリーダーであっても、はたまた一個人であっても、どうすればリモートワークを成功させられるのか、本書はその方法について説明しています。しかし、それ以前に、監視下にいない社員からどのようにして良質な仕事を得ることができるのかと、一部の人（特にマネジャーの方々）は疑問を抱くかもしれません。

その問いに対する回答には複数の見解があり、最も重視すべきなのは、そもそもなぜリモートワークが求められているのかという点です。これらの問いについてはこの章の後半でも振り返ります。まずは全貌を理解するために、どのような人がリモートワークを始めているのかを見てみましょう。

リモートワークに関する用語

リモートワークで働く人の中には、フルタイムで在宅勤務をする社員や、契約のフリーランス、

デジタル社会の流浪者《ノマド》などがいます。彼らは一般的に以下の三つの雇用形態に分類されます。リモートワーカー（在宅勤務者）、自営業、事業主（太字で記載されている用語は用語解説に含まれています）。

リモートワーカーとは、一企業の固定チームにフルタイムまたはパートとして働きながら、社外、主に在宅で勤務する人のことです。グローバルワークプレイスアナリティクス調査会社によると、米国の典型的なリモートワーカーは45歳以上で、大学教育を受けており、専門職あるいは管理職に就く給与制の非組合員です。

彼らは年間約5万8000ドルの収入を得、社員数が100名以上の企業に属していることが多いです（加えて、リモートワーカーのうち75％は年間6万5000ドル以上の収入を得、職場勤務者を含めた全労働人口の中では上位80パーセンタイルに位置します）[2]。

多くのリモートワーカーは自営業の**フリーランス**です。彼らは主にサービスベースのビジネスを営み、通常は、同時にあるいは連続的に、複数のリモートクライアントと連携します（下記にもあるように、アップワーク社やフリーランサーズユニオンは**フリーランス**を「過去12ヵ月の間に補足的、一時的、あるいはプロジェクトベースか契約ベースの仕事に従事する個人」[3]と定義しています）。

自営業の**フリーランス**には、**個人事業主**あるいは、少人数のリモートワーカーと契約者を雇用する事業主などの中小企業経営者も含まれます。

上記いずれの場合でも、ポータブル技術を駆使して、流浪的な暮らしを維持する**デジタル社会の流浪者**《ノマド》である可能性もあります。

▼フリーランスの五つのタイプ

フリーランスをする人を指す「フリーランサー」という言葉は元々、特定の主君に忠誠を誓っていなかった、中世の雇われ槍《ラン》騎士《サー》のことを表していました。現代では、アップワーク社やフリーランサーズユニオンによって「過去12ヵ月の間に補足的、一時的、あるいは、プロジェクトベースか契約ベースの仕事に従事した個人」と定義され、主に以下の五つのタイプに分かれています。

- **個人契約者**（個人事業者のうちの40％＝2110万人のプロフェッショナル）

  この「古典的な」フリーランスたちは、安定した正社員雇用ではなく、プロジェクトベースの一時的または補足的な仕事に従事しています。

- **ムーンライター**（27％＝1430万人）

  従来の仕事を本職に持ちながら、副業としてフリーランス業務（おそらく、自身が賛同する目標を掲げた非営利団体での低賃金の業務）を受け持つプロフェッショナルです。

- **多様化したワーカー**（18％＝930万人）

  複数の雇用により生計を立てている人もいます。例えば、決まった時間にパートタイムの受付として働いている人は、同時にウェイターやLyft［ライドシェアサービス。個人が自分の車で配車サービスを行うもの］のドライバーをしたり、副業でフリーランスの記事を書いていたりするかもしれません。

- **臨時労働者**（10％＝550万人）

  一日だけの映画撮影用メイクアーティスト、数週間オフィスで働く派遣社員、数ヵ月間のビジネスコンサルタントなど、短期雇用で働く人がこのカテゴリーに含まれます。

・**フリーランスの事業主**（5％＝280万人）

フリーランスの中には、社員を雇用しない個人事業主と、通常1〜5人の社員または契約者を雇う事業主がいます。

出典：アップワーク社、フリーランサーズユニオン「米国のフリーランス」2017年度版[4]

業界によっては未だに職場勤務が通例となっていますが、世の全てのリモートワーカーが部署内での例外として扱われているわけではありません。実際に、「普通」の社員という概念をくつがえして、部分的または完全にリモートワーカーで構成されたチームを生み出している企業もあります。

リモートチームは、プロジェクトでコラボレートする人々の集まりです。同一企業に属している人々、フリーランスの集まり、時には双方の組み合わせによってチームが構成されます。通常、チームの役割ではなくメンバーの所在地が基準となる、次のようなカテゴリーに分類されます。

チームによっては、一部のメンバーが同じ場所（集約型）で共に働き、一部がリモートワークで仕事をする場合があります。これを部分的分散型と呼びます。所在地に関係なく、全てのメンバーがリモートワークで働く場合は完全分散型となります。企業規模の話になると、一部の企業は、異なる場所に分散された複数のチームで構成されています。そして、もちろん、様々な場所にオフィスを構えるグローバル組織もあります。次にいくつかの例を挙げます。

部分的分散型の企業には集約型の社員とリモートワークの社員がいます。ターゲットプロセス社は80名ほどが所属する会社です。チームの大多数（90％）はベラルーシ、ミンスクにある本社にて勤務しています。残りの10％は世界中に分散されています。スータブルテクノロジーズ社では、より均等に近い4対6の比率で、40％のスタッフがカリフォルニア州パロアルトの本社に通勤し、残りの60％はリモートワークで可動式ロボットの画面を通して出勤しています［この企業は画面のついた可動式ロボットに人の顔を映し出す技術で知られています。ご参考までに企業のホームページはこちらです。https://suitabletech.com/］。

完全分散型の企業では全ての社員がリモートワークです。ハッピーメリー社は職場の幸福を追求するグローバルなプロフェッショナルの集まりで、仕事に対する満足感や能力開発を促進するリソースを提供しています。私を含めた、このリモートチームのメンバーはベルギー、カナダ、フィンランド、インド、オランダ、ロシア、スロベニア、スペイン、南スーダン、そしてイギリスで働いています。

スタースクワッド社では、能力の高い開発者、デザイナー、そして「グロースハッカー」の国際チームがベンチャー企業用ソフトウェアを管理・開発しています。彼らのチームが成り立った経緯は実に興味深いものです。あるクライアントが、ソフトウェア開発プロジェクトのために、クラウドソーシングサイトのアップワーク社（旧名イーランス）から複数のフリーランスを雇いました。集められた彼らは元々の面識はなかったものの、時間が経つにつれ驚くほど意気投合し、クライアントの予算が予想外に尽きた後も解散するという考えには至らず、それ以後も自己組織化された事業主の集まりとして活動を続けてきました。

一部の企業は異なる場所に設置された複数のチームで連携を取っています。ラルフ・ヴァン・

ルースマレン氏は自身の会社を立ち上げる前に、オランダのセルトーヘンボス市にあるオフィスで働いていました。そこでは、オランダ、ルーマニア、米国の3ヵ国に拠点を置いた三つのチームをマネジングしていました。ラディカルインクルージョン社の社員たちもベルギー、ブラジル、ドイツの3ヵ国で生活し勤務しています。

▼地理的および文化的定義

地理的な話をすると、リモートチームは同じ拠点にいる場合もあれば、近い拠点または遠い拠点にいる場合もあります。近い拠点とは、通常、全てのチームメンバーが車で移動できる距離の範囲内にいることを意味します。遠い拠点のチームメンバーは物理的に会うためには計画が必要となります（最も遠い拠点賞は、地球から40万2336キロという距離で、90分ごとに地球を周回する国際宇宙ステーションの6人に贈りましょう。地球では、彼らをサポートするチームが米国航空宇宙局（NASA）にいます。彼らもまた世界各国からリモートワークで働いています）。

リモートワークには異なる文化的特徴もあります。これらはたびたび「ニアショアリング」と「オフショアリング」と表現されます。似通った言語や文化を持った国の人々が共に働く場合はニアショアリングと呼びます。例えば、ヨーロッパ、スカンジナビア、および米国のメンバーで構成されたチームがこれに当てはまります。コロンビア、ヨーロッパ、パキスタン、米国のように、かなり異なる言語や文化を持った国の人々が共に働く場合はオフショアリングと呼びます。

リモートワークをしているのはどんな人たちか

それでは、一体どのような人達が従来のオフィス環境から離れた働き方を求めているのでしょうか？　それは実に多種多様な人々です。本来、リモートワークでは何らかのテクノロジーを使用する必要があるため、**ミレニアル世代／Y世代**やそれより若い人物（主に1985年以降に生まれた者）が多いと想像する方がいます。世界的に見ると、おそらくこれは事実です。

ペイオニア社の2018年度「フリーランス収入調査」によると、50％以上の回答者（170ヵ国にいる2万1000人）30歳未満でした。[5]しかし、米国ではその平均年齢が大幅に高くなります。2017年度の「米国労働者在宅勤務状況レポート」によるとリモートワーカーの半数以上が45歳以上でした。[6]

2017年8月に、フレックスジョブズ社（柔軟性のある雇用に特化したオンラインの求人情報を提供する企業）は、「柔軟性のある仕事を求める米国の求職者に関する年次調査」を発表しました。5500人の回答者のうち、ベビーブーマーとX世代とを合わせると（1945年から1984年に生まれた者全体で）およそ4分の3、72％を占めました。また、調査参加者は、子どものいる労働者や事業主、学生や定年退職者など実に多種多様な人々でした。また、その大多数（81％）が勤務時間の全てを在宅で勤務することを希望していたことが判明しました[7]（次頁のコラムを参照してください）。

このような多様なグループにはリモートワークを選択する数多くの理由があります。大多数にとってはスケジュール、具体的には、家族との時間を最大化することがポイントとなります。実際に、フレックスジョブズ社による別の2017年度調査では、子どものいる労働者は給与（75％）よりも仕事の柔軟性（84％）をより重視していたことが判明しました。[8]

▼ フレックスジョブズ社「スーパーサーベイ」の統計結果（2017年度）

回答者（5500人）の内訳	
子どものいる労働者	35%
フリーランス	26%
事業主	21%
田舎住まい	15%
専業主婦	14%
慢性的な身体疾患または精神疾患を患っている人	14%
デジタル社会の流浪者《ノマド》	12%
介護者	9%
学生	9%
定年退職者	8%
長距離通勤者	8%
軍人の配偶者	2%
専業主夫	2%

年代／世代	
X世代	41%
ベビーブーマー	31%
ミレニアル／Y世代	21%
サイレントジェネレーション	6%
Z世代	1%

希望する仕事の量	
100%在宅勤務	81%
柔軟性のあるスケジュール	70%
部分的に在宅勤務	46%
パートタイムのスケジュール	46%
その他のスケジュール	44%
フリーランス契約[9]	39%

一部の人にとっては、自身の置かれている状況が懸念となっている場合があります。例えば、専業主婦や親の介護をしている人、軍人の配偶者のように、家族の配備先が変わっても自身の雇用状況が変わらないことを望む人などがいます。

事業家、講演者、そして作家でもあるレスリー・トゥルーエクス氏は次のように指摘します。「多くの人が、引退後の生活をより豊かにする方法に目を向けています。すでに定年退職をした人や、早期定年退職を迎えたいという人でも、収入源が必要であることを知っています[10]」

ライターでキャリア開発の専門家であるブリー・レイノルズ氏もこれに賛同し、次のように述べています。「私の両親は現在どちらも定年退職しています。両親は活動的でいたいと思っているものの、毎日通勤したり、社内政治に巻き込まれたりすることは望んでいません。彼らが望むことは、生涯にわたって学んだ知識とスキルを退職後の有意義な何かに活用することです[11]」

リモートワークが増加している大きな理由の一つは、単にその機会が増えたからです。クラウドソーシングサイト（Freelancer.com、SimplyHired、Upwork.com など）の激増に伴い、契約雇用の機会がさらに増えています。２０１７年度「米国のフリーランス」レポートでは、「フリーランスの71％は、オンラインで受注した仕事の割合が過去1年で増加した」と述べており、「オンラインで仕事を受注した」人の77％はプロジェクトを「1週間以内」に開始しています。実際に「現在の増加率でいくと、２０２７年には米国の労働人口の過半数がフリーランスになる[12]」でしょう。さらに所得については、２０１８年の初めにUpwork.com でのフリーランスの年間収益は15億ドルに達しました[13]。

リモートワークの機会が増えているもう一つの理由は、就職して引っ越す前に新しい仕事を試すことができるということです。金融サービス執行役員のジェレミー・スタントン氏は次のように述べています。「仕事を受けることにはリスクが伴います。特に家族に引越しを強いることとなる場合。もし半年経ってうまくいかなかったらどうなりますか？　配偶者と最悪の話し合いをしなければいけなくなるでしょう。リモートワークで始めれば、余裕を持って会社に参入することができ、関わる人全員がうまくいくかどうかを検討する機会が得られます[14]」

一方、職場勤務をするメリットが減っていることも、多くの人がリモートワークを選択する理由となっています。レスリー・トゥルーエクス氏の報告によると「慣れ親しんだ給与や福利厚生を求めてフリーランスになることを恐れる人もいます。しかし、倒産せずとも、手当を削減する雇用主たちが増えています。組織に属した仕事が安定しているという考えは必ずしも正しいと言えなくなってきました[15]」

言い換えれば、多くのフリーランスは、収入面で一つの企業に頼ることなく、自身のために働くことに強い安定性を感じています。私自身も同じような状況に直面したことがあります。以前働いていた会社で、唯一の出資者がスキャンダルに巻き込まれ、一夜で倒産しました。次の仕事では2年働いていたものの、会社が買収され、再び失業しました。それがきっかけで、「普通の仕事」を探すのをやめ、代わりに自身で道を切り開こうという考えに至りました。実質、雇用の保障のためにフルタイムのフリーランスに切り替えたことになります。

リモートワークを選択する理由として、多くの人が挙げることの一つに通勤があります。一部の人にとって、職場で働くこと自体は大した問題ではありません。そこに行くまでが問題となっています。ソースシーク社の共同創設者であるデイブ・ヘッカー氏が言うように「世界は変化しています。今や多くの人がオフィスに行きたがりません[16]」

私のインタビュー対象者たちの中でも、リモートワークをしたいと思う最大の理由は気が重くなるような通勤を終わらせるためでした。世界中で、人々の通勤時間は一日あたり数分から数時間と様々です。2016年度PGi社「グローバルテレワーク調査」によると、調査対象の「リモートワークでない人」の大多数は一日あたり往復30~60分かけて通勤していました。アジア太平洋地域では、3分の1の人たちが通勤時間に更に1時間多くかけています。[17]

私たちが通勤に使っている時間は、仕事も好きなこともできず、大切な人とも一緒にいられない時間です。その上、会社までの道のりには、交通渋滞、満員バスや満員電車、遅延、におい、雑音といったストレスが溢れています。世界中の多くの労働者が、悪条件の通勤は好条件の仕事をも台無しにすると感じています。

通勤に関するもう一つの要因として費用が挙げられます。これには通勤自体にかかる費用、そして通勤圏内に住むための生活費が含まれます。私がインタビューした人のうちの何人かは、生活費の安い地域に住みながら大都市圏の収入を得られることにリモートワークの価値を見出していました。

■生産性

職場勤務の場合、社内の「絶え間なく働かなければいけない」という雰囲気にメリットを感じる人もいますが、大多数の人はそういった環境では集中しづらく、少しも成果があがらないと感じています。ミーティング、雑談、雑音やお祝い事など、これら全てが生産性に支障を来しています。

数年にわたるフレックスジョブズ社の調査データを引用して、キャリア開発専門家のブリー・レイノルズ氏は、人々がリモートワークを始めたがる理由について次のように述べています。「オフィスの雑念から逃れるためです。彼らは社内政治も、突然デスクに同僚がふらりと立ち寄ることも望んでいません。集中してきちんと仕事を終わらせたいのです[18]」

事業家で作家のレスリー・トゥルーエクス氏もこう賛同しています。「現実に、同僚のいる職場ではなかなか仕事が進まないということは、誰もが体験したことでしょう。様々な研究によって、リモートワーカーの生産性が実は高いことが示されています。彼らは短い時間でより多くの仕事をこなします[19]」

例えば、2017年に『フォーブス』は以下のように報告しています。「仕事の生産性状況レポートによると、65％もの正社員が、リモートワークのスケジュールの方が生産性の向上に繋がると考えています。このことは、管理職の3分の2以上が、リモートワーカーの生産性が全体的に向上していると報告したことによっても裏付けられています[20]」

2014年に『ハーバードビジネスレビュー』は、中国の旅行ウェブサイト（シートリップ）のコールセンターで行われた、半分リモート・半分社内勤務の生産性研究の著者にインタビューしました。この研究では次のことが判明しました。「在宅で勤務している人は社内にいるスタッフより13・5％もの多くの通話を処理していました。つまりシートリップは週あたり約一日分多くの仕事をスタッフから得ていたことになります」

スタンフォード大学経済学部教授のニコラス・ブルーム氏は次のように報告しています。「生産性向上の3分の1は、静かな仕事環境のおかげで、通話の処理がしやすくなったためと考えています。在宅では『休憩室でのおしゃべり』効果と呼ばれるものを体験することがありません。実際に、社内オフィスは非常に気が散る場所です。残りの3分の2は、在宅の人々の方がより長い時間働い

▼ 社会での生産性に関するフレックスジョブズ社調査（2017年度）

回答者がリモートワークにより生産性が向上する、
または向上していると回答した主な理由は次の通りです。

同僚による中断が少ない	76%
気を散らすものが減る	76%
通勤によるストレスの軽減	70%
最小限の社内政治	69%
より静かな騒音レベル	62%
より快適な服装	54%
自分らしいオフィス環境	51%
ミーティングの頻度の減少	46%
より効率的なミーティング	31%

出典：「在宅勤務の方が生産的である」フレックスジョブズ社、2017年8月21日[21]

ていたという事実に起因していると考えられます。

彼らは仕事の開始時刻が早く、休憩時間も短く、一日の終わりまで働いていました。彼らは通勤もなく、ランチ中に使い走りすることもありません。また、リモートワーカーによる病気休暇の取得率も激減していました[22]。

ＩＴ機器を多く扱う家電量販店として知られるベストバイ社も「２００６年に、好きな場所で好きな時間に働く方針を導入した部署の生産性が平均で35％向上した」と報告しています。実はその後、ベストバイ社はこの働き方をやめたことでも知られていますが、その理由として「対面で一緒に働くことには別のメリットがあったから」と言っています[23]（この点については第Ⅰ部番外編の〈よくある質問〉で振り返ります）。

▼リモートワークで働く際の生産性

2016年のハブスタッフの記事タイトル「リモートワーカーの方が生産的？　あなたに代わって全ての研究を調べてみました」が全てを語っています。彼らは「大企業や市民社会組織が実施したいくつかの異なる研究」に基づき、リモートワークという選択は生産性を向上させることを結論づけました。下記にその調査結果を要約します。

- リモートワーカーはオフィスワーカーと同タイプの仕事をより良く、より迅速に実行します。
- リモートワーカーはより長い時間勤務します。在宅勤務では風邪などの感染を広める心配がないので、病気休暇の取得率が低いというのが理由の一つです。さらに、（下記にもあるように）「より仕事に熱意《エンゲージメント》があり、より個人的な満足度や幸福度が高いという報告があります」。このことも、生産性の向上に繋がっていると思われます。
- リモートワーカーはより仕事に熱意があります。
- リモートワーカーは仕事に対する幸福感がより大きいです。
- リモートワーカーはコラボレーションに優れています。
- リモートワーカーは雇用主にかかるコストを削減しています。

ハブスタッフ社は以下の文献を根拠にしています。コネクトソリューションズ社（現コーソークラウド）、ギャラップ社「米国職場状況レポート」2017年度、GlobalWorkplace

Analytics.com（米国国勢調査局の２００５～２０１５年のデータ分析に基づく）『ハーバードビジネスレビュー』および Remote.co[24]

現代の労働社会は、以前の型にはまった状態から抜け出しつつあり、もはや、働き方は一つだけではなくなってきています。そして、多くの産業の多くの労働者たちにとって、最も生産的な仕事場は社内ではありません。

私の初めてのアハ体験は、休暇中に仕事をしなければならなくなった時でした。今までで最高の仕上がりで、オフィスにいた時より素早く、仕事を終わらせていたことに気づきました。その時に、仕事場を変えるだけで、仕事の質を向上できることを実感しました

——テオ・ハーレン[25]

全てはクラウドの中。私は家にいても、旅行中であっても、オフィスにいる時と変わらず効果を発揮します

——ニック・ティモンズ[26]

間違いなく、私は自宅で仕事をしている時の方が生産的です。少なくとも、コラボレーションをほとんど必要としないタスクを行う場合はね。私は一人でいる時が最も集中できますが、職場ではつねに邪魔が入ります。多くの場合は、仕事に関することなので問題ありません。でも、仕事に関係のない雑談に引き込まれることもあります

——アブラハム・ヒュワード[27]

はっきりしていることは、人はそれぞれ異なる環境で力を発揮するということです。自分に合う場所や環境を自由に選択できることに、私たちは価値を見出します。仕事場は必ずしも一つだけとは限りません。私がインタビューした人の多くは、業務内容に応じて異なる仕事場を選択しています。

どこで仕事をするかは、業務内容によって異なります。考えたり、計画を立てたり、集中力が必要な場合には、コーヒーショップが好ましいです。周りにたくさんの人がいる方がより集中できるのです。ルーティンワークや確認事項だけなら、家で行います

——エゴール・ブガエンコ[28]

ハイブリッドモデルが私にとって好ましい状況です。共同のプログラム開発やトレーニングは集約された場所で行うのが効率的ですが、集中力は孤立した状態の方が発揮できますから

——アブラハム・ヒュワード[29]

個人的に、私はオフィスを定義することはありません。タスクを完了させるために必要な場所を探し、そこをオフィスとしています。請求処理はいつもとても退屈なので、素敵な場所で働きたいと思っています。2、3ヵ月ほど請求書をためて、海辺のカフェに行って、退屈な仕事を気分が晴れる環境で処理しています。私の双子の兄弟も同様に請求処理が嫌いですが、彼は別の方法で対処しています。彼は窓もない部屋で退屈さを更に際立たせ、なるべく早く終わるように自分を追い込むのが好きなようです

——テオ・ハーレン[30]

これには心理的な側面もあります。働く者にとって、自身のワークスペースを自由に選択できることは嬉しい特典であり、気分を高めるものであることは間違いありません。それに、選択の機会や選択する自主性は、社員だけではなく雇用主にとっても有益だということも忘れないでください。仕事や職場環境とよい関係を築ける社員は、必然的に、よりよい仕事を生み出します。

クラウド9ブルーイングシステムズ社の最高技術責任者であるトロイ・ガードナー氏は次のように述べています。「私は、22度に設定された、蛍光灯で照らされた、騒々しい部屋にいなくてよいことに幸せを感じます。……私は自分の上下昇降デスクや快適な椅子、そしてたくさんのモニターたちが大好きなのです[31]」（この点についてはまた後で述べます）。

もちろん、職場勤務での参加が必要となるタスクもあります。社員はそれを嫌がっているわけではありません。ただ単に、自分の責務について少しばかりの柔軟性を望んでいるだけです。例えば、ギャップ本社の社員が勤務時間を選択する自由を与えられた際、多くの者は混雑時間を避けて出勤し、一日あたりの通勤時間を1時間以上短縮することに成功しました。そして、ほとんどの者が浮いた時間を仕事に当てていました。結果的に、柔軟性がさらなる生産性を生み出したのです[32]。

▼リモートワークはいいとこ取り

対面で行うミーティングやコラボレーションが必要であることの正当性については一旦さておいて、社内勤務なくして、どうやって仕事の成果をあげたり、ましてや長年にわたってキャリアを積んでいけばいいのか、見当がつかないという人もいます。そして、簡単に質問ができる職場以外で働くことなんて想像がつかないという人も多くいます。また、他者と働くことによる思わぬメリット、特にふと耳にする会話から得られる情報が重要であると言う人も多いのです。

インタビューに答えてくれたローラ・ルーク氏は次のように話しています。「リモートワークでは、オフィスでふと耳にするような情報をキャッチすることはできません。小耳に挟んだ情報は、時には、直接誰かと話すのと同じくらいの価値があります[33]」

加えて、社内で働くことにはもちろん社会的なメリットもあります。給水機の前での自然な会話や、同僚とのランチや仕事帰りの飲み会、それに自分は孤独ではない、単に誰かといるという事実だけでもメリットとなるでしょう。

こうした懸念はどれも妥当なものですが、幸いにもテクノロジーと工夫によって数多くの解決策が生み出されています。本書のそもそもの目的はそれらの情報をあなたと共有することです。こうした情報は本書を通して、そして特にチームに関する章（第Ⅳ部）で詳しく述べていきます。ここでは、前述の点に対処する数多くの解決策のうちのほんの一部を紹介します。

同僚に簡単にアクセスする方法

まず、電話、メール、テキストメッセージ、そして**インスタントメッセージ**（IM）といった定番のデジタル通信方法があります。同僚に、いつどの手段を使えば連絡がつきやすいかを伝えておけば、質問への回答を早く得たいという問題は解決します。次に、ビデオチャット（次項を参照）などの高度な視覚的通信や**バーチャルオフィス**のテクノロジーによる通信機能を使って、より有意義なやりとりが可能となります。

これらのデジタル通信という選択肢は社内勤務者にとっても必要だと、いくつかの研究が示しています。また、バイオテクノロジー大手のジェネンテック社の社内調査では、社員が自分の席にいなかった時間が、標準就業日のうちのなんと80％にも上ることが分かっています。[34]

「フェイスタイム」交流のメリット

これから述べるエピソードは、デジタルフェイスタイム（ビデオチャット）がいかに効果的であるかを証明するものです。

神経放射線学者マリオン・スミッツ准教授は、イギリスのロンドンで半年間の特別プロジェクトに取り組んでいました。その間、オランダのロッテルダムにあるエラスムス大学医療センターの大学院生たちと頻繁に連絡を取り合う必要がありました。

彼女がロッテルダムを去る前、学生たちは、これからは連絡が取りにくくなって途絶えてしまうのではないかと心配しました。ところが、これまでのメール連絡やドロップボックスでのファイル共有に加えて、対面式ミーティングに代わるSkype通話を実施したことで、学生たちは以前と同じように連携が取れていることに気づきました。むしろ、スミッツ准教授がロッテルダムに戻ってからは、大学構内を15分も歩かなければ先生に会えなくなったと、学生たちは冗談交じりに話しています。

共に働くことの思いがけないメリット

この点については、**デジタル社会**のテクノロジーと現代の方法論を融合する**業務の見える化**《ワーキングアウトラウド》という手法で解決します（第4章と第Ⅳ部で詳しく説明します）。

社内で働くことの社会的メリット

人間はつねに新しいことを求めて進化しています。ですから、数々のデジタルソリューションが私たちの社会的な生物としてのニーズに対応していることは驚きではありません。例えば、バーチャルオフィスでは、画面上の扉が「開いている」かどうかで、その社員がチャット可能な状態であるかを示すことができます。

また、ラディカルインクルージョン社の業務執行ディレクターであるステファン・ドーン氏は「グループチャットは素晴らしいバーチャル給水機（交流場）になるでしょう」[35]と言っています。ビデオチャットを通して、同僚と共にランチをしたり、仕事終わりの一杯を交わしたりすることもできるのです。

孤立した環境で働くことのデメリット

たった一人で部屋にこもって仕事をするのを好まない人には、**ポータブルテクノロジー**（携帯電話、ノートパソコン、クラウドベースのソフトウェアなど）を使って、カフェで仕事をしたり、コワーキングスペースの一画をレンタルするといった選択肢があります。コワーキングスペースは、必要な時間や日数だけ、あるいは年間を通しても利用可能です。

直接会って交流するメリット

デジタルフェイスタイムだけでは足りない場合、遠い拠点にいる社員にも、直接会う計画を立てるとよいでしょう。実際に多くの熟練リモートワーカーは、可能な限り直接会う習慣を身につけることを勧めています。

繰り返して言います。私たちは、スケジュールや仕事場を選択できることに幸せを感じるのです。そして、自分が有意義だと思う仕事を選べること、また、仕事を愛し、仕事に誇りを持つ同僚たちと共に働けることに幸せを感じます。

給与は重要ですが、ある時期から、好感を持てる人と面白いプロジェクトに取り組めることの方がむしろ大事に思えるようになったという声が、私が実施したインタビューでも度々聞かれるようになりました。

> 私はプログラミングが好きで、自分と同じように高度なコードを書き出すことに情熱を持った人々と仕事をするのが好きです。私の仕事はお金を稼ぐためだけにあるのではありません。私にとっては、ただの仕事ではなく、娯楽でもあります。私は毎日、自分と同じことに関心を持つ人々と仕事ができるのですから
>
> ――エゴール・ブガエンコ[36]

> 私の会社では、あらゆるセキュリティの脅威から人々を守ることに取り組んでいます。オンライン生活のマイナス面を変えられるのは気持ちのよいことです
>
> ――マーク・キルビー[37]

> 何か夢中になれることでお金を稼げる時には、何とも言えない素晴らしい感情が湧き上がります。それに勝るものはないでしょう
>
> ――ジェラード・ビューリ[38]

職場での柔軟性——時間志向ではなく、成果志向の働き方

（社外で働くと）仕事をさぼるのではないかと、私たちは思いがちです。しかし、人々は解雇されたくないと思っています……ですから仕事を疎かにはしません

——エリック・セヴァーソン[39]

この章のはじめに、経営陣が抱くであろう疑問——監視下にいない社員からどのように良質な仕事を得ることができるか、またそれは可能なのか、ということについて述べました。この「可能なのか」という疑問に対する簡潔な回答は「可能である」です。そして広い意味での「どのように」への回答は、**成果志向の働き方**の理念の中にあります。

社員の自律性に関して、静かに、そして着実に革命が起きています。何百年もの間、社員たちは、決められた時間に出社するということを続けてきました。最近では、テクノロジーのおかげで、貴重な仕事を時間や場所に縛られることなく生み出すことが可能となっています。

この可能性について、一部の経営陣は不安に思うかもしれません。それは、社員の生産性を維持するためには監視の目が必要であると考えているからです。しかし、こういった懸念は**時間志向の働き方**（決められた時間だけ勤務すれば仕事をしたと見なされる働き方）がつくり出した産物でしかありません。

２００３年、カリ・レスラー氏とジョディ・トンプソン氏が、時間ではなく、成果に着目した職場戦略をつくり上げました。彼女たちはこの創案を「完全成果志向の職場環境」（ＲＯＷＥ＝Results-Only Work Environment）と商標登録しました。彼女たちが言うには、ＲＯＷＥは「出勤率ではなくパ

フォーマンスで社員を評価する経営戦略です」[40]

ウェブ開発代行業者であるテンアップ社は以下のように述べています。

社内で働く社員の生産性を会社はどのように測定しますか？　横を通った時にどれぐらい忙しく見えたかで測るのですか？　9時に出勤し5時頃に退勤しているかどうかで測るのですか？　社員の生産性を効果的に見極められる会社は、社員の所在地などの情報を基準にすることはありません。

事実、適切にマネジメントされた分散型チームは集約されたチームより遥かに生産的です。なぜなら、「社内にいた時間」などよりも遥かに客観的な指標で生産性を測ることを強いられるからです。[41]

成果志向の働き方では、時間給の社員が時間を記録しなくてよいと言っているわけではありません。違いは、会社がその社員に対し要求する業務内容に関係しています。ROWE志向の組織は多くの場合、膨大な仕事を「細かく」または非常に短期間の段階に分割して社員に振り分けます。これにより、長期プロジェクトに起こりうる問題を早期発見、早期解決することが可能になります。

カルチャーIQ社のウェブサイトによると、ROWEの「戦略では、仕事上の役割を直接社員の手に委ねています。彼らは、より大きな利益に貢献できるという意識が高まることで、仕事で前進する情熱や意欲が湧き上がります。社員のパフォーマンスは最終的に彼ら自身の責任になるため、適切かつ迅速に行動しようとする原動力がより顕著に表れます」[42]

端的に言えば、社員に柔軟性を与えることは最終的な利益に繋がります。現代で働く人の傾向について、詳しくは次のコラムをご参照ください。次の章では、リモートワークが被雇用者だけでなく、雇用主にも利益をもたらすということを、さらにデータを用いてみていきましょう。

▼個人が仕事を選ぶ時の大きな要因はリモートワーク

左の表は、2017年度フレックスジョブズ社「スーパーサーベイ」の5500人の回答者のうち、仕事を決めるに当たり「最も重要な要因」について回答した人の割合を示しています。これに加えて、45％もの人が、職場の柔軟性が生活の質を大きく向上させると答えています。さらに具体的に見ると、78％の人はより健康になると考え、86％の人はストレスが軽減されると回答しました。[43]

ワークライフバランス	72%
融通のきくスケジュール	69%
給与	69%
在宅勤務	60%
有意義な仕事	57%
仕事のスケジュール	48%
場所	45%
会社の評判	40%
健康保険	37%
プロフェッショナルとしてのやり甲斐	36%
社風	34%
キャリアアップ	30%
退職金制度	29%
有給休暇	29%
スキルトレーニングや学習の選択肢	28%
必要となる移動量	25%

冒頭の話に戻りますが、リモートワークを成功させる秘訣は、9時〜5時という時間志向の考え方から、成果志向の考え方に変えていくことです。ますます、仕事は行く場所ではなく、行うものという意識に変わってきています。そして重要なのは期限を守って仕事を成し遂げることです。

この章のまとめ

- テクノロジーの発展により、リモートワークはかつてないほどに簡単で安価にできるようになっています。
- 世界中にいるリモートワーカーは多種多様です。若者や高齢者、子どものいる労働者や事業主、学生や定年退職者など。中には、在宅勤務の正社員、自営業のフリーランス、個人事業主、フリーランスのビジネスオーナーも含まれます。
- 労働者がリモートワークを選択する主な理由は、スケジュール、通勤、家族の状況／介護、希望の仕事環境、生産性の向上、機会の増加、さらには役職や職種を「試してみる」というだけの場合もあります。リモートワークを選択する人の中には、収入を補うことを望む人、活動的でいたい定年退職者、軍人の配偶者や、障害のある人もいます。
- 多くの人は、週に数日は通勤しなくてもよいという柔軟性のためだけにリモートワークを求めています。
- リモートワークを採用するには、時間志向の働き方から成果志向の働き方（またはＲＯＷＥ）にマインドセットを移行する必要があります。

第2章

リモートワークが雇用主にもたらす利益

リモートチームが円滑に起動してから、素晴らしい働き方が実現しました。最近では、リモートチームや分散型チームは集約型チームと同じくらい有能であると思います[1]

――ルーシャス・ボビケイヴィッチ

第1章では、監視下にいない社員でも確実に、雇用主の目的にかなった働きができることをお伝えしました。この章では、さらに踏み込んで、リモートワークという選択肢を社員に提供することが雇用主にとってどれほど有益であるかを見ていきます。また、リモートワークの思わぬ落とし穴と、そうした障害を回避する方法についても述べます。

幅広い業界の多くの企業にとって、最終的にリモートワークはデメリットよりもメリットの方が遥かに多いということがますます明らかになってきています。

リモートワークを導入する理由

これはもはや否定できない動向です。ますます多くの企業が柔軟な働き方の導入やリモートスタッフの雇用を実践しています。欧州生活労働条件改善財団と国際労働機関（ＩＬＯ）の２０１７年の共同発表によると、１９９５年には世界中の労働人口の９％のみが在宅勤務だったのに対し、

２０１５年にはその数が37％にまで増加しました。[2] さらに、米国では、２０１２年度のギャラップ社の世論調査で、社員の39％が時折オフィスから離れて仕事をしていることが判明しました。その数字は、２０１６年には43％となっていました。[3]

▼労働時間の柔軟性を要求する法的権利

女性政策研究所はオーストラリア、ベルギー、カナダ、デンマーク、フィンランド、フランス、ドイツ、イタリア、オランダ、ニュージーランド、ノルウェー、ポルトガル、スペイン、スウェーデン、イギリス、そして米国を含む20の「高所得」国における労働の柔軟性に関する法律を調べました。その後、２００７年に発表されたレポート「職場の柔軟性に関する法令の国際比較」（*Statutory Routes to Workplace Flexibility in Cross-National Perspective*）の調査結果の中で次のように述べています。

「17ヵ国に親が労働時間を調整するために支援をする法令がある。６ヵ国では家族の介護責任を負った成人を支援し、12ヵ国では生涯学習を促進するための時間調整を許可し、11ヵ国では段階的な定年退職をサポートし、そして５ヵ国では、全ての就業者が、その理由に関係なく、仕事の取り決めに対し変更を求めることができる法令がある[4]」

リモートワークを導入すべき理由が着々と増えていることから、この流行はリモートワークを導入していない企業の長期的な存続すら脅かすと言われています。「リモートワークは未来であり、それを受け入れられない者は歴史上の敗者である」とまで言う人もいるのです。[5]

私がインタビューした会社は、リモートワークを始める理由として、競争力を強化すること、才能ある人材を引き付けて維持すること、必要に応じて事業を拡大または縮小すること、そしてコストを削減し利益を増やすことを挙げました。

■競争力の強化——才能ある人材を保ち、新たな人材を引きつける

柔軟性を高める手段として、分散型チームをおく企業がいます。一方、都市にある会社で通勤に2時間もかかる社員がいるために、そういった手段を取らざるを得ない場合もあります

——ロバート・ロッゲ[6]

第1章に登場した2017年のフレックスジョブズ社「スーパーサーベイ」を再び見てみましょう（続くコラムを参照してください）。多くの人にとって、リモートワークは魅力的な特典であるだけでなく、必要不可欠なものです。つまり、その選択肢を提供する企業だけが彼らを確保することができます。

▼柔軟な働き方が雇用主にもたらす影響

2017年のフレックスジョブズ社「スーパーサーベイ」の5500人の回答者のうち、62％は柔軟性のない仕事を退職した、あるいは辞めることを考えたことがあると回答しました（この数値の内訳は次の通りです。32％が退職した、16％が求職中、14％が退職を考えたことがある）。一方、柔軟性のある企業に対して、回答者は何を提供できるのかが以下に示されています。

- **社員の定着**　回答者の79%が、柔軟な働き方を提供する雇用主に対し忠実になると回答しました。
- **職場での関係性の強化**　73%の人がリモートワークが職場での関係性を強化することに役立つと考えています。
- **コストの削減**　回答者の29%は1~2割の減給を受け入れると回答。22%は有給休暇を放棄することもいとわないと回答。そして19%は厚生年金を諦めてもよいと回答しました。
- **学歴と経験**　仕事の柔軟性に魅力を感じる人の多くは高学歴で職務経験が豊富です。回答者の79%は少なくとも大学の学位を取得しており、31%は上級管理職以上の職に就いていました。
- **雇用戦略**　回答者の97%は、長期的に柔軟性のあるワーカーになることに関心がありました。柔軟な働き方を提供することは、様々な経歴の確かな経験を持った高学歴のプロフェッショナルを引き付けるのに役立ちます。[7]

アメリカ進歩センター、『フォーブス』、「ハフポスト」、そして米国人材マネジメント連合など数多くの情報源によれば、一般的に社員を維持する費用は新たな人材を採用し育成する費用より（遥かに）少ないとのことです。[8] このことからもリモートワークを選択することは賢明な判断と言えるでしょう。

新しい人材を引き付けるという点に関しては、募集職の「適任者」が会社の近くにいない場合があります。ここで、インディアナ州インディアナポリスにあるデータ管理ソリューション会社のフォームスタック社を例に挙げます。２０１３年に顧客基盤が拡大していたものの、同社では必要な人材を近隣で見つけることができませんでした。そこで、会社全体を**オフィスの自由選択**と呼ばれる方針に移行し、遠方からの新入社員を受け入れることにしました。その方針は導入以来、うまく機能しています。2018年初めの時点で、フォームスタック社には約80名ものスタッフが所属していましたが、そのうちインディアナポリス近辺にいたのは35名だけでした。

ラルフ・ヴァン・ルースマレン氏も同じ経験をしています。彼が働いていた会社では生産拡大が必要とされていたものの、オランダ近辺で十分な人数のソフトウェア開発者を見つけることができませんでした。そのため、国境を越えて、ルーマニアと米国でチーム人員を採用したのです。ヒューゴ・メッサー氏にもこのことはよく分かっています。

ヨーロッパの一部の地域では、才能ある人材が不足しており、適切なスキルを持った人を見つけるのが困難となっています。我々はヨーロッパの企業がインドやウクライナで人材を見つけられるよう支援しています。ヨーロッパの企業はより低コストで人材を採用することで、事業を拡大し、より大きな利益を上げることが可能となります。同時に、彼らは他国で雇用を創出しているのです

——ヒューゴ・メッサー[9]

また、多くの大都市圏で生活費が高いという側面もあります。フリーランスのプロダクトマネジャーであるフェルナンド・ガリド・ヴァス氏は次のように述べています。「特定の場所に優秀なチームを編成することは容易ではなく、費用がかかる場合があります。人を雇うのにたくさんの費用を要するか、その地域での人材確保の競争率が高いかのいずれかです。多くの企業がリモートワークを選択する理由は、それしか優秀なチームを集める方法がなかったからです[10]」

ナノテックネクサス社もそういった企業の一つで、ナノテクノロジー分野で発展を遂げるための専門家を必要としていました。当然のことながら、ナノテクノロジーの専門家が特定の都市に集中しているわけではありません。

創設者のアドリアナ・ヴェラ氏はリモートワークを取り入れたことによって、米国とカナダにまたがる、効果的な専門チームを編成することに成功したのです。彼女にとっては、「所在地に関わらず、適任者であるかどうかが一番重要です[11]」

ハッサン・オスマン氏もこれに賛同し、以下のように述べています。

> バーチャルチームの利点の一つは才能へのアクセスです。大企業での競争は激しく、生き残るためにはつねに十歩先にいなければいけません。シスコ［システムズ社］では、インターネットに接続できる人であれば、世界中のどこからでも採用できます。これは競争社会の中での大きな強みとなります。このような才能へのアクセスがあることで、より機敏にテクノロジーの最前線に立つことができます
>
> ――ハッサン・オスマン[12]

逆の立場、雇われる側にも利点があります。ますます多くの社員がリモートワークに価値を見出しており、その選択肢を提供する雇用主が優遇されています。リモートワークの利点はまさに利益に繋がるのです。

例を挙げると、ピーター・ウィルソン氏は、オーストラリアの企業とフィリピンの人材を繋ぐ会社を経営しています。交通渋滞が多いフィリピンでは、在宅で働けること自体が大きな特典となっ

ています。そして、その特典は会社に対する社員の驚くべき忠誠心に繋がります。またこの特典により、社員を失うことも回避できます。

英国の『タイムワイズ社の柔軟な仕事指標２０１７』（*The Timewise Flexible Jobs Index 2017*）の著者は次のように述べています。「柔軟性に関して寛容である姿勢を求人広告に記載しない企業は、自ら候補者市場の一部との繋がりを断っているのです。これらの『失われた』候補者の中には優秀な人材も含まれます」[13]。私のインタビュー対象者たちの間でも、同様の意見があちこちから聞かれました。

今後は、企業側がより柔軟にならなければいけなくなるでしょう。「この会社で仕事ができるだけでも有り難いと思え」という姿勢はもう通用しません。社員から最高品質の仕事を得るためには、企業は社員のニーズに応えていく必要があります

――ルイス・スアレス[14]

当初、リモートワークの目的は経費を削減し、生産性と効率性を高めることでした。しかし、今ではビジネス上、必要不可欠なものとなっています。ミレニアル世代が労働人口に加わり始めていますが、彼らは働き方に対し新たな視点を持っています。それは、決まった場所で仕事に費やした時間分の給料を得るよりも、好きな場所で好きな時間に働くという考え方です

――クリス・リッジウェル[15]

財務担当幹部のジェレミー・スタントン氏は端的に、次のように述べています。「リモートワークを支持する企業は、そうでない企業よりも躍進するでしょう」[16]

■会社を拡大、あるいは縮小するため

フルタイムの人員を必要としない企業にとって、必要に応じてリモートスタッフを採用することは非常に利便的です。仕事がない時は給与を支払う必要がなく、オフィススペースに経費がかかることもありません

——ローラ・ルーク[17]

採用に関しては別の側面もあります。柔軟にリモートワーカーを採用すること、特にプロジェクトベースで採用することで、必要に応じて会社は拡大または縮小することができます。マーク・ヒューズ氏とエイジェイ・レディ氏は、チームの編成、マネジメント、およびコラボレーションを支援するプラットフォームであるScrumDoの共同創設者です。彼らは、取り組み中のプロジェクトに応じて事業を拡大したり、縮小したりしています。

Teamed.ioでも同じことが実施されています。創設者・元最高技術責任者のエゴール・ブガエンコ氏は以下のように説明しています。「我々はプロジェクトごとに分散型チームを編成しています。ソフトウェアを開発するたびに、特定の技術を持った人材を世界中から集め、バーチャルなチームを編成します。チームが開発したソフトウェアを顧客に届けたらチームは解散します。そして次のプロジェクトを開始します[18]」

■経費を減らし、利益を増やすため

リモートワークを検討する重要な要因となるのが、投資に対する収益率の査定です。実際、私がインタビューした全ての企業は、リモート化の背景にある最大の要因は経費の削減であると述べています。社員にリモートワークを許可することで、様々な方法で経費を節約できます。

新たな人材を雇用するより貴重な社員を維持する方が大幅な節約に繋がるということについてはすでに述べました[19]。その他にも、社内の従業員のための設備にかかる間接諸経費の節約が挙げられます。もちろん、リモートワーカーが数人だけの場合、空いた数席分は大した節約にはなりません。しかし、より大きな規模で考えると、土地建物に関する節約はかなりの額になる可能性があります（続くコラムをご覧ください）。

さらに、地元の人材を雇うより海外から人を雇う方が遥かな経費削減に繋がる場合があります。プログラマーの給与はサンフランシスコと、ハノイやサンティアゴとではかなり差があります。金融サービス幹部のジェレミー・スタントン氏は次のように指摘しています。「リモートワークではよい人材を低賃金で雇うことができます。しかも彼らに低賃金であると思わせることもありません。彼らは地元の平均より高い給与を得て、さらに移動する必要がないという追加の特典も得ているのです[20]」

フリーランスコンサルタントでアジャイルコーチであるマリオ・ルセロ氏は次のように付け加えています。「多くの米国企業は南米のソフトウェア開発者やテスターを採用することを好みます。なぜなら私たちの方が遥かに安いからです。チリでの私の給与は米国にいるアジャイルコーチの約30％ほどです。このようなコストの節約は企業としては無視できるものではないでしょう[21]」

しかし、経費削減という恩恵を受けていても、それは二番目に重要なことでしかないと考える企業もいます。一例として、アメリカンエキスプレス社のグローバルサービス担当VP、ビクター・インガルス氏は次のように述べています。「一部の企業はリモートワークを、運用コストを削減するための手段と見なしています。私たちは、最高の人材を見つけるための投資であると考えており、それはお客様が求める優れたサービスを提供するためなのです[22]」

その一方で、リモートワークを導入すること自体に費用がかかるという反論もあります。後の章で説明するように、リモートワーカーで最も大きな成功を成し遂げている企業は、高品質の機器を取り揃えることに気を配っています。また、リモートチームが直接会うことが望ましい、あるいは必要となる場合、それに伴う移動費や接待費がかかります。

また、リモートワークは生産性を向上させるという主張が多い一方で、チームメンバー間の距離が生産性の低下につながる可能性があると話す人もいます（考えられる出費や節約に関する情報については続くコラムを参照してください）。最終的にリモートワークを選択はしたものの、このような経費の増加は決して魅力的なことではないという会社も多いのです。

経営コンサルタントディレクターのクリス・リッジウェル氏は次のように指摘します。「イギリスでは、古典的な組織に所属する多くのマネジャーが柔軟な働き方を余計な出費と考えています。我々も、社員の要望に応えるために柔軟な働き方を導入しているものの、それは我々にとっては出費を意味するのです[23]」

しかし、人材の確保や維持以外にも経済的利益があることが明らかになると、こういった見方が変わる場合があります。私がインタビューした企業リーダーの多くは、目標の早期達成や生産性の向上などの利点を挙げています。時差のある場所に住む顧客にとって、自分と同じタイムゾーンで働いている社員がいることや、時差をいとわず働いてくれる社員がいることは大きなメリットです。こうした顧客満足度の向上も利点の一つです。

ベンチャー科学技術者のティツィアーノ・ペルーチ氏は次のように述べています。「私はよく、真夜中に別のタイムゾーンにいるクライアントとオンラインで仕事をすることがあります。ホームオフィスで仕事をしているからこそ、それを快適に行うことができます」[24]

▼プラスの利益率――リモートワークによる出費と節約

それぞれの状況は異なりますが、リモートワークを提供することによって考えられる出費と節約について、その一部を下記に示します。

考えられる出費

- 高品質のテクノロジー（社内ハードウェア、チーム全体のソフトウェアおよびリモートワークをサポートするインフラの変更）にかかる費用（これについては下記の〈計算不可能なメリット〉もご参照ください）。
- 直接会うための移動費や接待費
- ホームオフィスの組み立て費用またはコワーキングスペースのレンタル費用
- リモートでのテクニカルサポートにかかる費用

計算不可能なデメリット

- 質問への回答や情報を得る際の遅れ
- 生産性が低下する可能性。これは測定することが難しいことが多々ある要因です。[25]
- 個人またはチームが苦労しているかどうかの評価がしにくいという指摘も一部あります。

考えられる節約

- 貴重な社員を確保することで、従業員補充の経費を節約
- 間接諸経費（社内技術、ワークステーション、賃借料、光熱費）の節約
- グローバルワークプレイスアナリティクス社によると、フルタイムのリモートワークによる平均的な不動産節約額は、社員一人あたり年間1万ドルです[26]（下記の〈不動産〉もご参照ください）。
- 人件費の節約。生活費の安い地域に住む優秀な人材へのアクセス
- 必要に応じて会社を拡大・縮小することが可能

計算不可能なメリット

- グローバルワークプレイスアナリティクス社によれば、リモートワークを支えるためのインフラ（通信）設備の改善によって、職場や在宅に関係なく、全ての社員の生産性が向上します。[27]
- 優秀な人材を雇用することは競争力を強化し、会社の存続率を高めます。
- 生産性の向上に繋がるいくつかの要因の一つに、多くの人が以前まで通勤に使用していた時間を仕事に当てている点があります。幸せで健康な社員は、より忠実で、仕事熱心で、効果的です。また、リモートワーカーは、「オフィスにいた時間の長さ」などよりも明確に生産性を示す必要があるため、確実な成果をあげる可能性が高くなります。
- 多くの人は顧客満足度の向上を挙げています。特に、仕事熱心な社員が、時差に関係なくクライアントに対応できる場合に、顧客満足度の向上が見られます。

＊不動産——クリス・リッジウェル氏は企業物件の統合や再利用の支援を専門としています。彼いわく「あるクライアントは柔軟な働き方を導入したことで、68棟の建物から3つの敷地に縮小しました。それは明らかに、コストを節約するための、資産的ビジネス判断でした」。さらに、彼はこのように続けています。「もし所有している特別な建物を売ることができないなら、それらを有効活用することもできます。例えば、私たちは15世紀の石造りの納屋をコワーキングスペースに改装したことがあります。別のクライアントは、主に田舎にある50もの廃校舎を、レンタルオフィスや地元のビジネス向けの起業支援センターに改装しました[28]」

リモートワークを開始する方法について、より深く学ぶ準備が整っている場合は、第Ⅲ部に進んでください。リモートワークの実態について、まずはより詳しく知りたいという場合には、続きをご覧ください。

リモートワークへの懸念と解決策

生産性はどうか

柔軟な働き方を提供したいと考えるマネジャーにはリスクが伴うという事実は否定できません。リモートワークが失敗した場合、自分に責任がかかってくるため、現状維持が安全であると考えることが多いのです。

例えば、ジュディー・リース氏はテレテキスト社のマネジャーとして勤務していた時のことを次のように述べています。「ある社員に毎週一日だけ在宅で勤務する許可を与えました。その際に感じた不安は今でも覚えています。『これはリスクよ。もし失敗したら私に責任がある。断ればリスクはない』マネジャーの多くは、成功することより、失敗しないことで評価されるのです[29]」

この考え方は広く共有されています。

マネジャーとしては、元が取れているのか、また、社員が期待通りに働いているのかを知っておきたいものです

——マーカス・ローゼンタール[30]

信頼感が依然として重要課題です。デスクにいないと、働いていない（と思えてくるかもしれない）のですから

——クリス・リッジウェル[31]

社員を監督下に置けないことから、監視用ソフトウェアを駆使して監督しようとする企業もあります。実際に、私がインタビューしたうちの一人は企業に対して、この選択肢の検討を推奨していると言います。しかし、大多数の人はこの取り組みに反対しています。次のコラムを参照ください。

▼監視用ソフトウェア

前に述べたように、ピーター・ウィルソン氏は、オーストラリアの企業とフィリピンの人材をつなぐオフショアリングの会社を経営しています。彼は次のように述べています。「一部の企業にとって、

社外の人間や他国の人を雇用することは思い切った一歩です。しかし画面やキーストロークを監視するソフトウェアを使うことで、不安や懸念は軽減できます[32]」

別の考えの人もいます。まず、「サンフランシスコクロニクル」紙で、マリッサ・ラング氏はもっともな見解を述べています。「こうした監視ツールの需要が高まれば高まるほど就業規則やプライバシー、社員と雇用主の関心事について話し合う必要性が高まります[33]」

ソフトウェアエンジニアのピエロ・トファニン氏は次のような個人的な見解を述べています。「コンピューターにインストール可能な様々なソフトウェアがあること自体、私は不気味に感じます。あなたが入力した情報や画面が見られて、本当に仕事しているのかどうかを確認されているのです。不健全です。健全な雇用関係は、あなたがしっかり仕事をして、それに対し相手が賃金を支払うという双方の信頼関係があってこそです[34]」

起業家のバート・ヴァン・ルーン氏もこう賛同しています。「まずは、ある程度の信頼関係を構築することから始めなければいけません。後に、信頼関係が深まったり、崩れたりすることもあるかもしれません。大抵、企業は強力な監視体制については言葉を濁します。

例えば、チームが仕事をしている部屋にカメラを常設したり、画面を記録して社員の業務内容を確認したりするクライアントもいます。我々はこれを推奨していません。なぜなら、長期的に見ると、こうした手法は悪い結果をもたらすからです。人は過度に監視されると、受動的になりすぎる傾向にあります。労務の監視は、解決すべき問題ではなく、避けるべき問題なのです[35]」

では、社員が働いていることをマネジャーはどうすれば確信できるのでしょうか？　一つの方法は、時間志向の考え方（決まった時間にオフィスにいるなど）から成果志向の考え方に切り替えることです。

マネジャーたちは、社員が自宅で働くことで生産性が低下するのではないかと懸念しています。だらけてテレビを見るだけになってしまうのではないかと。しかし、こうした懸念は在宅勤務が始まるまでのことです。実際に在宅勤務が開始されて、生産性の向上が見受けられると、マネジャーは社員がしっかりと働いていることを理解します。そんな懸念は未知に対する恐怖感でしかないのです

――ブリー・レイノルズ[36]

成果志向のマインドセットとは、届ける仕事の質が成果だということです。そのため成果志向のマネジャーには、チームメンバーに責任感を持たせるという課題が負わされます。社員もこれを理解し、自身の生産性を証明する必要があることを知っています。私たちは指揮、統制された職場から抜け出す代償として、共通の目標に向かう責任の一端を喜んで引き受けなければなりません。

アジリティスケール社ディレクターのヨーガン・アペロ氏はよく次のように述べています。「マネジメントというものは重要すぎて、マネジャーだけには任せていられません」。言い換えると、私たち全員が、どこにいようとも、チームやプロジェクトを成功に導く責任を担っています。

そして、生産性は仕事に対する熱意《エンゲージメント》から生じることも覚えておいてください。タワーズワトソン社が実施した世界的な研究によると、「仕事に対する熱意を高める最大の要因は、自分の心身の健全さに上司が心から関心を持ってくれていると感じるかどうか」です。そして、２０１２年の時点では、「自分は十分な熱意をもって仕事ができていると感じている社員は40％以下」だったと言

います。

より最近の調査については、2017年度のギャラップ社「世界職場状況レポート」で次のように報告されています。「世界中で、仕事に対する熱意の溢れる（つまり、仕事や職場に熱意をもって深くかかわる）正社員の割合はたったの15％です[37]」。しかし、リモートワークを許可されたり、さらには信頼されて任されたりすると、それだけで仕事への熱意と生産性が十分に向上する理由となります。

以降の章で、生産性に関する多くの取り組みについて見ていきます。

効果的なコラボレーション

近い将来、「バーチャルチーム」という言葉すら使わなくなるでしょう。単に「チーム」と言うだけで通じるようになるでしょう

——ピラル・オルティ[38]

対面でのコラボレーションが非常に効果的であることは否定できません。しかしその有効性を、手を抜いたと感じさせずにリモートワークでも再現することは可能です。実際、デジタル環境において、多くのテクノロジーや方法論がその重要性を長年にわたって証明してきました。

ソフトウェアエグゼクティブのマーク・ヒューズ氏は次のように述べています。「多くの人は集約された場所で、壁にかかった大きなボードに付箋紙などを使ってタスクを整理することを好んでいます。この手法は全員がその場にいれば問題ありませんが、欠席者が一人でも現れると、誰もが使用できる何かしらのバーチャルツールが必要となります[39]」

幸いにも、効果的なバーチャルブレインストーミングセッションを実施するための多くのツールが存在します。

カロリナ・シュッツール氏は、Medium.comに掲載されている記事で、集約型で行われる仕事の多くはすでにリモートフレンドリーな手段を利用していると指摘しています。「複数のプロジェクトに取り組んでいたり、メールの返信に長い時間を費やしていたりなど、社員たちは同じオフィスにいながら効果的に個別に業務を行うことがあります。個別に業務を行うのは職場では日常的です」

彼女は次のように続けています。「一部、特に大企業は、すでにリモートワークを始めていることに気づいていないのです。それは、外部委託から専門家への大量のメール、メッセージ、オンラインで実施されるディスカッションなど、対面でのやりとりなしで行われる日常的なコミュニケーションです。多くの場合、実際に対面で行う業務は最小限に抑えられています」[40]

開発者たちは長年にわたり、オンラインでのコラボレーションを実践してきました。つまり私たちは、彼らが完璧に仕上げたソフトウェアや手法の恩恵を受けられるということです。二人のプログラマーが同じコードで協力することを「ペアプログラミング」と呼びます。それは集約型の場合でも、リモートワークの場合でも関係ありません。一人がコードを作成し、もう一人が同時に作業を見直します。

対面の場合、二人で一つのワークステーションを利用します。リモートワークの場合、ビデオと画面共有を利用して、他者の意見も加えながら、より簡単に、快適に、そして効果的に、連携を取ることができます。ご想像の通り、複数人で一台のコンピューターを囲む「モブプログラミング」より、ビデオ通話で画面を共有する方が遥かに現実的であり、生産的です。

コミュニケーションについて話を続けますが、プロダクトディレクターのクリスティーナ・ウン氏は一般的な懸念について次のように言い表しています。「リモートワークを始める企業にとって課題となっているのは、物事を文書化する習慣が十分に身に付いていないということです。なぜなら、隣席にいる同僚と一緒にその場で決断を下す方が遥かに簡単だからです。これは、機敏性が求められるベンチャー企業に特に当てはまります。日々の意思決定の場にいない人々を参加させるには、新たな習慣を取り入れる必要があります[41]」

幸いにも、その「新たな習慣」については一からつくり直す必要がありません。ただ慎重に、新しいプロセスを確立していけばよいのです。これについては、第8章と第9章でより詳しく振り返ります。

時間をかけて新しい働き方を学びましょう。違和感があるのは慣れるまでの間だけです
——アジャイルビル・クレブス[42]

共に働くことで生まれる仲間意識

また別のプロダクトエグゼクティブであるスマン・コウシック氏は、チームリーダーとチームメンバーの双方が共有する懸念について、次のように述べています。「私たちはコラボレーションにより、急速な進歩を遂げてきたものの、未だに一緒にいるという感覚がないように思います。足りないのは、廊下での会話や、隣の席にいる同僚に簡単な質問をする機会です。

加えて、もちろん、同僚とお茶やランチをしに行ったり、その場限りのブレインストーミングセッションをすることもありません。これら全てが未だに欠落しています。でもテクノロジーによってこの溝は埋められていくとも考えます[43]」

実際、効果的なチームにとって、親近感を養うことは非常に大切です。ここでも、テクノロジーの実践によって、この重要な問題を解決することができます。これについては第8章で詳しく述べ

ます。とはいえ、社交によって絆を深めたり、コラボレーションをするために、相手と直に会わなくてはならない場合もあります。

例えば、新規事業の開始時やブレインストーミングの段階などで、より多くのやりとりを要する場合です。そのような場合は、今まで通り、ミーティングの予定を立てればよいのです。

> 約20年から40年ほど前に遡ってみましょう。各部署の責任者とのブレインストーミングセッションでは、全員が飛行機で移動する必要があり、多額の経費を使っていました。会社のトップミーティングに参加するために数日間を費やしても、一緒に過ごした時間はたったの48時間です
>
> ――ヴァネッサ・ショウ[44]

リモートワーク戦略の更なるメリットは、2日間の会社のトップミーティングより遥かに効果的なコラボレーションや、交流による仲間意識の構築が可能だということです。リモートワークをすでに導入し、その成功談を語る企業が増えるにつれ、分散型チームには職場のチームと同様、あるいはそれ以上に有能で成果をあげる可能性があることに、大企業は気づき始めています。メンバーの所在地がばらばらであっても、リモートワークを成功させるためのツールや戦略が役に立つのです（これについては、後の〈なぜ今、リモートワークを試すべきか〉でより詳しく説明します）。

技術的な課題

技術が進歩するにつれ、リモートの同僚と建設的に仕事をすることがより簡単になってきていま

す。スパイダーフォンの周りに集い、音割れするような通信状況で、見えない同僚に向けて大声で叫ばなければいけなかった時代は終わりました。そして、高度な通信機能は、日々、より手頃に、より入手しやすくなっています。IT企業パルスリー社の最高技術責任者であるアンドリュー・モンタレンティ氏は次のように述べています。

完全分散型チームは、時間が経つにつれ、より進歩し、より一般的になるでしょう。私たちが使用するツールも実にすばらしい進化を遂げています。例えばGoogle Meetでは、大規模チーム向けのグループビデオミーティングを無料で提供しています。パルスリー社ではGoogle Meetを使って充実したチームミーティングを開催しています。チームメンバーの直接交流も分散して行われるようになり、複数のコンピューターによるコラボレーションは別々の場所からも容易に行えるようになってきています。また、分散型チーム以前の時代に単に実用的でないと見なされたコラボレーション手法も、現在のテクノロジーによって可能になるのではないかと思っています。つまり、テクノロジー、特にオーディオ／ビデオ技術は、今後10年間で分散型チームを後押しします。コラボレーションを行う主要な方法は、一対一の会話から多勢対多勢へと移行しています。また、テクノロジーがコラボレーションの手法にどれほど影響を与えるかについて、人々はまだ完全に飲み込めていないと私は思います。将来が楽しみです。[45]

前述の内容はもちろん、総合的に見たテクノロジーについてです。個人的なテックサポートが必要な場合、オンライン予約ソフトウェア会社のタイムリー社は、テクニカルサポート窓口を利用することを推奨しています。[46]

セキュリティ

技術開発の急速な発展に対する懸念の一つは、そのスピードについて行けるかどうかです。生産性を維持するために、チームメンバーは（リモートでも社内でも）連絡を取り合うための新しいアプリケーションを試すことが推奨されます。そして多くの場合、彼らは会社のコンピューターを使用します。しかし、多くの企業にとってリモートワークを採用するにはセキュリティプロトコル［データ保護を確実にするための一連の手順を定めた規約、取り決め］の見直しが必要となります。

経営コンサルタントディレクターのクリス・リッジウェル氏は次のように指摘します。「多くの大手企業では決まったテクノロジーが使用され、セキュリティ、データ保護、および法的影響に関する懸念から、個人用のデバイスの使用が許可されていません」

しかし、問題は「そのために、これらの企業がテクノロジーに取り残されるのではないかということです。一方で、テクノロジーを積極的に取り入れている中小企業は、急速に成長しています」[47]

アミノペイメンツ社のジェレミー・スタントン氏の言葉を再度お借りすると「リモートワークを支持する企業は、そうでない企業よりも躍進するでしょう」[48]

これはすなわち、最高の人材をあなたの会社が引き寄せられなければ、他社が引き寄せてしまうということです。ある状況では、企業はセキュリティ上の危険を回避するためにリモートワークを拒むことがあります。

その場合の解決策は、バーチャル技術を安全かつ効果的にするためにセキュリティの問題に対処することです。フレックスジョブズ社の2018年時点における「リモートワークのできるトップ100社」のリスト（第II部番外編）に示されているように、セキュリティを重視する非常に大規模な企業の中にもリモートワークをうまく取り入れているところがあります。

例えば、ADP、アメリカンエキスプレス、JPモルガンチェース、ハートフォード金融サービスグループ、ユナイテッドヘルスグループ、そしてウェルズファーゴなどの企業が挙げられます。要するに、セキュリティを守りながらリモートワークを導入することが可能だということです。

なぜ今、リモートワークを試すべきなのか

6年前に奇想天外と思われていたことが今では当たり前になっています。この新分野にいる我々全員が、この分野の牽引と普及、そして共通言語を求める先駆者なのです

――ハワード・B・エスピン[49]

既存の人材を保つため

繰り返し述べてきたように、リモートワークを導入する目的は、新しい人材を引き寄せるためだけではありません。人材コンサルタントのダーク＝ヤン・パドモス氏が指摘するように、リモートワークという選択肢を社員のために取り入れている会社がますます増えています。

現在働いている社員を留めておくためにも重要であると気づき始めているのです。そのため、新しくリモートワーカーを雇い入れる準備が整っていない場合でも、今いる優秀な人材を維持するた

めに対策を立てるのが賢明でしょう。

リモートワークが標準となるにつれ、より多くの社員がリモートワークという「ワークライフフリーダム」を要求するようになるでしょう。

■リモートファースト――緊急時の代替案としてのリモートワーク

柔軟な働き方を完全に導入するかどうかにかかわらず、緊急時に備えて、社外でも働けるような手段を準備しておくとよいでしょう。出勤ができなくなってしまう様々な不可避の出来事、例えば交通渋滞、公共交通機関の遅延、子どもの病気、天候不良などを想定しておきましょう。突然の不測事態が起きても、ほんの少しの準備によって業務が停止しないようにすることができます。これが「リモートファースト」という概念です。

> 誰かが家にいなければいけない状況はたくさんあります。例えば、午前9時から午後3時の間に工事に来る水道業者を待たなければいけない時など。我が社の社員は、家でも存分に働くことができます。彼らにとってのメリットは、工事業者のために有休を取る必要がないことです。そして、私にとってのメリットは、締め切りの迫るプロジェクトの最中に、社員が休まなくてもよいことです
>
> ――マーテン・クープマンズ[50]

では、どのような準備が必要なのでしょうか。一言で言うと「アクセス」です。社員は最低でも以下のものが必要となります。

・信頼できるテクノロジー（電話、コンピューター、高速のインターネット回線など）へのアクセス
・必要な連絡先情報へのアクセス
・作業中のファイルへのアクセス

繰り返しますが、これらは最低限に必要なものです。会社がどうすれば完全に不慮の出来事に対処できるかについては第5章で詳しく述べます。

■リモートワークのツールや戦略はどちらにせよ有益

会社にリモートチームを設置する必要はありません。でも、リモートワークをしている誰かが会社と楽に連絡が取れるようなコミュニケーションプロセスを持っている方がよいでしょう。リモートチームが機能するために必要なものは、どちらにせよ、あった方がよいものばかりです

――ジェレミー・スタントン[51]

リモートワークを成功させるためのチェックリストは、会社を効果的に運営するためにも等しく適用できます。

・簡単かつ速やかなコミュニケーション
・ファイルを管理するための共通の指定場所
・会話やコラボレーションの準備が整っている手段
・社員全員の足並みが揃っていること

・共通の目的に向けて取り組む姿勢

私がインタビューした人の多くは次のように強調しています。企業は、リモートワークを試す前に、上記の事柄が確立されていることを確かめるのが賢明です。

逆に、リモートワークを成功させるための要素が整っていない場合は、リモートワークを（少なからず今はまだ）開始しないようにという警告になります。

人材コンサルタントのダーク＝ヤン・パドモス氏は次のように述べています。「オフィスで共に働く場合、人と人との間で一種の関わり合いが強いられます。同僚は互いにやりとりすることを余儀なくされ、それによって物事は比較的整理された状態に保たれます。仮に、コミュニケーションがうまく取れていないチームにリモートワークを加えた場合、問題は増幅されるだけです[52]」（優れたコミュニケーションの実践は特に重要となるため、コミュニケーションについては後の章で詳しく説明します）。

アジャイルコーチのラルフ・ヴァン・ルースマレン氏はさらに、次のように述べています。「リモートワークを始めることで組織の構造的な問題が浮き彫りになります。ビジョン、コミュニケーション、チームビルディングなどが不十分であれば、リモートワークによって、それらの問題はさらに深刻になります。分散型ワークのせいにすることもできますが、ほとんどの場合、欠陥は深刻な問題が招いた結果です[53]」

リモートワークの検討を妨げるような「深刻な」懸念について、掘り下げようとしているわけではありません。情報は多い方が役立つと伝えたいだけです。もちろん、バーチャルワークの世界を受け入れるのに適さない組織や役職もあります。ですが、そういった状況でない限り、リモートファースト企業が緊急事態への対応に優れているように、実際にリモートワークを始める人がいなくても、企業や部署やチームがリモートワークの可能性を検討すること自体が、社内業務の改善に繋がっていくのです。

最後に一つ。リモートワークリソースRemote.coは「リモートフレンドリー」な企業135社に、リモートワークを検討している企業へのアドバイスを求めました[54]。多くの企業は「やってみるべき！」と答えました。

しかし、保守的でまだ確信が持てない読者は、「そう言うのは簡単だけど、うちの体制や業界ではリモートワークは通用しないよ」と言うかもしれません。しかし、リモートワークが最高だと熱弁をふるう人たちの意見を差し引いたとしても、冷静な回答者の最終的なアドバイスも、やはり同じなのです。

とにかく一度試してみてください。最終的に自分には向いていなかったという場合でも、リモートワークを機能させるために必要な準備は、結局はあなたのためになります。ほぼ全ての回答者が、どんな会社でも、入念に賢明な判断をしさえすれば、きっとリモートワークができると答えています。もしうまく行けば、今まで考えたことがないほど、可能性が大きく広がるでしょう。

> リモートワーカーがもたらす利益は、かかるであろうコストや障害を遥かに上回ります。文化や言語の違いを乗り越え、習得することで、あなたの会社は非常に幅広い顧客層にアピールできます。これらの挑戦を受け入れ、あなたの会社の強みにしてください
>
> ——ディーブン・バグワンディン[55]

あなたがリモートでのコラボレーションという選択肢について考えてから、ずいぶん時が経っているとしたら、今どんなことが可能になっているかを知って驚かれるかもしれません。これまで長い道のりを歩んできましたが、テクノロジーは今も進歩し続けています。

この章のまとめ

■リモートワークを導入する理由

- リモートワークを導入することで、雇用主は競争力を強化するために必要な人材の確保や維持ができます。これは特定の専門知識を必要とするプロジェクトに不可欠なメリットです。優秀な人材の維持は、新たな人員を補充するより低コストでできます。
- プロジェクトベースのリモートワーカーを採用することで、必要に応じて会社の拡大、または縮小をすることができます。
- 多くの企業は、リモートスタッフによって経費が削減され、利益が増加していると考えています。
- グローバルな人材を採用することで、労働力が多様化し、世界観が広がることで新鮮なアイディア、より大きな革新、よりよいソリューションがもたらされます。

■リモートワークへの懸念と解決策

- 在宅での生産性についての懸念は、様々な方法で対処することができます。まずは、時間志向の考え方を成果志向に置き換えることです。リモートワーカーは、以前通勤に使っていた時間にも働いていることが多く、職場の社員よりも生産性が高いことが報告されています。
- 様々なツールや取り組みは、分散型チームの生産的なコラボレーションや不可欠なチームの結束を可能にするのに非常に効果的です。
- セキュリティ重視の大企業であっても、リモートという選択肢を有効に実現できることを実証しています。エキスパートによって組み立てられたバーチャル技術は、安全かつ効果的であることが証明されています。

■なぜ今、リモートワークを試すべきか

- 繰り返しとなりますが、リモートワークは既存の人材を維持するための主要な手段です。
- オフィスに「リモートファースト」を取り入れれば、交通渋滞、天候不良、市全域の緊急事態、さらには、家族の看病やいつ来るか分からない工事業者を待つために家にいなければいけない状況など、いかなる緊急事態が発生した場合でも、滞りなく、仕事を続けることが可能です。
- 図らずも、リモートワークを成功させるためのツールや戦略は、どこで仕事をしているかに関係なく、全てのチームにとって有益です。

第Ⅰ部 番外編

よくある質問

リモートワークが気が遠くなるほど大変だと感じる理由の一つは、リモートワークについて分からない部分があるからです。リモートワーカーがしっかりと働いているかどうかをマネジャーが懸念することもあるでしょう。また、チームメンバーから受信したシンプルなメールの意図――苛立っているのか、焦っているのか、はたまたそのどちらでもないのかに悩むチームメンバーもいるかもしれません。

こうした懸念があると、もし社員のうちの一人でもリモートワークになった場合、一体どうすれば会社やチームは効果的に機能できるだろうかと多くの人が疑問を抱きます。このセクションでは、こうした一連の疑問とその回答をまとめました。

例えば、キャリアアップ、収入、社会的孤立などについてチームメンバーが抱く懸念から、生産性、信頼関係の構築、技術面でのトラブルなどに関するチームリーダーの懸念までが述べられています。全ての状況に合う確実な解決策があるわけではないことも事実です。

しかし有力な証拠によって、「リモートワークはやっぱりやめた方がよい」とためらう人は少数派であることも示されています。ほとんどの場合、効果的なリモートワークに必要なのは、最適なスキルセット、ツールセット、マインドセットの組み合わせです。

個人／チームメンバーの懸念

■ 適性

――リモートワークが自分に向いているかどうかを、どう判断すればいいでしょうか？

リモートワークをうまく機能させるには、適性と同じくらい心構えが必要です。優れたチームメンバーは、仕事を効率的にこなすだけではありません。同僚と共に効果的な仕事ができるのが、本当に優秀なチームメンバーです。そのためには、特に信頼関係が重要です。定期的に連帯感や信頼関係を築く努力が必要となります。このことについては第3章と第4章で述べます。

――社外で仕事の成果をあげるのは難しくありませんか？

自分は社内で働くのがベストだという人も確かにいるでしょう。しかしそう思わない人は、どの方法が自分にとって最適なのかを判断するために、いろいろな手法を試してみればよいのです。

一例として「人事のチャンピオン」と称されるモーガン・レッグ氏のコメントを引用します。「私がリモートワークを始めた頃は、明らかに生産性が下がったと思います。リモートで働く方法がよく分からなかったからです。しかし変化に適応してからは、とても成果があがるようになりました。ただ、今度は働き過ぎになってしまいました。

次の段階は、仕事や作業内容に私の働き方をどう合わせていくかを考えることでした。今では、日中のお店がすいている時間を狙って用事を済ませ（これは嬉しい特典です！）、仕事時間を分けるために運動する時間を設けています。こうしたことによって生産性が向上し、労働時間も短縮されました」[1]

■キャリア開発

――現在職場で働いており、週のうち数日間だけ自宅で仕事をしたいと考えています。でも（上司に）聞くのが恐いです。上司にチームプレイヤーではないと思われ、昇進が見送られてしまうのではないでしょうか？

社員がリモートワークを求める一番の理由は、週のうち数日だけも自宅で働ける柔軟性が欲しいということです。2017年度のフレックスジョブズ社の調査によると、子どもがいる人は仕事の柔軟性（84％）を給与（75％）よりも優先していることが分かりました。[2]

ですから、あなたは決して少数派ではありません。世界中のマネジャーたちは、優秀な人材を引き付けて維持するためにはすべきことがあると気づき始めています。優秀な社員を維持する方が、新しい人材を採用するよりも安価で済むのです。ですからあなたは、自分で考えている以上に多くの交渉材料を持っています。

第1章と第2章を読み直して、最近の労働事情の動向についてある程度、感触がつかめたら、第Ⅱ部、特に第Ⅱ部番外編にある〈上司（やチーム）を説得する〉の箇所をご参照ください。

――特定の業界に入りたいのですが、仕事がある地域で生活する余裕がないため、リモートワークの募集に応募しようと思っています。しかし、上司と関係を構築する方法が分かりません。それに、どのようにしたら会ったことのない上司に昇進の後押しをしてもらえるのかも分かりません。

多くのマネジャーも社員に対して同じ懸念を持っています。そしてマネジャーはチーム全員が連帯感を持てるような努力を惜しみません。詳しくは第10章の〈一人ひとりのメンバーと関係を築く〉を参照してください。

遠くからでも関係が築ける最も簡単な方法は、ウェブカメラをつけて、可能な限り顔を合わせることです。関係をより深めるために、あなたにできることは、最適な装備と優れたビデオスキルを持つことです。詳細については、第3章の〈デジタル機器が揃っていて、テクノロジーに精通しているかどうか〉を参照してください。

グローバルワークプレイスアナリティクス社によると「一部の社員は、在宅勤務をしない理由として、キャリアへの影響を挙げています。成功している在宅ワークプログラムは、時間志向ではなく成果志向の評価システムで成果を表すことによって、『目に見えないものは忘れられる』という問題を克服しています。同僚や上司と定期的なコミュニケーション（電話、メール、チャット、そしてたまに行う対面でのミーティングなど）を保っている在宅勤務者は、キャリアへの悪影響はないと感じています[3]」

さらに、専門家たちは、可能な限りチームが直接集まることを推奨しています。面接の際に、どれぐらいの頻度で集まるのかを聞いてみてください。年に一度だけではないことを祈りましょう。

もちろん、上司があなたに対し関心を示さない場合にできることは限られています。しかし、それはリモートワークでなくても同じことです。

■収入

――リモートワークによって収入が大幅に減ったりしないでしょうか？

もちろん、この質問に対する回答は業界によって異なります。しかし、2017年度「米国のフリーランス」レポートによると、従来の仕事を辞めてフリーランスに移行した人のうち、4分の3

近くが、フリーランスを始める前と同等の収入（10％）あるいはそれ以上（62％）の収入を得ていたことが分かっています。フリーランスは、従来の仕事よりも有益なキャリアパスになる可能性があります。さらに、収入が増加したと答えたフリーランスのうち75％は、1年以内に収入が増えたと報告しています。[4]

――オンラインで働く者にとって、仕事に対する賃金が支払われないというリスクはありませんか？

残念ながら、この問題については確実に否定することはできません。２０１６年に実施されたピュー研究所の統計では、オンラインで単発の仕事を請け負ったギグワーカーの29％が、支払いを受けられなかったという最悪の結果が出ています。[5]これは軽視されるべき統計ではありませんが、上述の内容は3人に1人の労働者が適切に支払いを受けていないということであって、全ての仕事に対する29％ではないことにご注意ください。

「適切に支払われている報酬額」の数値は高額です。２０１８年の初めにクラウドソーシングサイトのアップワーク社は、フリーランスの年収が15億ドルを超えたことを発表しました。[6]そして、一番の朗報は、自分の身を守る手段があるということです。まずは、双方が明確に契約内容を理解できるように、仕事に関する契約書を書面で交わすことをお勧めします。

着手前に半分、完成時に残り半分の支払いを請求する人もいます。一部の業界（例えば、フリーランスの編集業）では、編集した原稿の半分を提出する際に半額を請求し、残りの半分を完了時に請求する人もいます。また業界を問わず、多くの労働者が1～2週間ごとに請求を行っています。これにより、賃金が支払われないリスクのある仕事の量を制限することができます。詳しくは、第3章の〈仕事の内容と経済状況をよく考えて決める〉をご覧ください。

■社会的孤立

――自宅で仕事をするのはたまらなく孤独ではないですか？

もちろん、これには個人差があります。しかし、多くのリモートワーカーは、たとえ一人暮らしであっても、外出せずに驚くほどの社交や交流（バーチャルフェイスタイムなど）を楽しんでいます。とはいえ、孤立状態が問題となる可能性もあります。Remoters.net の２０１７年度「リモートワークのトレンド調査」の回答者は、バーチャルで働く最大の欠点として、人との交流の不足（29％）と孤独感（15％）を挙げています（欠点はないと報告している人も15％います）[7]。

孤独感に対処する方法もあります。それには、バーチャルでも直接対面でも、人との交流を増やすことです。詳しくは、第４章の〈自分のニーズにも注意を払う〉、特に社交の必要性に関する箇所をご参照ください。

――孤独感以外にも、チームメイトとの仲間意識についてはどうでしょうか？　同じ空間にいない人と繋がりを感じるということが想像できません。

リモートワークでも驚くほどたくさんのチームビルディングの方法があります。例えば、ポリコム社が実施した世界的な調査では、92％もの回答者がビデオコラボレーション技術によってチームワークが向上すると報告しています。これはおそらく、職場で行われる交流の一部が、ビデオを使うことによってオンライン領域でも再現されているからだと考えられます[8]。

また、２０１５年コネクトソリューションズ社の「リモートコラボレーションワーカー調査」によると「リモートワーカーの42％は職場で働く場合と同じくらい同僚とのつながりを感じています」さらに「10%はそれ以上に繋がりを感じる」と回答しています。[9]

第8章では、マネジャーがリモートチームの成功を促進する方法について詳しく説明しています。特に〈チームの結束を固める〉の箇所をご確認ください。自分たちのチームに効果が期待できる内容を書き出して、上司と共有するとよいでしょう。

マネジャー／チームリーダーの懸念

――私のチームの一部はリモートワークが可能ですが、職種によっては、リモートワークの選択肢がない場合もあります。リモートワークをしたいのにできない社員は、リモートワークができる社員に対し腹を立てたりしないでしょうか？　それはチームの連帯感を崩し、生産性を低下させることになりませんか？

こういった嫉妬に関する懸念は、確実に、一部の企業がリモートワークを導入しない理由の一つとなっています。しかし、柔軟な選択肢を求める労働者の数を考えると、その選択肢を拒否することで、優れた人材を失う（あるいは採用できない）可能性があります。まずは、チーム内で匿名投票を行うことから始めてはどうでしょうか。

具体的に、リモートワークができない人はリモートワークという選択肢を与えられた人に対し、不快な感情を抱くかどうかを尋ねましょう。今リモートワークができなくても、自分にもそういう日が訪れることを見越して、賛成票を入れる人も多いかもしれません。また、在宅で働くことができない人のために別の特典を用意するという手もあります。

リモートワークが可能な全ての職種の人に対して公平に、柔軟な働き方の方針を知らせることを、多くの人が推奨しています。そして対象となる全ての人がリモートという選択肢を許可されるよう配慮してください[10]。グローバルワークプレイスアナリティクス社は、なぜ特定の職種にはリモートワークの資格が与えられないのか、その理由を明確にすることを勧めています[11]。

「部分的分散型」チームをうまく連携させるには意識的な努力が必要となります。社内にいる同僚にとって身近な存在だと感じてもらうためにも、リモートチームのメンバーには機敏な反応と高い生産性を求めます[12]。このことも、リモートワークをするメンバーがいるチームが、連携の取り方に関する規約を作成することが大変重要になる理由の一つです。詳しくは第8章と第9章をご参照ください。

――社員が本当に働いていることを、どうすれば確信できますか?

多くの調査(フレックスジョブズ社など)によれば、大多数の人がリモートワークを希望する理由として、生産性を向上させるためだと言っています。より生産的なワークスペースを選択できることや通勤しなくてよいことが生産性の向上に繋がる理由として挙げられています[13]。実際、リモートワーカーは働かなさすぎるよりは、むしろ働きすぎてしまう傾向にあります。

この懸念に対処するためには、いくつかの変更が求められます。一つは仕事の振り分け方についてです。社員に彼らの生産性を示す機会を与えましょう。プロジェクトを短期間でできるタスクに分けて、それぞれの期限を守らせることで達成感を持たせます。この手法は完全成果志向の職場環境(ROWE)の概念に該当します。詳しくは第1章の〈職場での柔軟性――時間志向ではなく、成果志向の働き方〉をご参照ください。

二つ目に必要なのはマインドセットを変えることです。リモートという選択肢への移行に成功したマネジャーは、リモートワーカーを信頼することで、驚くほどポジティブな成果が得られたと言います。管理上の信頼に関しては、第7章で詳しく取り上げています。さらに、社員が信頼を得る方法については、第4章の〈信頼関係の構築〉で説明します。

――時間単位で請求する業界の場合は、どのように成果志向の働き方を取り入れることができますか？

時間給で働く場合ではやはり時間を記録しますが、成果志向の働き方では、社員が進捗状況を報告する頻度が違います。

多くの企業は、プロジェクトの進捗状況を見るために、状況確認《チェックイン》ミーティングを定期的に実施しています。詳しくは第8章の〈生産性とコラボレーション〉、特にミーティングの種類〈スタンドアップと振り返り《レトロスペクティブ》ミーティング〉の箇所をご参照ください。

多くのチームメンバーは、取り組んでいる仕事を定期的に提示することで、実際に働いていることを示しています。詳しくは第8章の〈チームの結束を固める〉、特に〈オンラインでのコラボレーション〉の箇所をご参照ください。

――生産性が上がるという主張は本当ですか？　ＩＢＭ、ベストバイ、ヤフーなどの大手企業は、社員にリモートワークを許可した実験が失敗したと報告しています。

リモートワークに向いていない職種や業界があることは否定できません。しかし、これらの企業について、『アメリカンインタレスト』では、ＩＢＭのリモートワーク停止に関する記事で次のように述べています。「リモートワークが通例になってきている中でも、直接対面で働くことに重点を置いているのはＩＢＭだけではない。２０１３年に、マリッサ・メイヤー氏がリモートポリシーを急遽取りやめたことが、ヤフーで大きく報道された。そして、過去数年の間に、レディットやベストバイなどの企業もチームを正式に集約型にしたと言う。
リモートワークにメリットがなかったわけではありません。ベストバイを例に挙げると、2006年に、リモートワークを導入した部署では生産性が平均35％向上したと報告されています。ただ、対面で一緒に働くことに、また別のメリットがあったというだけなのです。集約型の実施を決めた時のベストバイやヤフーのように、IBMも新しいことに挑戦するビジネスなのです[14]」

ウェブ開発エージェンシーの10up.comは次のように述べています。「事実、適切にマネジメントされた分散型チームは集約されたチームより遥かに生産的です。なぜなら、「社内にいた時間」などよりも遥かに客観的な指標で生産性を測ることを強いられるからです[15]」。どのように生産性を証明するかは、社員と事前に合意し決定すればよいだけの問題です。詳しくは、第8章の〈業務の見える化《ワーキングアウトラウド》でチーム内の信頼性を示す〉の箇所と第9章をご覧ください。

2016年に、ハブスタッフ社は「リモートワーカーの方が生産的？ あなたに代わって全ての研究を調べてみました」というタイトルの記事を発行しました。結論を言うと、まさにタイトルの通りです。詳しくは、第1章にあるコラム〈リモートワークで働く際の生産性について〉をご参照ください。

―― コストについてはどうですか？ リモートワークを導入することで損をしませんか？

いくつかの情報源は、（リモートワークを導入して）貴重な社員を維持することは、新たな人材を雇うより安価であると主張しています[16]。貴重な社員を失うことは大きな懸念事項となります。2015年度PG·i社の「グローバルテレワーク調査」によると「調査対象となった世界中のテレワーカーの60％が、同じような職種で同等の給料であれば、現職を辞めてでも、フルタイムで在宅勤務のできる会社で働きたいと回答[17]」しています。
加えて、2016年のハブスタッフ社の記事「リモートワーカーの方が生産的？　あなたに代わって全ての研究を調べてみました」では、リモートワーカーは雇用主のコストを削減できると明言しています。[18]私がインタビューした全ての企業が、リモートワークの導入を決意した最大の要因として、コストの節約を挙げています。[18]
一部の企業では、コストの削減は二番目に重要な要因に過ぎないと話しています。Remote.coとのインタビューで、アメリカンエキスプレス社は次のように述べています。「一部の企業は、リモートワークを運用コスト削減のための手段と見なしています。私たちは、最高の人材を見つけるための投資であると考えており、お客様が求める優れたサービスを提供できるようにしています[19]」
より詳しい情報については、第2章〈経費を減らし、利益を増やすため〉の箇所と、コラム〈プラスの利益率〉もご参照ください。

――経営コンサルタントのパトリック・レンシオーニ氏が繰り返し主張しているように、バーチャルチームをうまく機能させるのは非常に困難であると聞いています。彼の主張を信じて、余計な手間を省くべきではないですか？

まず、どのような主張がなされているか一例を見てみましょう。パトリック・レンシオーニ氏の2017年5月の記事「バーチャルチームは思っていたより最悪」（これについて私は、ピラル・オルティ氏のポッドキャスト「21st-Century Work Life」のエピソード126で、オルティ氏と議論しています[20]）でレンシオーニ氏は、彼が属していたあるバーチャルチームで遭遇した困難について説明し、それが全てのバーチャルチームに当てはまるかのような推論をしています。
彼は、チームメンバーが「実に謙虚……そして善意的」「知る限りでは清らかで、親切で、思いやりのある人間」であったがために、人間関係の問題が生じたと述べています。そして問題が起きたのは「全て、日常的に顔を合わせてやりとりができないことが原因だ」と考えた彼らは、より頻繁に連絡を取り合うことで、新たな誤解が生じた場合にポジティブに対応できると考えました。

この記事には、彼が3年間もこのチームと働いていたと明記されていますが、この記述から読み取れるのは、たった一つの困難が理由で、可能な限り「バーチャルチームは避けるべき」という結論に彼が至ったということです。

レンシオーニ氏は著書『あなたのチームは、機能してますか?』で「チームの五つの機能不全」として信頼の欠如、衝突への恐怖、責任感の不足、成果責任の回避、成果への無関心について独自の理論を詳述しています。残念ながら前述したチームとこの理論の関係を真摯に評価することもなく、ただ敗北主義的な結論を吹聴することを選んでしまったのです。

公平を期すために言うと、彼の記事には、バーチャルチームから「抜けられない」人のための生産的なステップも書かれています。しかし、それは「まあ、幸運を祈るよ」というような姿勢で記載されており、誰にとってもマイナスでしかありません。

彼が断言したような「事実、バーチャルチームは機能する場合もある。ただ、多くの場合は機能しない」[21]という主張は、広範な研究なしに述べられている状況ではなおさら、正当化できるものではありません。非常に多くのチームや企業がリモートワークの成功に向けて賢明に努力をし、その成果が十分に報われているということが真の事実なのですから。

あなたのチームも、この本のガイドラインに沿って、最初に遭遇する行き詰まりで音を上げることがなければ、きっと同じように報われる時が来るでしょう。

リモートワークの実態——働く人とマネジャー、両者の視点

■オフィスベースの生産性

——全員が同じ場所にいない状況では、どのように生産性を維持できますか？　人々は仕事を成し遂げるために共有の職場が必要ではありませんか？

生産的な人のそばで仕事をすれば自分も生産性が上がるという人は確かにいます。しかし、全ての人がそうであるというわけではありません。オフィスの雰囲気は息が詰まるが、ワークスペースを自由に選択できれば解放されると感じる人もいます。

例えば、２０１７年のポリコム社によるグローバル研究では、98％もの回答者が「どこでも仕事が可能」という取り組みの方が、生産性の向上に繋がると回答しています。単にそれは、効率的に仕事ができる場所を自分で決められるからなのです。[22]

多くのホームオフィスは会社や社内などのビジネス環境より静かで、落ち着いています。実際に、『強いチームはオフィスを捨てる』という書籍には「会社は邪魔に満ちている」とまで書かれています。[23]

自分に合った仕事環境にいる労働者は、よりよい仕事を生み出す傾向にあります。（例えば、日中にジョギングする時間があるおかげで）生活に満足感を感じている労働者は遥かによい仕事をします。

タワーズワトソン社が実施した世界規模の研究によると、「仕事に対する熱意《エンゲージメント》を高める最大の要因は、自分の心身の健康に上司が心から関心を持ってくれていると感じるかどうか」です。[24]

リモートワークを提供するということは、社員の健康について関心があるということのよい意思

表示になります。そしてさらに、リモートフレンドリーな雇用主は、その対価として確実な成果を正当に要求することができるのです。

以下は『フォーブス』に掲載されているラリー・アルトン氏の記事「リモートワーカーはオフィスワーカーより生産性が高いか?」から引用しています。「結論として、在宅で勤務することは社員の生産性を高める場合もありますが、必ずしもそうであるという保証はできません。しかし、様々な研究によると、在宅でできる仕事であれば、多くの人は在宅で働く方が、生産性が向上すると言えるでしょう。ただし、その生産性は雇用主が定めた方針に強く影響されます[25]」

――社内ではいつでも直接誰かからすぐに回答を得ることができますが、リモートワークの場合できませんよね?

実は、リモートワークでも、テクノロジーを駆使することで、それを可能にする方法がいくつもあります。実際に、Sococo や Walkabout、Workplace などの「バーチャルオフィス」アプリでは、誰かの「オフィス」にバーチャルで入室できるのが特徴です。

多くの企業では Slack を用いて、社員が一日中コミュニケーションを取れるようにしています。Slack では、一人または複数人に質問を投稿することで迅速な回答を得ることができます。また、スポティファイ社のあるチームでは、マイクをミュートにしてビデオミーティングツールの Google Meet を常時、開いています。質問がある場合は、単純にマイクをオンにして聞けばよいのです。

さらに、会社によっては、社内で誰かを見つける方が難しい場合があります。ジェネンテック社で行われた調査によると、午前9時から午後5時までの間に、社員が自分の席にいなかった時間が80%にも上ることが分かっています[26]。一方、リモートワーカーは、つねに連絡がつくことの重要性を知っているので、いつも最善の連絡方法を、チームメイトと共有しています。

また、社内で社員が自分のデスクにいたとしても、質問したい相手が必ずしも近くにいるとは限りません。コンサルタントのフレドリック・ウィーク氏が指摘するように「同じオフィスでも異なる階は障壁になります。単純な質問をするために別の階にまで行く人はほとんどいません。リモートワークに必要なツールは、同じ場所で働いている者にとっても同様に役立ちます」[27]。多くの人にとって、デジタル通信はすでに大変効率的な手段となっているのです。


――自己管理《セルフマネジメント》についてはどうですか？　子ども、テレビ、家事などが仕事への集中を妨げることはありませんか？


自宅で働く人にとって、それらは当然の懸念事項ですが、対処方法が数多くあります。ドアが閉められる仕事場にしたり、仕事中は邪魔されないように厳しいルールをつくったりする人もいますし、とにかく家では仕事をしないという人もいます。詳しくは第3章の〈生産性の上がる仕事場をつくる〉をご参照ください。

昇進を目指して、完璧に自己管理ができる人もいます。そうでない人にとっても対処法はいくつもあります。詳しくは第4章の〈雇用主が必要とするものをどう提供するか〉の箇所をご覧ください。

もう一点。現在、在宅勤務をしていない人は、なかなか家庭と仕事を結びつけて考えられないかもしれません。仕事以外のこと全てが気になるかもしれません。一方、私のインタビューに答えてくれた在宅勤務の人の中には、家と仕事が極端に結びついてしまい、仕事スイッチをオンにするのは簡単でもオフにするのが困難だという人がたくさんいました。

■実際的なこと

――**利用可能なテクノロジーは効果的というよりもむしろ欠点が多いのではありませんか？**

幸いにも、そんなことはありません。ウェブテクノロジーの進歩に伴い、リモートチームと生産的な交流をすることが、非常に容易で楽しくさえなりつつあります。

特に、ビデオミーティング機能が発達して多くの人が簡単に利用できるようになったおかげで、私たちはお互いをより身近に感じることができます。最新の技術には大きな期待が持てます。例えば、テレプレゼンスでは、お互いの姿だけでなく、別の場所を見ることもできます。バーチャルリアリティ（VR）では、現実世界と同じように仮想空間で集うことができます。これについては、第6章で詳しく説明します。

――**タイムゾーンの問題についてはどうですか？**

物理的に世界を圧縮することはできないので、タイムゾーンはグローバルチームで働く人にとっての現実的な問題です。ただし、それをデメリットではなく、メリットとして活用する方法もあります。これについては第9章で詳しく説明します。

タイムゾーンの違いによって生じる問題には様々な方法で対処できます。時差を最小限に抑えるために、東西ではなく（タイムゾーンが同じ）南北でチーム構成をすることもあります。また、ただ単に「負担を分担」し合い、交代で互いの勤務時間外に働くチームもあります。もちろん、全ての仕事がリアルタイムでのコミュニケーションを必要とするわけではありません。また例えば、夜のうちに問題解決ができることで、状況次第では大きな時差がメリットになる、という場合もあります。

――仕事を全て完成させるためには、物理的に社内にあるものが必要になりませんか？

パソナファイ社のニック・ティモンズ氏が言うように「全てはクラウドの中。私は家にいても、旅行中であっても、オフィスにいる時と変わらず効果を発揮します」[28]。具体的には、インターネットを通じて必要なファイルや連絡先に安全にアクセスできるように会社が設定してくれればよいのです。

――定期的に集まらない場合は、どうすればチームの絆を深められますか？

仕事関連のコミュニケーションで定期的にビデオを使用することはチームの結束を固めます。前出の2015年コネクトソリューションズ社の「リモートコラボレーションワーカー調査」によれば「リモートワーカーの42％は職場で働く場合と同程度の繋がりを同僚に感じています」さらに「10％はそれ以上に繋がりを感じる」と回答しています。[29]

ミーティングの前後数分間だけでも、ビデオを通して互いに交流する時間を持てば、連帯感の構築に非常に役立ちます。多くのチームでは、バーチャルのお茶会や飲み会を開催したり、一緒にゲームで遊んだりしています。詳しくは、第8章の〈チームの結束を固める〉をご参照ください。

リモートチームメンバーが定期的に直接会うことが強く勧められています。年に一度しか会えないチームもありますが、最低でも3ヵ月に一度（あるいはそれ以上）が理想的です。多くの人が、対面で過ごす時間がチームの絆を飛躍的に深めると主張しています。

――データセキュリティについてはどうですか？

もちろん、セキュリティ上の問題に対処するための対策は必要です。しかし幸いにも、大多数の企業がこの問題には簡単に対処できると考えています。グローバルワークプレイスアナリティクス社によると、米国内国歳入庁の実験的リモートワークプログラムに参加した経営陣の92％がデータセキュリティに問題はないと主張しました。加えて、「大企業のセキュリティ担当者のうち90％は、リモートワーカーにはセキュリティの問題はないと考えています。

実際は、リモートワーカーのようにトレーニングされず、ツールやテクノロジーの知識がない従来の社員が、社外にうっかり仕事を持ち出すことの方がむしろ懸念されます」[30]。したがって、全ての社員が充分なセキュリティトレーニングを受けられるようにすることが解決策の一つとなります。

リモートワークでも同じ利益をあげるには？

カッコ内に記載されている有名なツールは複数あるツールのほんの一部であり、2018年7月時点の情報であることにご注意ください。ツール名は変更される可能性があり、新たなツールがつねに発表されているため、最新の情報についてはこちらのページをご参照ください。https://collaborationsuperpowers.com/tools

効率と利便性——職場で働く利点①

職場のチームは、社内ですぐに質問への回答や報告書のコピーを得ることができるので、同じ場所で効率よく働けるメリットがあります。

■オンラインで効率とアクセスをよくする方法

一般的な方法

定期的にオンラインでコミュニケーションを取りましょう（第8章でアジャイルビル・クレブス氏は効果的で迅速なコミュニケーションは集約型のコミュニケーションと同等であるという考えを示しています）。

具体的な解決策

- 優秀な機器と優れたインターネット機能を介し、コミュニケーションを容易にしましょう。
- ツールやマナー（特に素早く反応する方法について）に関する規定を定めます。

ツールの種類

- コンピューター、インターネット、ウェブカメラ、ヘッドセット
- メール、テキストメッセージ、ＩＭ、グループチャット（Slack など）
- ビデオミーティング（BlueJeans、Skype、あるいは Zoom を使用するなど）
- バーチャルオフィス（Sococo、Walkabout、Workplace）

生産性とコラボレーション——職場で働く利点②

職場の効果的なチームは、同じ場所で働きながら、グループ全体で更新、報告、計画、ブレイン

ストーミングができるので、生産性が向上するメリットがあります。

■オンラインで生産性を高めコラボレーションを進める方法

一般的な方法

- オンラインで頻繁に会えるようにしましょう。
- 出席できない人のためにミーティングを記録しましょう。
- オンラインの共同タスクボード／タスク管理ソフトウェアを使用しましょう。

具体的な解決策

- 業務内容や進行を同僚と共有しましょう。
- 定期的に、できれば日常的に、「スタンドアップミーティング」。手短に状況報告ミーティングを行いましょう。
- 毎週あるいは隔月ごとに「振り返りミーティング《レトロスペクティブ》」。フィードバックやトラブル解消《シューティング》のためのミーティングを行いましょう。

ツールの種類

- ブレインストーミング用のソフトウェア（RealtimeBoard、Stormboard）
- 共同タスクボード／タスク管理ソフトウェア（Asana、Jira、Trello）
- 意思決定用ソフトウェア（GroupMap、WE THINQ）

- グループチャット（Slack）
- スタンドアップ／振り返りミーティング用のソフトウェア（Google Meet、Standup Bot、Standuply、Retrium）
- ビデオミーティング（BlueJeans、Skype、Zoom）
- バーチャルオフィス（Sococo、Walkabout、Workplace）

信頼感が育める——職場で働く利点③

職場の効果的なチームには、ほかの社員が仕事をやり遂げると信じることによって、同じ場所で働く自分も仕事に対する責任感を持つというメリットがあります。信頼関係を育むことはチーム全体を強化することに繋がります。

■オンラインで信頼感を育む方法

一般的な手法

- 業務を見える化《ワーキングアウトラウド》しましょう。
- 信頼性を成果で示しましょう。

具体的な解決策

- 全員が業務状況を確認できるように、業務内容をオンラインで共有しましょう（I Done This、

Jira、Salesforce Chatter、Slack)。

- 連絡手段についてつねに最新情報が共有されていることを確認しましょう（IM、Slack、Sococo)。

ツールの種類

- 共同タスクボード／タスク管理ソフトウェア（Asana、Jira、Trello)
- バーチャルオフィス（Sococo、Walkabout、Workplace)

チームの結束力――職場で働く利点④

職場の効果的なチームは、同じ場所で働くことによる社会的なメリットを得ています。顔を合わせる交流はチーム全体の結束を固めるからです。

■オンラインでチームの結束を固める方法

一般的な手法

- ビデオを介して、可能な限り、頻繁にコミュニケーションを取りましょう。
- 可能な場合には直接会う計画を立てましょう。

具体的な解決策

チームメンバー同士の交流を促します。

ツールの種類

- グループチャット（Slack）
- ビデオミーティング（BlueJeans、Skype、Zoom）

対立への対処――職場で働く利点⑤

職場の効果的なチームでは、表情や立ち振る舞いによって雰囲気や意図が伝わることが、対人コミュニケーションのメリットとなります。こうした緩和材料がなければ、対人関係は失われ、ちょっとした苛立ちが長期的な対立へと繋がることがあります。

■オンラインで対立へ対処する方法

一般的な手法

- どのように協力し合うのがよいか、チーム内での決定事項をまとめましょう。
- 可能な限り、ビデオを介してコミュニケーションを取りましょう。
- 前向きなコミュニケーションの手法を実践しましょう。
- 共同タスクボードやソフトウェアを使って、誰が何を担当しているのかを把握し、タスクの重複を回避しましょう。
- 誤解やタスクの重複がないように、業務を見える化《ワーキングアウトラウド》しましょう。
- 振り返りミーティング《レトロスペクティブ》のように、フィードバックをし合える機会を設けましょう。

・対立を避けるための方法を決めておきましょう。

ツールの種類
多種多様なツールがあります。

ここで述べた事柄については第8章でより詳しく説明します。

第Ⅰ部 番外編のまとめ

・高速の通信設備を準備しましょう。
・ツールを使いこなすために時間をかけましょう。
・頻繁にコミュニケーションを取りましょう。
・規定やマナーの取り決めをして、定期的に見直しましょう。
・問題を提起する場を設けましょう。
・つねに新しいことに挑戦しましょう。
・ツールを増やしすぎないように留意しましょう（新入社員の入社時期にツールやマナーの見直しを行うことを勧めます。詳しくは第9章を参照してください）。

第II部

リモートワーク実践ガイド

——スキルセット、ツールセット、マインドセット

角部屋の役員室を目指して出世しようとするより、
自分でそんなオフィスをつくってしまえばいいのです。
——ジェシー・フューウェル[1]

他の章でも述べているように、リモートワークを成功させる秘訣は、自分に最も適したスキルセット、ツールセット、そしてマインドセットを見つけることです。もちろん立場や分野によって詳細が変わる場合もありますが、特にリモートワークへの心構えなどは、ほとんど全ての状況に当てはまるものです。

第3章では、リモートワークを始めるにあたって、どんな基礎的なスキルと習慣が必要なのか、そして仕事場や機器といった実際的な要素についても述べていきます。こうした設備を設置し、使い方をマスターし、それらを通して進歩していきましょう。第4章は、さらに上達するためにコンスタントに必要な努力についてです。雇用主が必要としているものを、どう達成すればいいのか（モチベーションと生産性について）、自分自身のニーズにどう応えるか（オーバーワークをしないといったこと）、さらに、優れたチームプレイヤーになるにはどうしたらよいかについても述べます。

始めるにあたって、まず自分がリモートワークに向いているかどうかを見極める方法が第Ⅱ部を通じて書かれています。第3章の〈始める前に〉から始めましょう。また第Ⅱ部番外編では、あなたがリモートワークをする準備が整っているかどうか、そしてそうでなければどうすればいいか、といったことを知るために多岐にわたる質問票が掲げられています。リモートワークをする準備ができたら、〈上司（やチーム）を説得する〉や、〈リモートワークの職場を探す〉の箇所へ進みましょう。

様々な詳細もありますが、結局、一番大切なのはとてもシンプルなことです。リモートワークを成功させるためには、成功させようという気持ちが必要だということです。その決意を持って、これから示すガイドラインに従っていけば、きっとスムーズに進んでいけるでしょう。

第3章

リモートワーク入門編
――リモートワークの始め方

リモートワーカーは、仕事から逃げようとしているわけではありません。日中、牢屋に閉じ込められたくないだけです。テクノロジーを使って、よりよい時間の使い方をしたいのです。そして自分にとって重要なことにもっと時間をかけたいのです。交通渋滞につかまるのではなく！

――リセット・サザーランド[1]

あなたがすでに設置されたリモートワークのチームメンバーなら、第4章へ進んでください。リモートワークをする決心ができて、これから準備をしたいという人は、この章の〈位置について、用意、リモート！〉へ進みましょう。リモートワークをするかどうか迷っている人は、このまま読み続けてください。ここからのセクションは全てあなたに必要な事柄です。

始める前に――決断するために

私がバーチャルチームの一員なら、動機があって、集中力と好奇心と柔軟性があって、何よりも協調的でなくてはなりません

――メーガン・M・バイロー[2]

リモートワークについて、あなた自身がまだ迷っているかもしれないし、あなたのボス（ボスが

いるとしたら）が迷うのではないかと心配かもしれません。いずれにしても、リモートワークをするという決定にはある程度、あなたの特性とスキルセットの両方がかかわってきます。上司を説き伏せる方法については後で述べますが、今は、リモートワークを成功させるには何が必要なのかを少し考えてみましょう。

絶対にリモートワークをすると決意していても――あるいはそれしか自分にとってよい方法はないと感じていても、次の事柄について柔軟な気持ちで臨んでみてください。家でリモートワーカーという責任ある椅子に座ってしまう前に、自分の特性とスキルセットのうち、どの部分を向上させればよいかを知っておく方がきっとうまく行きます。

次のリストは、リモートワークを成功させるために必要な主な特性です。

▼ワーカーに必要な特性――優れたリモートワーカーとは

スキルセット

- テクノロジーに精通している（スキルセットと機器の両方に精通）
- コミュニケーションスキルが非常に高い
- よい仕事習慣を身につけている。特に頭の中が整理されていて、仕事の優先順位をつけることや、時間を効率的に使うことができる
- 問題解決とトラブル対応に長けている
- 以前にもリモートワークをした経験がある

マインドセット

- **積極的**　自主的／セルフスターター
- **チーム重視の労働観**　信頼性、成果志向、強い責任感
- **優れたチームプレイヤー**　感じがよく、協調的で、支援を厭わず、フィードバックを受け入れられる

優れたリモートワーカーは、テクノロジーに精通しており、テクノロジーを嫌いません。

マザーボードの交換や、レジストリファイルのハッキングをしろというのではありません。Skype通話で声が出ない時、怖じ気づかずに原因を探ってみようと思ったり、レジストリファイルがハッキングされたらどこに頼ればいいのかが分かっているということです。

優秀なリモートワーカーは、優れたコミュニケーションスキルの持ち主です。

特に文字によるコミュニケーションが重要です。人材コンサルタントのダーク＝ヤン・パドモス氏は、「リモートワークは、悪いコミュニケーションを増幅させることがある」[3]と指摘しています。ですから、言いたいことをどう表現するかに細心の注意が必要です。これは、進んで快くコミュニケーションを取るということでもあります。本書を通して強調しているように、リモートワークにおいて、過剰なコミュニケーションは、足りないコミュニケーションより望ましく、むしろ理想的だとすら言えます。

イントリアイディア／モボモ社のキャサリン・オティンガー氏はこう言っています。「コミュニケーションを取りすぎだと思ったら、それは正しいことをしているということです」[4]

優秀なリモートワーカーは、よい仕事習慣を身につけています。

頭が整理されていて、仕事の優先順位をつけることができて、時間を有効に使うことができます。

優秀なリモートワーカーは、自分で問題解決やトラブル対応ができます。

そして、助けが必要な時を見極め、どこに助けを求めればよいのかを知っています。雇用主が求めるリモートワーカーとは、積極性と自主性を備えたセルフスターターです。優秀なリモートワーカーとは、積極的かつ自己充足的な人だと、人事部では定義しています。アジャイルトレーナー、コーチ、アドバイザーを務めるベン・リンダーズ氏はこう述べています。「だれにも指示されずに仕事をするには、自律心が必要です[5]」

優秀なリモートワーカーは、チーム重視の労働観を持っています。

信頼できて、成果重視で、責任感が強い人です（この特性は、チームメンバーにも個人事業主にも当てはまるものです）。これはリモートワークに大変大きな影響を及ぼすことなので、例えば、信頼関係をつくる（信頼度の証明）、生産性（成果を残す）や、業務の見える化《ワーキングアウトラウド》といった様々な言葉やテーマとして本書を通して説かれています。

優秀なリモートワーカーは、優れたチームプレイヤーです。

これは快活で、協調的で、支援をいとわず、フィードバックを前向きに受け入れられるということです。また、チーム規約（これについては第9章で詳しく述べます）で取り決めたプロセスに、進んで従うという意味でもあります。

右の事柄は、広い目で見たものですが、リモートワークを成功させるための様々な要素ごとに焦点をあてて考察していくことで、より綿密な評価ができます。そのためには次のセクションと、その後の第4章全体を、しっかり読んでください。自分に関係があると思う箇所に注意しながら読んでいくとよいでしょう。その後で、第Ⅱ部番外編の〈リモートワーカーのための質問票〉に答えれば、向上させるべきエリアが明確に分かるようになるでしょう（質問票の効果が薄れないように、まず第4章を読んでから質問に答えるようにしてください）。

位置について、用意、リモート！――リモートワークを開始する

リモートワークを準備するということは、どこで働くか、どんな機器とツールを使うか、家でどんなルールをつくるか、といったことを決めることです。裏庭にリモートワークオフィスを建設してしまう前に、まず少しの間リモートワークを試してみるとよいでしょう。働く場所の説明の前に、まずどんなテクノロジーが必要なのかを述べていきましょう。

■デジタル機器が揃っていて、テクノロジーに精通しているかどうか

だれかとネットを通じて話している時はいつも、「私の声ちゃんと聞こえる？」と尋ねるようにしています。声は、マイク、インターネット、ルータ、クラウドを経てまた私のところへ戻ってくるのですから、実にたくさんの行程を通るわけです。エラーの起きるチャンスはいくらでもあります
――アジャイルビル・クレブス[6]

テクノロジーに関しては、個人であっても会社であっても同じです。クオリティの高い機器に投資すべきです。リモートチーム間での明瞭かつ通信速度の速いコミュニケーションが必要です。そのためには、高速のインターネットとクオリティの高いアクセサリーツールが必要になります。ヘッドセットとウェブカメラへ小さな投資をするだけでも有効な会話ができます。

リモートワークのチームと強い関係を保つために、最低限必要なものをリストにしました。後で詳しく説明を加えたものもあります。

- 電話
- コンピューター（デスクトップかノートパソコン）
- インターネットアクセス（モデムとＤＳＬ／Ｗｉ－Ｆｉ／イーサネット）
- 信頼できるドキュメントストレージとバックアップシステム
- ウェブカメラ（最近のノートパソコンやモニターのほとんどに内蔵されています）
- 電話番号とメールのコンタクトリストへのアクセス
- 必要なファイルへのアクセス
- 音声通話のできる静かな場所
- いつでもビデオ通話ができる用意

バックグラウンドの音を最小に

インターネットの接続環境が優れていても、周囲の音がうるさいと、通話している全員の妨げになります。例えば会社で働いている人は、あなたの近所のカフェのカプチーノマシンの音など聞きたくありませんし、あなたの後ろで子どもたちが口論しているところなどは、なおさら耳にしたくはないでしょう。通話をする時間になる前に静かな場所を確保しておかなくてはなりません。

ビデオに映る姿に細心の注意を

チームとのやりとりには、非言語的なコミュニケーションも大きな役割を果たします。可能な時はいつもウェブカメラをオンにしましょう。照明や背景に詳細な注意を払いましょう。ビデオ通話に映る姿が逆光になったり、最悪の場合にはすっかり影になってしまうことがあります。ビデオの照明が劣悪だと会話がうまく行われないことが科学的にも示されています[7]。

　背景も問題です。あなたの背景が散らかっていたり、人通りが激しかったりすると大きな妨げになります。背景の状態で会話の効果が落ちないように留意することもプロフェッショナルなビデオ通話を準備する際の注意点です。つい立てや部屋の間仕切りを使うことを勧める人もいます。

　最後にもう一点。クオリティの高い機器を揃えるだけでは十分ではありません。自分の機器をよく理解することが大切です。自分のツールを使いこなせるように時間をかけてしっかり学びましょう。特にビデオ通話は気軽に使いこなせるようになりましょう。

　アジャイルビル・クレブスコーチは、こう述べています。「ビデオの使い方、声の出し方、3Dのウェブ環境の中での動き方といったこともまた、スキルに含まれます。チームで働く時は、使用するテクノロジーを全員が使いこなせていることが大切です[8]」

　さらに提案すると、

- 自分のニーズに合った携帯電話のプランを選びましょう。例えばローミングや、データ通信の制限を心配しないで済むプランがよいかもしれません。
- バッテリー容量の大きいノートパソコンを選びましょう。あるいは、モバイルバッテリーか、バッテリーパックを二つぐらい用意して、フル充電しておきましょう。
- テックサポートを受けられるようにしておきましょう。重要な時にデジタル機器が故障した場合の代替案を考えておきましょう。

■生産性の上がる仕事場をつくる

仕事場によって生産性が大きく左右されます。賢く選び、そして必要に応じて工夫しましょう。

在宅で働く

いくつかの文献によれば、リモートワークをする人のほとんどは自宅で行っています。[9] もしあなたもそうするのであれば、提案がいくつかあります。

- いつでも仕事に取りかかれる、専用の場所をつくりましょう。家族がいる場合、食卓はよい選択とは言えません。
- できれば、寝室を仕事場にしない方がよいと多くの人が言っています。理想的には、ある意味で生活空間から離れた仕事場がよいでしょう。そうすることには二つのメリットがあります。一つは、仕事の場に行けば仕事をする気になれるということ。布団や洗濯物が気になることもありません。もう一つは、生活の場を聖域にしておけることです。これは絶え間なく呼び出されて仕事を増やさないための工夫です。

- 家族や同居人とは、仕事の場と仕事の時間について、はっきりした境界線や、お互いの期待について話し合って決めておきましょう。境界線を決めたら、それを必ず守るようにしましょう。

実際の設置については、もちろん最適な在宅オフィスのモデルなどはありません。自分の好み、特に、実際の配置やエルゴノミクス（最大の作業効率を生み出すための環境）を決めるには、少し時間がかかるでしょう。私は立って仕事のできるスタンディングデスクがとても気に入っていますし、人間工学に基づいたエルゴノミクスに配慮したニーリングチェアを使う人もいるでしょう。

イヴ・ハノウル氏は、自宅に「歩くオフィス」をつくりました。電動のスタンディングデスクとルームランナーを組み合わせたもので、歩きながら仕事をすると集中できるとハノウル氏は言います。多くの人が、自分に合うワークスペースができるまで、あれこれやってみるとよいと助言しています。ジェシー・フューウェル氏が家で仕事をし始めた時、屋根裏部屋に仕事部屋をつくりました。しかし背の高い彼は、低い天井のせいでいつも猫背になっていることに気づき、寝室の一角にワークスペースを移しました。すると、今度はほとんど寝室から出ることがなくなってしまいました。そこで、裏庭に小さなオフィスを建てたところ、彼にとっても（家族にとっても）パーフェクトな環境になりました。

「いろいろ試してみることです。初めての試みで決まるとは限りません。決まるまでは小さな実験と反復作業の繰り返しです」と彼は述べています。[10]

コワーキングスペース

自分の家で働くことができない（あるいは理想的でない）人もいます。多くの大都市では、共同で働けるコワーキングスペースの一角を借りることができます。大きな共有テーブルに並んだ椅子の一脚だけを借りたり、個人用のオフィススペースを借りたりすることができます。また、1時間、1日、1ヵ月など、契約期間は様々です。コワーキングスペースのアメニティには、Wi-Fiアクセスや、プリンターやスキャナーといった備品もあって、リモートワーカーに好まれています。また同じようにリモートワークをする人たちと出会えるのも利点です。

ハイブリッド形式

ハイブリッド型がより気に入ってると言う人も多くいますし、特定のタイプのタスクが行いやすいと言う人もいます。

私は普段、バルセロナの自宅から徒歩数分のところにあるコワーキングスペースで働いています。でも静かにする必要がある時や、ウェブ通話をする時は家で行います。私は働く場所を選べるということをとても気に入っています。それがコワーキングスペースであろうと、自宅であろうと、カリフォルニアの母の家のキッチンであろうとね

——ヴァネッサ・ショウ[11]

私にとってコーヒーショップは楽しい場所です。周囲の人からエネルギーをもらいます。でも平穏と静けさのある自宅を好む人もいるでしょう。どこにでもオフィスを持てる利点は、気分によって

決められることです。私は内向的な性格ですが、あえて外交的な習慣を身に付けようとしています。ですから、家にいたい日も、コーヒーショップに行きたい日もあるのです。決められるチョイスがあることで、自信がつきます

——デヴィッド・ホロヴィッツ[12]

会社がベストという人も

起業家である私の夫は、在宅勤務とコワーキングスペースの両方を試しましたが、どちらも気に入りませんでした。家では孤立感があって気が散るし、昼夜、同じ所にいることに飽きてしまっていたのです。コワーキングスペースでは、必要な備品全て（外付けモニター、キーボード、スタンディングデスク）を容易に持ち込むことができないし、椅子も座り心地が悪いと感じていました。最終的に夫は、自分と同僚のために、事務所を借りることにしたのです。一つの事務所を丸ごと借りるのが高すぎるのであれば、別の会社（異なった業種であっても）の一室を借りてもよいかもしれません。

▼旅行中でもOK

デジタル社会の流浪者《ノマド》でなくても旅行中に効率よく働くことはできます。ナノテックネクサス社の創設者アドリアナ・ヴェラ氏は、仕事のために世界中を旅しています。そしてその行程で、適切なツールと計画と創造力を使ってどこにいても仕事ができる能力を身に付けました。彼女はこう述べています。「旅行中の私のモットーは、『順応、即興、克服』です。そこの環境に順応し、あるもので間に合わ

せ、制限を克服するのです。旅をしながら働くことは、つまり自律心と、変化と、制限を受け入れることなのです。制限によって創造的になれます。そして創造力が困難に打ち勝つ助けとなるのです」

彼女は、ほかにもこのような提案をしています。

- 荷物は必要最小限にしましょう。
- 予備の電源コードとバッテリーをトラベルバッグに入れましょう。
- コードやコネクタにはラベルをつけておきましょう。特にイベントで講演をする時に役立ちます。
- ノートパソコンのキーボードにバックライト機能がなければ、USBのLEDライトを用意しましょう。
- 飲み薬は1回分ごとに分けましょう。簡単な救急キットも荷物に入れておきましょう。
- Wi-Fiが繋がらない時のために、旅程はプリントアウトしておきましょう。
- 特にWi-Fiアクセスを考慮に入れて、何をいつするか、場所ごとに分類しておきましょう。[13]

■仕事の内容と経済状況をよく考えて決める

すでに雇用されている会社でリモートワークをする場合や、リモートワーカーとして正式に雇われる場合は、特に経済的な問題はないかもしれません。しかし、フリーランスのリモートワーカーとして職を得ようとしているのなら、自営業の様々な詳細について考慮しなくてはなりません。そういった問題は本書の範疇を超えていますが、ここにいくつか挙げておきましょう。

・営業許可証やそれに代わるものを取得すること
・ビジネスのための名前を登録すること
・健康保険やビジネス保険に加入すること
・ビジネス用に、プライベート用とは別の銀行口座やクレジットカードをつくること
・弁護士、ビジネスアドバイザー、キャリアカウンセラーなどを決めること
・税金について計画を立てること（定期的に必要な税金を払う）
・契約書や請求書の書式をつくること
・ウェブサイトなどをつくること

これはあくまでもほんの一部です。

この章のまとめ

■始める前に――決断するために

・優秀なリモートワーカーは、テクノロジー嫌いではなく、テクノロジーに精通しています。
・優秀なリモートワーカーは、非常に高いコミュニケーションスキルを持っています。
・優秀なリモートワーカーは、よい仕事習慣を身につけています。特に頭の中が整理されていて、

仕事の優先順位をつけることや、時間を効率的に使うことができます。

- 優秀なリモートワーカーは、自分で問題解決やトラブル対応ができます。そして、助けが必要になるのはどういう時か、だれに聞けばよいのかが分かっています。
- 優秀なリモートワーカーは、積極性と自主性を持っています。
- 優秀なリモートワーカーは、チーム重視の労働観の持ち主です。つまりは、信頼できて、成果重視で、責任感が強いということです。
- 優秀なリモートワーカーは、優れたチームプレイヤーです。快活で、協調性があり、支援を厭わず、フィードバックを受け入れられます。

■位置について、用意、リモート！――リモートワークを始める

- クオリティの高い機器を設置して、使い方をしっかり学びましょう。
- 音声通話やビデオ通話でコミュニケーションをする時は、背景の音を最小限にし、映る姿に細心の注意を払いましょう。
- 生産性の上がる仕事場をつくり、その使い方について、周囲とはっきり取り決めをしておきましょう。
- 旅行中にリモートワークをする時は、前もって準備しましょう。
- リモートワークを始める時は、経済的なことやビジネスの詳細に注意を払いましょう。

第4章
リモートワーク中級編
――リモートワークに磨きをかける

リモートワークをする時は、仕事と十分な休憩を組み合わせることが必要です。やるべき仕事を後回しにしていることに気づいたら、意識的に改めなくてはなりません。がんばってやり抜くべき場合も休憩した方がいい場合もあるでしょう。自分のケアがきちんとできるように自覚を持たなくてはなりません　――マーテン・クープマンズ[1]

マーテン・クープマンズ氏は、自覚という基本的なタスクについて述べています。結局のところ、困難を乗り越えるのに必要なことは、自分を知ること、そしてつねに向上心を持つことです。リモートワークをより完璧にするために、雇用主が必要としているものをどう届けるか、自分のニーズにどう応えるか、チームプレイヤーになれるかという大まかな三つの項目について説明しましょう。

雇用主が必要とするものをどう提供するか

優秀なリモートワーカーの重要な特性を思い出してみましょう。このセクションの標語は、モチベーション、組織力、生産性、優先順位、時間管理です。まず、毎日仕事に取りかかることから始めましょう。

■モチベーションと自律心

だれにも指示されずに仕事をするには、自律心が必要です――ベン・リンダーズ[2]

職場の環境には、すでに規律が組み込まれています。しかしリモートワークでは、自分でモチベーションと自律心を整えなければなりません。下記はだれもが挙げるアドバイスです。

- 朝のルーティンを決めておく
- 仕事をする服装に着替える
- 仕事用に決めた場所で仕事をする
- スケジュールを決めて、それを守る

情報システムエンジニアでITコンサルタントのアンドレア・ザバラ氏はこう述べています。「朝起きてすぐコンピューターに飛びついてはいけません。シャワーを浴びて、外出するような服装に着替えましょう。そうすることで、家庭生活から離れて何かをするのだという気持ちになれます。会社で休憩を取るように、家でも休憩時間を取りましょう[3]」

こうしたプロセスのために、新たな考え方が必要になることもあるでしょう。これまでリモートワークをしたことがなければ、初めての月曜日が振替休日で三連休になったように思えるかもしれません。新しい習慣と仕事のスペースについての新しい考え方を構築しなくてはなりません。物理学者でソフトウェアアーキテクトのマーテン・クープマンズ氏が言うように、「自律心を育む」ことが必要なのです。[4] はじめは難しくても心配はいりません。まずは新しい仕事の状況に慣れましょう。前日の晩に翌日の計画を立てる人もいます。やるべきことを整理しておけば、翌朝一番にやらざるを得なくなります。もしあなたが私のように朝が苦手なタイプなら、少なくともカフェインが効き出すまで何をするべきかを考えなくて済むのは助かりますね。

■生産性を上げる

会社には暗黙の社会的な規則があって、生産性を上げているとは言えません。何が生産性を高めるかは、人によって違います。ですから平均的状況が、みんなにとって最も生産性が高いとは言えないのです。私にとってリモートワークが大切なのは、自分自身の生産性をコントロールできるからです[5]

――マーテン・クープマンズ

前の章で、自分が最も仕事をしやすい場所を選ぶことの重要性について述べました。私にとって、ホームオフィスは一番居心地がよくて生産性が上がる聖地と言えます。ツールも環境も完全に自分でコントロールできるので、全く気が散らずに最高に集中することができます。それに、スタンディングデスクと、おいしいコーヒーと、毎日やってくる隣の猫も、私に元気を与えてくれます。

マルチタスクがわりと得意だと言う人もたくさんいます。しかし実は、一度に一つの仕事だけに集中できる時が、最も仕事の成果があがる時なのです。スタンフォード大学で、マルチタスクがなぜ生産的なのかという研究をしたところ、まったく逆の結果が出ました。一つの仕事に集中することを好み、それが可能な環境にある人と比べて、マルチタスカーのパフォーマンスは劣るということが分かったのです。研究者たちは、マルチタスカーの被験者は「今やっていない仕事のことが気にかかり」「現在の目的に関係ないことを頭から追い出すことが」できなかったと指摘しています。[6]

それでは、どうすれば集中力を高められるでしょうか？　そのためには、気が散るものを減らすことです。

その一つの方法は、妨害を防ぐことです。例えば、メールや電話やアプリの受信通知の設定は変えることができます。だれかがフェイスブックに入る度に、ピンという通知音が鳴らないようにするには、タグ、ポストのコメント、フレンドリクエスト、グループポスト、などの通知機能をオフにしておけばいいのです。仕事のメールに関しては、今書きかけている段落やコード行を書き終えるまでは、返信はもちろんのこと、メールを開くことすらしないと言う人もいます。

前もって同僚たちと話し合って、例えばメッセージの返信は、1時間ごととか、30分ごととかに決めている人もいます。もっと長い時間集中しなくてはならない時は、「今○○の締め切りの仕事をしているので、3時間後にしかメールチェックできません」のように知らせてもいいでしょう。

別の面でこの問題にかかわってくるのは、住居を共にする人たちや、一緒に住んでいない恋人などです。前の章でも述べたことですが、繰り返す価値のある重要なことです。あなたの仕事場と仕事の時間を尊重してもらうための明確な境界線と希望について、家族や住居を共にする人と決めておきましょう。しかし、境界線を決めるのは驚くほど難しいことかもしれません。ましてや、守るのはもっと難しいものです。それでも自分に必要な事柄を自分で決めて、周囲に伝えておくことが非常に重要なのです。

もう一つの手段は、一番仕事に没頭できる時間をフル活用することです。どういう時間帯がベストなのか、それに合わせて計画を立てましょう。

優先順位づけ、タスク管理、時間管理

生産性を上げるための計画や整理に必要なのは、やるべきタスクをきちんと押さえておくことです。幸いなことに、大きなプロジェクトでも管理できるようなTrelloやAsanaといった管理ツールを使えば、自分がやらなくてはならないことのリストを管理することができます。

そうしたツールをいくつか試してみて、自分に合うものを見つけましょう（こうしたツールには、機能の一部を無料で使うことができ、プレミアムサービスにアップグレードする時だけ費用がかかるものもありますし、無料のお試し期間を設けているものもあります。Asanaは、大変複雑なプロジェクトにも使えて、プロダクティビティコンサルタントのポール・マイナー氏が、なぜこの整理ツールを気に入っているかを自身のブログで紹介しています）[7]。

ここで特にTrelloとAsanaを紹介したのは、この二つがタスク管理の異なったアプローチを取っているからです。Asanaのメインインターフェースはシンプルなリストを使い、Trelloでは、よりビジュアルなシステムが基盤になっていて、**カンバン**方式の「ボード」と「カード」を使います。Trelloのアプローチは、業務を見える化《ワーキングアウトラウド》したいという多くの要望に応えてつくられたもので、それによって生産性が上がるという人もいます。

タスクボードの「パーソナルカンバン」をつくったジム・ベンソン氏はこう言っています。「科学者によれば、優先順位づけは人の行為の中でも精神的に最も厄介なもの」で、それは、やるべきこと一つ一つが見えないことが原因の一つです。それぞれのタスクを可視化すれば、何をいつ、どんな順番ですればよいかを、もっとうまく決められるようになります[8]。

ジムのパーソナルカンバンの二つのルールは、集中と生産性の二つに直接かかわるものです。

• 仕事を可視化すること
• 進行中の仕事に関するタスクは一度に三つまでに制限すること

なぜ一度に三つなのでしょうか？　私たちが今取り掛かっているタスクに集中できれば、そのタスクを単に終わらせるだけでなく、効果的にやることができるのです。それは自分にとっても、雇用主にとっても喜ばしいことです。しかし、急かされると、満足できない、自分でもレベル以下だと思うような仕事になってしまいます。ジムはこう言っています。「そうすると、すでに過去の仕事に失望してしまっているため、将来の仕事へと繋げることができません」[9]

どれほどの分量の仕事を受けるかも、約束したタスクを遂行するために考慮すべきです。さばきれないほどの仕事は受けないようにと多くの人が勧めています。要望を断るのには強い自律心が必要な場合もあります。しかし、「来週にならないとベストを尽くせません」と正直に答えることは、ぱっとしない仕事を提出するよりは、究極的には、みんなにとってよいことなのです。

自分でペースを調節する

生産性にかかわる他の要素に、持久力とメンタル面の鋭敏さがあります。生産性を最も上げるためには、自分のエネルギーを調整するべきだと、インタビューに応じてくれた多くの人が語っています。これは適切な休憩を取るということです。アフィメトリックス社のディベロッパーのエド・アーウィン氏はこう述べています。「私の仕事場にはピアノが置いてあります。休憩を取りたい時は、そちらに椅子を回して少しの間ピアノを弾くのです。もっと大きな休憩を取りたい時は、自転車で近くの丘へ行きます」[10]。昼寝がよい休憩になるという人もいるでしょう。

ブルースプルースホールディングスの共同経営者、デレック・スクラッグス氏は「いつどれだけエネルギーが残っているか、それを調整することが私にとって重要です。最も大切なのは十分な睡眠です」[11]と述べています（私もまったく同感です。以前は睡眠不足でもある程度仕事ができていました。でもしっかり休息をとった方が人間的にもよくなれると、今は分かるようになりました）。次のセクションで、エネルギーの調整という重要課題についてさらに述べていきます。

でもその前に、「ポモドロテクニック」が最も成果をあげるという意見があることも紹介しておきましょう。これは25分間集中を続け、短い休みを取って、また25分間集中するという方法です（イタリア人のフランチェスコ・チリッロ氏が考案した方法で、トマト型［ポモドロはイタリア語でトマトの意］のキッチンタイマーから名づけられました[12]）。もちろん、人によって、そしてタスクによってベストな方法は違います。要は自分にとって最も持続可能な方法を使えばそれでいいのです。そしてあなたの脳を休ませてあげましょう。

仕事空間

最後に、もう一つ生産性にかかわる要素について述べましょう。ホームオフィスの物理的な整え方です。ホームオフィスのデザインコンサルタントのウェブサイトで、リンダ・ヴァローン氏がこう言っています。「家で仕事ができないのは、意志の問題よりも、むしろ仕事空間の設置に問題があります。退屈な仕事場は、散らかった仕事場より非生産的なのです[13]」

この分野で助けが必要なら、ヴァローン氏のウェブサイト（www.thesmarterhomeoffice.com）か、彼女の著書『賢いホームオフィス――収入とインスピレーションと居心地の良さを上げる8つのシンプルな方法』（*The Smarter Home Office: 8 Simple Steps to Increase Your Income, Inspiration, and Comfort*）を参考にしてください。

自分のニーズにも注意を払う

自分が何を維持すべきかを自覚することは困難ですが、それは自分への義務を果たすために必要なことです。この問題に関して、私がインタビューした人たちは、燃え尽き症候群になる危険性を警告として最重要視しています。

■オーバーワークの危険

ほとんどの仕事は、どこでもできるし、仕事が大好きだから始終働いていても苦にならない
――マリオン・スミッツ[14]

夕方、コンピューターをちょっと見てみようとホームオフィスに行き、結局3時間もそこにいてしまったということが、よくあります
――イヴ・ハノウル[15]

第5章では、リモートワーク導入を考えている多くのマネジャーの持つ危惧――会社で見張っていないと社員がたるむのではないかということ――について述べていきます。しかし実際は、リモートワーカーは、十分に働かないどころか、かえってオーバーワークをしてしまうのです。

その原因としてよくあるのが、仕事への情熱と献身です。マリオン・スミッツ氏が述べているように、私たちは大好きな仕事を選んだから、仕事をするのが大好きなのです。しかし、どうバラン

スを取ればいいかを知るのが難しいのです。ジェレミー・スタントン氏はこう述べています。「（仕事の）スイッチをオフにするのはとても困難です。そうしたくないからです。仕事を楽しいと思う人は、今のままでは、仕事で消耗してしまいます[16]」

オーバーワークの原因には、時差の問題もあります。時差のある世界中の同僚の緊急のニーズに応えて四六時中働き続けると、もうスイッチをオフにできなくなるという、正真正銘の危険に陥ります。WorkAtHomeSuccess.com の創始者のレスリー・トゥルーエクス氏はこう警告を発しています。「四六時中働いてはいけません。気が狂ってしまいますよ[17]」

さて、ベストな仕事をし続けるためには、自分のエネルギーレベルに注意を払い続けなくてはなりません。これは、ときどき仕事の手を止めてリラックスするということです。もっとよいのは、情報システムエンジニアのアンドレア・ザバラ氏が提唱するように、在宅で仕事ができるようになったらいつかやってみたいと思っていたことをすればいいのです。

例えばベランダでお昼ご飯を食べるとか、散歩をするとか、5分でもいいから新鮮な空気を吸うために外へ出るとか。そもそもなぜリモートワークをしたいと思ったのか、その気持ちを活かすことを忘れないようにしましょう。このことについては次に述べましょう。

▼立ったり、座ったり、もっと動き回る

2015年にオーストラリアで行われた研究で、次のようなルーティンが健康に大変役立つことが分かりました。20分座ったら、8分立って、少なくとも2分間は動き回る。普段から立って仕事をし

ている人なら、28分間しっかり働いてから、体を動かす休憩を取ること。デスクに座って仕事をする多くの人は、このルーティンを自分の状況に合うように調整しましょう。努力する価値はあると研究者は言います。長時間座り続けている人は、たとえオフの時間に有酸素運動をしっかりしていても、「心血管代謝のリスク」特に循環器系の病気、糖尿病、若年死亡率などが、高くなると言うのです。[18]

■ワークライフフュージョン――仕事と生活の融合

> 仕事と生活のバランスは滑りやすい坂のようなものです。四六時中スイッチがオンで、コンセントが抜けない状態になってしまうことがあります。しかし、それは自己管理《セルフマネジメント》の問題です。何がOKで何がOKでないのか、はっきりした境界とガイドラインを決めることも自己管理の一つです
>
> ――フィル・モンテロ[19]

「ワークライフバランス」の滑りやすい坂のゴールは、以前は、仕事と生活を切り離すことだと言われていました。しかし、最近では「仕事と生活の融合《ワークライフフュージョン》」を求める方向へと変わっています。仕事と生活の境目が曖昧になってきているのです。

私の考えでは、この改革は遅すぎたぐらいです。多くの人が、娯楽と仕事を切り離すようにと助言されて、仕事と仕事の合間に情熱を注げるものを見つけようと無駄な苦労をしてきました。偶然、リモートワークの専門家も研究者もストレスコンサルタントも皆同じように、リモートワーカーは、仕事以外のアクティビティを定期的に行うべきだと主張しています。Remote.coが行った「リモートフレンドリーな会社」調査に答えた会社の中には、雇いたい人材の候補は、仕事以外のことにも

興味を持っている人だと言います。それにはいくつかの理由があります。

一つ目の理由は、そういう人には自律心があり「スターター」であると同時に「やり遂げる人《フィニッシャー》」であるからです。ウェブディベロッパーのサイトペン社は、特に「外のコミュニティに活発に参加している人を雇う傾向にある、それはリーダーシップ、組織力、情熱を示すからだ」と言います。

二番目の理由は、つねに自分を向上させることを目標とすること、例えば、10kmマラソンのフィニッシュタイムで自己ベストを更新しようといつも前進しているワーカーは、仕事の面でもより大きな、よりよいイニシアチブをつねに求めて前進するワーカーであるだろう、ということです。

三番目の理由は、「燃え尽き」に関することです。ワールドワイドウェブホスティング社はこう答えています。「仕事以外に社交の基盤を持つ人を探すのが肝要です……社会生活を仕事以外から得られる人を求めます」。社交面でも仕事に頼る人は、「リモートワークのポジションでうまくやれないと思うからです[20]」

これらをまとめると、仕事以外のことに興味を持つことは、リモートワークの特色である孤立感やそれがもたらす悪影響を、緩和してくれるということになります。このことについて、もっと詳しく述べましょう。

▼リモートワークにおけるワークライフバランスのベストな形

ワーキングフロムエニイウェア社のディレクター、アンディ・ウィリス氏の言葉を紹介しましょう。「私は小さな会社を数年間経営しました。ある年、私は1ヵ月間フランスに行こうと決心しました。アルプスを自転車で登りながら、オーストラリアの仲間と仕事を続けられないかと考えたのです。全てうまく行きました。人生が変わる出来事でした。どこにいても仕事ができることに気づいたのです。歳を取ってリタイアするまでやりたいことを保留にする人もいますが、私はそうはなりたくありません。仕事に生活を合わせるのではなくて、生活に仕事を合わせたいのです[21]」

優秀な仕事をしながら同時に景色を楽しむこともできるなんて、素晴らしいことです。もう一つ例を挙げましょう。私の夫は登山に夢中です。年に何度か、私たちは「ワーケーション」と称して、働きながら新しい山を探検します。部屋がいくつかあってWi-Fiアクセスの強いAirbnbを借りて、必要な時は仕事をし、できる時にはハイキングや登山をします。このように時々景色を変えることで、仕事にも新しい展望が開けます。

ソナタイプ社のオーナー、ジェフリー・ヘッセ氏も同じように感じています。「僕は自然の中や山の中にいる時が一番幸せだ。登山は熱中していることの一つなんだ。どこにいても働けるということは、例えばアルゼンチンに2ヵ月行ってパタゴニアの山々に登ることだってできるということなんだ。去年の12月、1ヵ月ほどアラスカの祖母を訪ねた。そして翌月カリフォルニアへ飛んで登山をした。それからまた数ヵ月間アラスカに戻り、グレイシャーに登ったよ。

オフィスで働いていたら、こんな暮らし方はできなかっただろう。でも誤解しないで！　僕たちは全てうまく行くように、実に一生懸命働いているんだ。でも同時に、生活の中で他のことができるように便利な方法を採っているんだ。リモートワークの素晴らしさはそういうことだ。仕事と生活を融合させることができるんだ[22]」

このセクションをシンプルなアドバイスで締めくくりましょう。すなわち、「自分を大事にして、必要な時は休憩しよう」

■社交にも注意を向ける

リモートワークをしたことのない人には、それがどれほど孤独なことか、分からないかもしれませんね
——イワイン・フルド[23]

前のセクションで紹介したように、ワールドワイドウェブホスティング社の調査では、仕事以外に社交の必要性を満たす場のないような人を雇うのはためらわれるという会社があると報告されています。ソナタイプアジャイル社のコーチ、マーク・キルビー氏はそれについて一言、「孤立感が時々本当に苦痛になることがある[24]」と述べています。リモートワークに好意的な熟練した雇用主は、そのことを嫌というほどよく分かっているのです。

一人で働いていると、人との繋がりが簡単になくなってしまうことがあります。私がインタビューした多くの人たちも、初めてリモートワークをした時は孤立感に苛まれたと言います。コーヒーマシンのところで交わす軽い冗談が懐かしいと。

でも幸運なことに、私たちには選択肢があります。直に顔を合わせなくてもできることがあるのです。まずネットを通じて、自分と気の合いそうな人たちと（いい意味でも悪い意味でも）繋がる機会には事欠きません。SNSのグループに参加すれば、スリルに満ちた知識や興味や、世界中の人が始めたプロジェクトのことも知ることができます。

もう一つ、リモートワークであっても、人と共に働くことが可能です。前述したように、コワー

キングスペースでは時間や日数や月極めで仕事場を借りることができます。生産性の上がる仕事場よりも、むしろ周囲に人がいる方が魅力的だと言う人もたくさんいます。

でも、私のような人間にとっては、気が散るのが問題です。周囲の音や動き、そしてプライバシーがないことで、仕事に専念できません。人と仕事をするのは楽しいことですが、コワーキングスペースで仕事をするのは、私には向いていません。でも、バーチャルコワーキングなら別です！バーチャルなコワーキングなら、パーフェクトで居心地のよいホームオフィスにいながら、人との繋がりを保つことができます。でもその方法はいったい何でしょう？　ビジュアルテクノロジーを使って気の合う仕事仲間と定期的に連絡を取り合えばよいのです。

２０１２年のことでした。私は、カリフォルニアに住むアカデミックライフコーチのグレッチェン・ウェグナー氏と共に、共通のクライアントのための本を書くことになりました。二人の仕事日が重なる時は、毎日何時間かSkypeで話し合い、Googleドキュメントを使って本を書き進めて行きました。最初の5分から10分の間だけビデオをオンにして、挨拶をかわしてお互いの状況を知らせ合います。それからは執筆に集中するためにビデオをオフにしました。

二人のセッションは非常に生産的であると同時に、とても楽しく、すっかり仲良くなりました。共に働くのが楽しかったので、本が完成したあとでも毎日セッションを続けて、今でも自分たちのプロジェクトを話し合っています。でも私たちはまだ直接会ったことがないのです。

これは二人だけでなくてもできるアプローチです。ビデオミーティングのテクノロジーによってチーム全体と意味のある繋がりを持つことが可能になりました。第8章に、オンラインでコラボレートすることについてより詳しく述べています。グループで働く場合、デジタルを通して仲間意識を高める方法をいくつか紹介していますので参考にしてください。

人の顔を直接見たくてたまらないという人は、Meetup のようなサイトを利用することもできます。SNSはウェブの外でも活用できるのです。Meetup は同じような考えの人たち、例えば語学や料理を学びたいという人たちが、実際に会って時間を共にするのを助けるサイトです（本書を執筆している現在、例えばサンフランシスコでの Meetup イベントには、「太極・信義・八卦と行う内面強化トレーニング」や「ホームレスのシェルターの朝食を用意」というようなものがあります）。

もし、一人で働いている他のプロフェッショナルの人ともっと時間を過ごしたいと思うのなら、コワーキングスペースはうってつけです。フルタイムである必要はありません。週に一日だけであっても、あなたのニーズを満たしてくれるかもしれません。特にそれが木曜日や金曜日なら、仕事の後、ちょっと飲みに行こうか、食事はどう？　ということになりやすいかもしれませんね。

リモートワークの仕事場からでも、発信して人と繋がる方法はたくさんあります。自分にとってよい方法を見つけさえすればよいのです。自分のニーズ全てに合う方法を見つけたら、自分のことももっと理解できるようになるでしょう。そして、次にどう進んでいけばよいかということも。

よいチームプレイヤーになるために

自分を向上させる努力をいつもしましょう。つねに何か新しいことを試しましょう
——ラルフ・ヴァン・ルースマレン[25]

リモートチームが共同で効果的に働くためには、どう働くかをみんなで決めておかなくてはなり

ません。このことは、強調してもしきれないほど重要です。第9章で、チームの視点から考えたチーム規約の多くのポイントを詳しく述べます。ここでは個人の視点で、いくつかの考えについて述べましょう。どんなグループにおいても、個々のパーツより、みんなを合わせた全体の力が勝っているのがベストな形なのです。その高い基準に合わせるために貢献しましょう。

■コミュニケーション

よいコミュニケーションがカギとなります。リモートワークでは、組織の全てのレベルの中での、そしてレベル間の、より頻繁なコミュニケーションが要求されます

——クリス・リッジウェル[26]

第3章と第6章では優秀なコミュニケーションのスキルがリモートワークにどれほど重要かについて述べています。リモートワークでは特に文字によるコミュニケーションが頻繁に求められます。よいチームプレイヤーになるためには、明快な文章を書いたりうまい言い回しができたりするだけでは十分ではありません。どれだけのことを、いつ、なぜ伝えるのか、というよいコミュニケーションの実践が大切なのです。

それぞれのチームが、チームのみんなで規約をつくって、様々なコラボレーションを果たすための方法を決めておくことが好ましいでしょう（チーム規約については第9章で述べます）。欠かせないのは、コミュニケーション上のマナーについての取り決めです。例えば、ある特定の情報に関しては、メールよりテキストメッセージやＩＭ（またはチャットのツール）が好ましいとか、メールへの返信は決められた時間内に行うのが理想的だというようなことです。しかし、チーム規約ができて

いなくても、コミュニケーション上のマナーを守ることはできます。

そのためには、メールをできるだけ効果的なものにしましょう。主に二つの方法があります。

一つは、複数の点について返答がほしい場合は、それぞれを明確に記して（番号をつけるなどして）あなたがどんな情報を必要としているかを正しく伝えましょう。返事のない点があったら、もう一度頼みましょう。あるいは、次からは別の方法で強調してみましょう。

二つ目は、あなたが複数の回答を求められている場合は、それぞれの点についてきちんと答えるということです。言葉で話す時と同じようにしましょう。これには二つの利点があります。あなたの完璧な返答のおかげでプロジェクトが進行することと、相手の質問をどれも無視したり軽視したりしないことで、チームメイトとの繋がりを強くすることができるということです。

メールは、一度に多くのことを伝えるのに有効ですが、複数の事柄について書かれているのに件名が曖昧で的確でない場合があります。すると情報が伝わりにくくなることがあります。一つのメールは一つのトピックだけにするべきだと言う人もいます。

シスコシステムズ社のハッサン・オスマン氏は、それをさらに一歩進めて、メールの主題が変わるたびに、メールスレッドの件名を書き換えると言います。こうすることで将来、情報を探し出しやすくなるのです（メールよりチャットツールを好むリモートチームが多い理由の一つは、チャットプラットフォームは、中継装置に情報を記録し、みんながアクセスしやすくなっているからです）。

どのくらいの数のメールをどの頻度で送るかも考慮すべき点の一つです。ピーター・ヒルトン氏は、モールス信号の礼儀作法のガイドラインを借りて、このように述べています。「私の経験則は、受け取れるより速いスピードで送ってはいけないということです。そして、相手が送ってくるのよりも速く送らないということです」[27]

もう一つの提案は、タイピングを速くする練習です。ある同僚のインスタントメッセージ（IM）の返答スピードがあまりにも遅くて苦労すると言う人がいました。でもその同僚はタイピングが遅かったわけではないのです。うまく書こうとしてあまりにも時間がかかり、その結果返事を送るまでに受信者が眠気を催してしまったのです。タイピングの遅い人や完璧な文章を書こうとする人なら、IMを選ばない方がよいでしょう。そしてタイピングの練習をしましょう。

最後の提案は、次にも詳しく述べますが、どんなチームにも起こりうる避けられない衝突についてです。衝突はしばしば、単純な誤解と誤った憶測によって始まることが多いのです。

プロダクトマネジャーのフェルナンド・ガリド・ヴァス氏はこう述べています。「みんなそれぞれ特徴があって当然です。地域によって行動の仕方、特にコミュニケーションの仕方にはパターンが見られます。ですから、違いがあることを認識して、何かあってもすぐに反応しないことです」[28]。言い換えれば、結論に飛びつかないということ、むやみに苛立ちをあらわにしないということです。次にもっと詳しく述べましょう。

■コラボレーション

コラボレーションの進め方にも似たことが言えます。トレーナーでコーチ・アドバイザーでもあるベン・リンダーズ氏は、こう提案しています。「他のメンバーのやり方を尊重しましょう。あなたのやり方と違う場合が頻繁にありますから」[29]。これは彼の経験からの提案です。

リンダーズ氏はオランダがベースですが、ポルトガルのマネジメントコンサルタントのルイス・

ゴンサウヴェス氏と『アジャイルふりかえりから価値を生み出す——ふりかえりエクササイズのツールボックス』という本をリモート作業で共同執筆しました。

この挑戦に乗り出したのは、お互いの知識をリスペクトしているからでしたが、すぐに二人の働き方がとても違うことに気づきました。そして初めは衝突を起こしましたが、相手がなぜそんなやり方をしているのかについて話し合ってからは、お互いのプロセスを尊重し合えるようになりました。また、双方にとってよい共通点を見つけることにもなりました。

私も自分の仕事で人を雇った時に似たような経験しました。初めはちょっと難しいかもと思いましたが、よい成果を得られてからは、違いを気にせずに、各人のやり方で、これまでに効果のあった方法とツールを使って仕事をしてもらうことにしたのです。リモートチームでうまく働くために欠かせない要素が、コミュニケーションとコラボレーションです。すなわち、信頼関係と繋がりを構築することなのです。

■信頼関係の構築——信頼できることを示す

評判こそがコラボ経済の基本です——ペール・フライクマン[30]

会社で働いている時は、同僚が何をしているか、例えばミーティング中にコンピューターに何かを書き込んでいるといったことを、目で見ることができます。会社で生産性が上がる理由の一つとして、その場の雰囲気に影響されて、自分も熱心にならなくてはと考えることがあります。こうした勤勉なチーム努力が、信頼関係を構築し、チームをまとめてくれるのです。

しかしリモートワークでは、みんなで同じ任務に貢献しているということに気づく機能がありません。リモートワークでは、同僚の熱心さを直に目にすることがないからです。しかし、こうした目に見える手がかりが事実とは限りません。例えば、職場でコンピューターに向かっている社員が生産性を上げているように見えても、実はネットフリックスの映画リストをアップデートしているだけかもしれません。逆に、リモートワーカーの仕事ぶりが見えないことで視覚的な空白状態ができてしまい、そこに勝手な画像――例えば相手がのんびりとネットフリックスでも見ている姿――を簡単にはめ込んでしまうこともあります。

それだけではありません。きっとだれも働いてなんかいないよ、という考えが積もり積もって、関係性を悪化させることがあります。すると、好感を持てない同僚とはコミュニケーションを取らなくなり、問題はさらに悪化します。チームメイト同士が話をしなくなると、情報を隠したり、もっと悪いことにはゴシップを流したり、相手と関わろうとしなくなったりします。すると会社でよく見られるような派閥が形成され、職場であってもネット上であっても、そこに不信感が生まれます。職場との違いは、オンラインの関係では、いつ、どこからうまく行かなくなったのかを突き止めるのがより困難だということです。

職場における「みんなも貢献している」という前向きな考え方を、バーチャルな領域に再現するためには、新しいマインドセットが必要です。チームメイトが約束した成果を出すと信頼することが大切です。そのためには、自分の出した成果についてもアピールし、約束した成果を果たさなくてはなりません。信頼関係を構築するには、まず頼りになること、安定していること、そして透明性があることです。期限通りに仕事を終わらせてくれると信用してもいいですか？　質の高い仕事をしてくれますか？　必要な時にあなたに連絡が取れますか？

> 通常のオフィスでは、全てのミーティングに参加して積極的に意見を述べれば、人はあなたをプロダクティブな人だと思うでしょう。でもリモートワークの場合は、実行しないと分からないのです。約束した成果を出せなければ、みんなに分かってしまいます
>
> ――マイケル・スリウィンスキ[31]

約束通りの成果を出せればそれを明示できますが、一日で終えられないプロジェクトを与えられた人は、（経過が）オンラインで同僚に「見える」ような工夫をしなくてはなりません。リモートチームで働く多くの人は、自分の成果を進んで宣伝する必要があります。それが**業務を見える化**《ワーキングアウトラウド》して働くということです。

> 丸一日勤勉に働いても、共有しなければ分かってもらえません。でも私のつくったドキュメントをネットにアップして、みんなに経過が分かってもらえれば、そして共有の「やることリスト」で成果が見えるようにすれば、私がちゃんと働いていることも、何をしているかもみんなに分かってもらえるのです
>
> ――フィル・モンテロ[32]

業務の見える化は、チームでリモートワークをする場合に大変重要です。基本的には「ねえ、みんな、私も貢献してるよ」とメッセージを送ることなのです。それをどう伝達するかはチームで決めるといいでしょう。毎朝「皆さん、おはようございます！　私はこれこれの仕事をしています」とメールを送るのではマンネリになります。多くのチームは、セントラルハブとして、専用のツールを選ぶようです。例えば、Slack のようなチャットツール、Asana や、Jira や Trello のようなタス

ク管理ツールなど。

でも可視化を保つという考え方と、仕事に打ち込むために妨害を制限することとは、どう両立するのかと言う人もいるかもしれません。それも全てグループの構成次第です。みんなのしていることを知る必要があると考えるチームは定期的に連絡を取り合うでしょう。

「仕事をやり遂げるための」小さなタスクがたくさんあるグループもあります。Trello のようなタスク管理ツールを使っていれば、だれにどのタスクが与えられているかを完全に見ることができます。あるタスクが、「作業中」のカテゴリーから「終了」カテゴリーに移されれば、その仕事が達成されたことが、グループ全員に発表しなくても、みんなに分かります。また、チームメンバーが（IMツールや、Skype などを使って）自分のステータスをアップデートするだけで、どんな仕事をしているかを表すこともできます。

どんな方法を使っている場合でも、妨害を最少にしたい人は、どの受信通知をリアルタイムで受けて、どの受信通知を後で受けるかをツールで設定しておけばよいでしょう。こうしたことをチームの規約でみんなで決めればよいのです。

信頼関係の構築の項目の次は、連帯感を育む方法です。

> 信頼関係はいろいろな方法でつくることができますが、思いやる気持ちを表すことは大変重要です。あなたが味方だということや、相手の個人的なことまでよく知っていて尊重しているということが分かれば、信頼関係を築くことができます。同じ場所にいてもバーチャルな空間でも、それこそがチームワークを育む鍵です
>
> ――デイブ・ブラム[33]

■連帯感を育む方法

信頼関係を築くには、親しみやすく率直であることです——アンドレア・ザバラ[34]

共に働く人を好きになれれば、よりよいチームとなります。好きになるためには相手を知ることです。そのためにはまず、自分のプロフェッショナルとしての面だけでなく、個人的な面も見せることで、自分を知ってもらいましょう。オープンな人もそうでない人もいるでしょう。文化によっても違うかもしれません。

チームの連帯感を育むよい方法がたくさんあります。一つ目の方法はとても簡単です。ウェブカメラをオンにするのです。人間は視覚的な生き物ですから、声や名前に顔を結びつけることができれば繋がりをより感じます。チームメイトには文章を送ったり、電話をしたりするだけではなく、ビデオ通話も日常的なコミュニケーションの方法にしましょう。一対一でも、対グループでもよいのです。

ウェブカメラはほんのスタートです。リモートワークでは、メンバーがミーティングに参加し、議題を話し合い、そしてまた自分の仕事へ戻っていくことがよくあります。それだけではお互いをよく知る時間がありませんね。

ハッピーメリー社では、全てのミーティングにパーソナルな時間を組み込んでいます。この会社は完全分散型のプロフェッショナルのための集まりで、私がリモートチームのマネジャーを務めています。ミーティングの5分か10分前に入って、だれかとおしゃべりしてもいいし、ミーティング開始の時間に合わせて入ってもいいのです。知る時間が増えれば増えるほど、チームメイトのことが分かるようになるし、あなたのことも分かってもらえるようになります。

ハッピーメリー社では、ミーティングの初めに、緊張をほぐして連帯感を育むためにいろいろなことをします。例えば、好きな食べ物を紹介し合ったり、ティエラ・デル・フエゴ諸島で買ったコーヒーマグのような自分にとって特別なものをみんなに見せて説明したり。わざとらしいと思うかもしれませんが、こうしたことが実際にみんなを結びつけて、個人的なことを話し合える場にしてくれるのです。どんな方法でもいいのです。

要は、チームのみんなに、あなたについて知らせることなのです。何気ないやり方でも、分かりやすい方法でも構いません。おもしろいTシャツのコレクションをしているなら、それを着て見せましょう。毎日同じセーターを着ることはないのです。

第Ⅳ部ではリモートチームの連帯感を強めるための、定期的な社交について述べます。金曜日にオンライン飲み会をしたり、トリビアクイズをしたり、様々な方法があります。こうしたアクティビティは、通常チーム全体で企画したり、マネジャーが先導したりすることが多いのですが、あなたにも始められないことはありません。友だちと一緒にコーヒーを飲むように、バーチャルチームの友だちとバーチャルコーヒーや、バーチャルランチを共にしてはどうですか?

もちろん、チームの結束に最もお勧めの方法はできるだけ頻繁に、実際に会う機会をつくることです。こういうことは大抵、会社側が決めることですが、チームメイトと会う機会が足りないと思ったら、あなたがリクエストしてもよいのです。ビデオコミュニケーションでも多くの結びつきをつくることはできますが、実際のところ、お互いに顔を合わせる機会がよい糸口となれば、リモートチームに強い結束が生まれるでしょう。

実際に会う機会があれば、それを最大限に利用することもお勧めします。あなたのチームは定期的に会うことはないかもしれません。でもそういう機会が訪れた時は、チームメンバーとの貴重な時間を、オンラインでもできることのために費やすことはありません。一緒にいられる時間をフルに活用しましょう。チームビルディングの大部分は上層部の主導で行われるべきことですが、対人関係をつくる方法は個人的にもたくさんあります。

■衝突の問題

あなたが共に仕事をしているのは、一人の人間だということを忘れないように。決めてかからずに尋ねましょう。好奇心を持ちましょう

——ピラル・オルティ[35]

チームの連携を強くするのは、楽しみを増やすためだけではありません。チーム内の衝突を食い止めるのにも役立ちます。避けられない衝突もありますが、小さな苛立ちが、大きな騒動になるのを防ぐ方法はたくさんあります。その一つは、ポジティブなコミュニケーションです。

ポジティブなコミュニケーションの実践

リモートワークでは、思いやりを持って建設的なコミュニケーションを取り合うことが必要です。基本的なルールをいくつか紹介しましょう。

まず、そんなつもりは全然なくても、書き言葉によるコミュニケーションはネガティブに受け取られやすいものです。そこで親切すぎるくらい親切に書くのが賢明です。

逆に受け手になる際は、つねにポジティブな意図だと推測すべきです。相手の言葉や行動について、あるいはなぜ相手が欠席したのかなど、十分な情報が得られないとネガティブな憶測をしがち

です。そういう場合は、意識的に、結論に飛びつかないよう注意しましょう。通信相手が全く親切でなくても、そこに悪意はないと考えるようにしましょう。マネジメントコンサルタントのヴァネッサ・ショウ氏はこう提案しています。「どう反応していいか分からない時は、『まだ自分が知らないことは何だろう?』と自問してみましょう」[36]

最終的に大切なのは、激しい感情を表したくなる衝動を抑えることです。この点について詳しく述べましょう。即座に感情を表しやすい人もいます。その時はスッとするかもしれませんが、感情的な言葉は対人関係に取り返しのつかないダメージを与えてしまうことがあります。本当に言いたいことはいつも自分の中に収めておくのが賢明だと言えます。そして、できるだけ建設的な対応をするのです(その方法については、下記で再び説明しましょう)。

ポジティブで建設的なフィードバック

私の経験を率直に話しましょう。

最近「サンドイッチ型フィードバック」とGoogle検索してみました。上位にヒットしたのは評判のよい情報源からのいくつかの記事で、どれもサンドイッチ型のアプローチは勧められないと明確に述べていました。もしあなたもサンドイッチ型アプローチに疑問を抱いているようなら、次の二点を考えてみてください。

まず、同僚と同僚の間のフィードバックと、上司と部下の間のフィードバックには違いがあるということです。トップヒットした記事はマネジャーに向けて書かれていたものでした。次の点は、こうした記事を書いた人たちは、効果的に使えるアプローチなのに、誤った使い方や不十分な使い方しかできなかったのではないかということです。

サンドイッチ型フィードバックでは、二つのポジティブなフィードバックの間に建設的な評価を挟みます。このアプローチを効果的にするカギは、ポジティブなコメントが誠意を持って伝えられること、適切なコメントであること、そしてその表現の仕方です。

私は、ポジティブなコメントの主旨は、薬をオブラートに包むことではないと思います。時には「あなたのした仕事にはいいところがありますよ。残りの仕事も同じ基準まで持って行きましょう」と言いたい場合もあるでしょう。何といっても、テストに合格するレベルがどこなのかが分かっていなければ、質の高い仕事をすることができません。それに、自分たちがしようとしていたことが、受け手にきちんと伝わらなかっただけだと思うこともあるでしょう。しかし、仕事の一部を褒めてもらえれば、批判についても適切だと、より思えるようになるでしょう。

もう一つのポイントは、私たちの多くは落胆するとベストな仕事ができません。フィードバックと同時に褒められれば、よりスムーズに仕事に戻れるのです。

では、逆にポジティブさが欠如している場合について考えてみましょう。フィードバックをする人が必要以上にネガティブであったり、あるいはそもそもネガティブな性格の人の場合、評価の中のどの部分が正当なのか、そしてどの部分が単にその人の今の気分や、普段のものの捉え方や、あるいは自分に対する感情に反映されたものなのか、判断がつきにくくなります。

次に、建設的なフィードバックを行うガイドラインを述べましょう。

誠意を持ってポジティブなフィードバックを行うこと――今のプロジェクトについて相手のしてい

ることや、相手の以前のタスクについて、相手の働き方全般について、あなたが相手のことを概してどう思っているかなどについて、前向きなコメントをしましょう。

フィードバックは絶対的なものとしてではなく、あくまであなたの意見として伝えること——下手、いいかげん、二流、ひどい、愚か、などと言ってもさほどの効果はありません。その代わり、あなたにとってなぜ不十分なのか、なぜそのことが目的を果たしていないのかを述べるようにしましょう。「その論点が私にはよく理解できません。他にも分からない人がいてもおかしくないと思います。もう少し明確にしてくれますか？」「これは私にとって不十分だと思います。この部分を詳しく説明してくれますか？」のように。

目的を考えること——根本的な問題から目をそらさないようにしましょう。仕事がうまく行くことがチームみんなのためになるのなら、できる限りのことをして、みんなでハッピーな結果にたどり着けるよう助け合っていきましょう。

次に、建設的なフィードバックのリクエストの仕方や、受け取り方について述べましょう。

建設的なフィードバックのリクエスト

ローレン・ムーン氏は「カモメ現象を避けよう——フィードバックのための30／60／90％フレームワーク」と題したTrelloのブログで、プロジェクト完成間近に、カモメのように襲ってきて、ネガティブな、そしてすでに手遅れなフィードバックを送ってくるチームメイトがいて苛立たしいと述べています[37]（Medium.com の詳しい定義。「カモメ現象とは、誰かがあなたの仕事に立ち入ってきて、そこいらじゅうに糞をまき散らした挙句飛び去っていくこと」[38]）。

ムーン氏は、こういう状況を防ぐために、30／60／90％フレームワークという方法を使ってフィードバックを求めることを勧めています。プロジェクトのフェーズごとに、特定のレベルの評価をリクエストする方法です（下記に詳しく説明します）。

▼30／60／90％のフィードバック法

30／60／90％のフィードバックは、複数の人のフィードバックを必要とするどんなプロジェクトにも使えます。パーセンテージは、プロジェクトの進行具合を表します。

30％のフィードバック

プロジェクトの初歩段階では、方向性と業務範囲についての評価をリクエストしましょう。基本的には、コンセプト全般についての考え方、意見、提案といったことですが、次のようなインプットを歓迎するとリクエストに明記するといいでしょう。

- コンセプトについての大まかな印象
- 様々なターゲット層についての考え
- プロジェクトの業務範囲と展開について

- プロジェクトの各要素について、継続するか中止かの決定
- 組織目標について方向性が一致していることの確認

さらに、次のような評価はまだ不要だと伝えましょう。

- 文章の校正、文の構造、フォーマットについてのコメント

60%のフィードバック

第二段階では、すでにコンセプトがより具体化されていますが、まだかなりのフィードバックが必要です。ムーン氏はこう述べています。「この時点では、全てのステークホルダーの参加が必須です。プロジェクトが何であれ、初めのたたき台からほぼ完成製品へと発進させるには、全ての関係者の提案が必要ですから。それに、もしこの時点でフィードバックを受けなければ、後になってカモメ軍団からひどい被害を受ける危険を冒すことになります」

次のようなフィードバックを望んでいることを伝えましょう。

- 他の展開方法についての提案
- 文法、文章の校正、文の構造、フォーマットについての細かいコメント
- 色、グラフィック、デザインの詳細
- 前段階で与えられた評価が効果的に反映されているか

さらに、次のようなフィードバックは不要だと伝えましょう。

・コンセプトについての大まかな印象
・プロジェクトのカギとなる要素について、継続するか中止するかの決断
・組織目標について方向性が一致していることの確認

90％のフィードバック

プロジェクトが完成に近づいた最終段階です。「何か忘れていることはない？」というフィードバックの段階だと考えましょう。

次のようなフィードバックを歓迎しましょう。

・文法、文章の校正、文の構造、フォーマットについての細かいコメント
・前段階で与えられたフィードバックが効果的に実行されているか

さらに、こんなフィードバックは必要ないことも伝えます。

・別の展開の提案（かなり小さいものを除く）
・コンセプトについての大まかな印象
・基本的にプロジェクトの全ての要素に関して、それを継続すべきか中止すべきかの決断
・組織目標について方向性が一致していることの確認

出典：ローレン・ムーンのTrelloのブログ「カモメ現象を避けよう——フィードバックのための30／60／90％フレームワーク」（2018年6月4日付[39]）

フィードバックを受けたら、できるだけ率直に受け止めましょう。自分のエゴは横に置いて、相手がなぜそう言ったのかを考えましょう。それがチームや組織全体の利益のためのフィードバックなら、なおさらです。もちろんフィードバックはポジティブな表現で行うのが理想的です。そのためには全てのフィードバックを、できるだけ思いやりを示しながら建設的に行いましょう（効果的なフィードバックは生産性とチームビルディングに大変重要です。このことについては第8章で詳しく述べましょう）。

衝突は文章で解決しようとしない――やりとりが白熱化してきたらすぐに、文章によるやりとりを捨てて、電話やウェブカメラに切り替えようと、多くの人がアドバイスしています。見えない相手に対しては不満を募らせやすいものです。一方、顔を合わせたり、声でやりとりをしたりしている時は、相手の意図をネガティブに捉えたり、決めつけたりすることが困難になります。リモートの陰に隠れていたいという衝動を抑えて、相手とよい関係を構築するよう努めましょう。

衝突は一対一で解決する――相手に懸念を伝えたい時は、グループチャットのようなチーム全員に見えるフォーラムに飛びつかないで、一対一で伝えるようにしましょう。行き詰まったらマネジャーを巻き込めばいいのです。人はみな違います。それだけでも難しいものです。さらに、公の場で相手を辱めるようなことは（もっとひどいことなら、なおさら）しないようにしましょう。

これまでの章で詳しく説明したように、リモートチームで優れたメンバーになるのは大変なことです。リモートワーク熟練者からのアドバイスでこの章を締めくくりましょう。

情報やリソースは惜しみなく提供しましょう――ハッサン・オスマン[40]

優れた仕事をすることに集中してください――フェルナンド・ガリド・ヴァス[41]

恐れずに実験や失敗をしましょう――ヴァネッサ・ショウ[42]

ボールを毎日前へ進めましょう――ジェフリー・ヘッセ[43]

この章のまとめ

■雇用主が必要とするものをどう提供するか

モチベーションと自律心

- 朝のルーティンを決めましょう。
- 仕事をする服装に着替えましょう。
- 仕事用に用意した場所で働きましょう。
- スケジュールを決めて守りましょう。

生産性を上げるために

- 時間管理とタスク管理の方法やツールを使ってみましょう。
- マルチタスクは最小限に。一つのことだけに集中しましょう。
- ペースを調節しましょう。持久力とメンタル面の鋭敏さを最大に発揮できるようエネルギーを調整しましょう。
- 生産性が下がらず、向上させられる仕事場をつくりましょう。

■自分のニーズも大切に

- 生産性を上げるために、仕事に集中する時間と、十分な休憩とのバランスを取りましょう。休憩の時間には体を動かすことも大切です。20分座ったら、8分間立ち、2分動くというルーティンを試してみましょう。
- そもそもなぜリモートワークをしたいと思ったのか、その利点を忘れないようにしましょう。
- 仕事以外の興味の時間をつくるために、ワークライフの融合を試みましょう。
- 直接でもオンラインでもよいので、人と接して社交ができる場を積極的に求めて、孤立感の除去に努めましょう。

■よいチームプレイヤーになるために

コミュニケーションとコラボレーション

- コミュニケーション上のマナーを守りましょう。メールのテーマは一つに限り、それを件名に記しておけば、後で探し出しやすくなるという提案もあります。
- ポジティブなコミュニケーションを実践しましょう。思いやりをしっかり示し、相手の意図を前向きに受け取りましょう。
- バーチャルチームのマインドセットを取り入れましょう。メンバーが約束した成果を出せると信頼すること、自分の成果を公表すること、自分も約束した成果を出すこと。

信頼関係と連帯感の構築

- 信頼感を育むためには、あなた自身が、頼りがいがあって、安定した、透明性のある人になりましょう。今している仕事や、あなたへの連絡方法がつねにチームメイトに分かるようにしておきましょう。
- チームメイトについて知りましょう。自分の個人的なことも話して、親近感を持ちましょう。
- ビデオを使ってバーチャルな交流をしましょう。同僚とバーチャルのコーヒーブレイクやバーチャルランチをしましょう。ゲームナイトを企画してもいいですね。
- できれば直接会いましょう。
- フィードバックを歓迎しましょう。
- 衝突が起きても、激しい感情を表す衝動を抑えましょう。その代わり、建設的に問題を話し合うことに焦点をあてましょう。電話やビデオ通話を使ったり直接会ったりして、解決するのがよいでしょう。

第II部 番外編

リモートワーカーのための質問票
――リモートワークをする準備ができていますか

リモートワークには、粘り強さ、信頼性、共感力、そして順応性が必要です。ありがたいことに、どれも決心と少しの努力でだれもが強化できる特性です

――クリスティ・デポール[1]

どうすれば理想的なリモートワーカーになれるのでしょうか？　誰もがリモートワークに向いているとは限らないというのが多くの人の一致した意見です。

同僚のそばで働いたり、直接やりとりを交わしたりすることから得られる活力と連帯感を渇望する人もいます。会社という組織や、絶え間なく働き続ける環境が必要だという人もいます。スケジュールが前もって決められている方が仕事が順調に進むという人も、多くの指導が必要な人もいます。

一日一回のビデオ通話だけでは、社交への欲求が満たされないという人もいるでしょう。リモートワークをさせてほしいと上司を説得しようとしている人も、リモートワーカーとしての職を探している人もいるでしょう。でも決断する前に、優れたリモートチームのメンバーになる準備ができているか、そして、そもそも自分がリモートワークに向いているかについて知っておくとよいでしょう。

今の自分の位置が分かれば、準備の焦点をどこに合わせればよいかが分かります。それに、もしかしたら今のところはこのまま職場勤務を続けるのがよいと思うかもしれません。

次の質問票は https://collaborationsuperpowers.com/extras からMSワードのファイルでもPDFでもダウンロードすることができます［上記リンクからダウンロードできるのは英文のオリジナルのみ］。

セクション1

セクション1の進め方

次の質問に、はい／いいえで答えてください（上記サイトからダウンロードし、プリントアウトした紙に書き込んでもよいでしょう）。

■モチベーション

- リモートワークをしようと思う理由が全てよく分かっていますか？
- リモートワークの欠点についてもよく理解していますか？
- はいと答えた人へ――リモートワークの欠点を補って、成功させるだけのモチベーションがありますか？

■機　器

- あなたと連絡を取りたい時、信頼できる連絡方法が一つ以上ありますか？

・音声通話をするのに適した静かな場所がありますか？
・処理速度の速い性能のよいコンピューター（デスクトップ、あるいはノートパソコン）を持っていますか？
・もしデスクトップしか持っていないなら、加えてノートパソコンも必要だと思いますか？
・高速で安定したインターネット回線がありますか？
・特定の仕事のためにインターネットセキュリティの向上が必要ですか？
・ウェブカメラの機能がありますか？（最近の大抵のノートパソコンやモニターには内蔵されています）
・ヘッドセットを持っていますか？
・ビデオ通話をする時に、ビジネスの場にふさわしい背景のある場所を確保してありますか？
・旅行中も仕事をしなくてはならないかもしれませんか？

状況によって、延長コード、外付けキーボード、モバイルルーター、追加のモニター、マウス、パワーアダプタ、電源タップなどの機器も加えて必要かもしれません。

■テクノロジーへの精通度

・インターネット電話やＩＰ電話の使い方に精通していますか？
・必要に応じて、電話のテックサポートを受ける方法がありますか？
・コンピューターの使い方に精通していると思いますか？

- 必要に応じて、コンピューターのテックサポートを受ける方法がありますか？
- テキストメッセージを手軽に送ることができますか？
- IMを手軽に送ることができますか？
- ビデオミーティングを容易に行うことができますか？
- オンラインカレンダーやOutlook、Mac Mail、Googleカレンダーなどを容易に使うことができますか？
- Remote.coの2018年改訂の調査によれば、リモートワークを勧める会社の多くが次のようなツールを使っています。Basecamp、Google Chat、Pivotal Tracker、Skype、Slack（以前はHip Chat、その後Strideと呼ばれていました）、Trello、Yammerなど。[2] あなたはこれらを容易に使うことができますか？

■優れたコミュニケーションスキル

- 電話で上手にコミュニケーションを取ることができますか？
- 文字を使って、上手にコミュニケーションを取ることができますか？
- ビデオを使って、上手にコミュニケーションを取ることができますか？
- 普段どのくらい早く電話を折り返しますか？
- 普段どのくらい早くメールの返事をしますか？
- 普段どのくらい早くテキストメッセージに返事をしますか？
- グループでの非同期通信は容易に行えますか？

- チームメンバーや上司と、あなたの仕事場には時差がありますか？
- もしそうなら、他メンバーと重なる勤務時間はどのくらいありますか？
- 同僚のタイムゾーンを把握していますか？

■労働習慣

- 整理は得意ですか？
- 自分は自律心が強いと思いますか？
- 集中力が高くて気が散らない性格ですか？
- 優先順位をつけたり、時間管理をするのが得意ですか？
- プロジェクトやタスク管理のツールを（チームとしてではなく）自分のために使って仕事をしたことがありますか？
- モチベーションを保つのが得意ですか？
- もしそうでなければ、モチベーションを保つための方法が何かありますか？

■問題解決／トラブル対応のスキル

- あなたには、仕事上の問題を解決する才覚があると思いますか？
- まだないと思ったら、その才覚をどう培えばよいか、考えがありますか？
- 問題解決／トラブル対応が大変うまくできたことがありますか？

■過去のリモートワークの経験（あるいはリモートフレンドリーなスキルを使った経験）

- あなたは、どんなことでもよいのでリモートワークの経験がありますか？（出張中のリモートワークや、病気や水道工事で家にいなくてはならなかった時のリモートワークなども含みます）

過去に経験のない人への質問

- リモートワークのチームの人や、短期雇用のリモートワーカーと共に働いた経験はありますか？（あなたは職場勤務をしながら、リモートワーカーと働いたことがあるか、という意味です）
- 職場勤務をしている時、社内の同僚に直接に会うよりも、電話やメールを通じて連絡を取り合うほうがずっと多かったことはありますか？（特に広い敷地や複数階のある会社の場合）
- リモートワークの経験がない場合、どこに行けばリモートワークの経験を積むことができるかが分かっていますか？

過去に経験のある人への質問

- リモートワークについて一番好きなことと嫌いなことが分かっていますか？
- リモートワークは自分にとってどのような意義があるかが分かっていますか？

■独立心——前向きで自発的

- 自分は自発的《セルフスターター》に行動できる人だと思いますか？

- 自分は積極的にコミュニケーションを取る方だと思いますか？
- 自分は好奇心があると思いますか？
- 過去1年間に自己啓発のために何かをしたことがありますか？
- 仕事以外の興味がありますか？
- 長期的に求めているものが何かありますか？
- 社内で昇進した経験や、転職でキャリアアップした経験はありますか？
- 以前の上司に再雇用されたことはありますか？
- 挫折や困難に粘り強く対処した経験がありますか？

■ ワークライフバランス

- 仕事スイッチをオフにするのは苦手ですか？
- 概してワークライフの健全なバランスを取るのがうまいと思いますか？
- 健全なワークライフのバランスを取るための、気に入った方法がありますか？
- 自分にとって孤立感は、問題になると思いますか？
- 問題になるという人は、孤立感に対処する解決策を何か持っていますか？ 例えば、友人や家族と定期的に連絡を取り合うとか、スポーツやグループ活動や趣味の活動をすでに行っているとか？
- 前の質問のような社交や趣味の活動をまだしていない人は、プランをつくってみようと思いますか？

■チーム重視の労働観

- チームの一員として働いたことがありますか？
- 一人で働くのと、チームで働くのとでは自分がどちらが好きかを分かっていますか？
- 今している仕事についてチームメンバーに進んで知らせようと思いますか？（業務の見える化《ワーキングアウトラウド》ということです）
- 決められた勤務の間は、あなたへの連絡方法をチームメイトに知らせておこうと思いますか？
- 業務の見える化をしながら働いた経験がありますか？
- 今している仕事についてチームメンバーに知らせるための、気に入った方法がありますか？
- みんなに見えるように、自分のステータスをアップデートすることに慣れていますか？
- 情報の種類によって、異なるコミュニケーション方法を使うことに慣れていますか？

■優れたチームプレイヤー／良好な対人関係

- メールやテキストメッセージやＩＭを書く時、ポジティブなトーンを保てますか？
- 対人関係において、自分は快活で付き合いやすい人間だと思いますか？
- 自分は協調性があって協力的な性格だと思いますか？
- フィードバックを建設的に活用できますか？
- 怒りをコントロールすることができますか？
- 最近、同僚との間に生じた誤解とそれにどう対応したか説明できますか？

■その他

• 優秀なリモートワーカーになるための努力を進んでしようと思いますか？
• 自分は優秀なリモートワーカーであると、将来の雇用主に示すことはできますか？

セクション2

ここからは、あなたの答えを丁寧に見ていきましょう。はいと答えた質問について、答えの理由や説明を書きましょう（セクション2をデジタルツールを使って行うか、紙に書いて行うかについては次の項目を見てください）。例えば「プロジェクトがスムーズに進むように、私は全てのコミュニケーションに素早く応答したいと思う」のように。いいえと答えた箇所（少なくとも、まだ当てはまらないと思った箇所）には、どうすれば正直にはいと答えられるようになるかを考えましょう。「新しいヘッドセットを明日買いに行くつもり」や「今は家の中に理想的な仕事場を設置できないが、今週の終わりごろにコワーキングスペースのレンタル料を調べてみようと思う」というようなシンプルな答えでもよいのです。あるいは、「普段はメールにすぐに応答しないけど、これからは努力してみようと思う」というような複雑な答えでもかまいません。

最も大切なのは正直に書くことです。「今自分がやっている仕事について、つねにチーム全員に知らせたくはない」と思うなら、取り繕わずに、率直にそう書きましょう。このセクションの目的は、活用できることは何かそしてどんな努力をすればよいかを見極めることなのです。

セクション2の進め方

質問の答えは、一つずつ分けて書いてください。紙やインデックスカードに書いてもいいし、スクリーン上で動かせるデジタル「カード」に書いてもよいのです。

手で触れる紙の方がよいと言う人は、インデックスカードや紙に手書きで書いてもいいし、パソコンに入力したものをプリントアウトしてもよいでしょう（紙を使う場合は、A４の紙を二つ折りか三つ折りにして、答えを手書きかタイプで記してから切り離しましょう。タイプする場合は2列か3列に分けてタイプするとよいでしょう）。

デジタルツールがよければ、Trelloのような看板形式のタスク管理ツールを使ってみましょう（そのためには、まず答えのリストをつくって、質問の答えをリスト中の個々のカードに書きます。とても長いリストができあがりますね）。OneNoteのようなツールも役に立ちます。要するに、答えがワークスペースの中で動かしやすければよいのです。

セクション3

セクション１の質問票の答えをセクション２で書き終えたら、デジタルのワークスペースか、実際の机の上に、はいといいえの二つの山をつくりましょう。Trelloのようなタスク管理の看板を使う場合は、答えのリストの右側にはいといいえの二つの新しいリストをつくりましょう。次に、答えを一つずつ見直しながら、はいといいえの山へ分けて行きます（「絶対にやらない！」という三つ目の山をつくりたい人もいるかもしれませんね。何しろ正直に！）。

それが終わったら、今現在の状況をよく見てみましょう。どちらの山が大きいかによって、リモートワークをする準備ができているかどうかが分かります。リモートワークをする決心をした人にとっては、この山が「やることリスト」になりますね。いいえの山の答えの一つ一つが、するべきことをずばりと示してくれています（ここでも、Trelloはプロジェクトの初めから終わりまで「見える化」してくれるのでお勧めです）。

ここまでで現状チェックは終了です。ここからかかる時間は各人違います。いいえの山から一つずつ始めましょう。できたものははいの山へ移動させます。どのようにアップデートしたかを紙やインデックスカード方式を使っている人は紙の裏に書いておきましょう。その事柄については、もうできるようになったということの説明です。例えば「テクニカルなサポートが必要になった時のために、近所の電話技術サポートを確保した」のように。

最後にもう一つ。はいの項目に精通していることを、なぜ一々、言葉にして書かなくてはならないと思いますか？　それはそこに書いたことが、雇用面接や、履歴書に添付するカバーレターや、上司に交渉する時などに活用できるからです。例えばこのように。「一日の終わりにSlackに短いアップデートを投稿して、みんなに自分のしている仕事について伝えたいと思います。そうすることで私自身も翌日まず何をしたらよいかが分かります」

この練習で取り上げた質問は、偶然にも企業が雇いたいと思うリモートワーカーの主な特性と重なっています。ですから、もうあなたは、将来の重大な雇用面接の質問に答える準備がすっかりできたことになります。その職を得る十分な資格があなたにあることを証明できるのです。きっとうまく行きますよ！

上司（やチーム）を説得する

リモートワークをしたいと上司を説得する場合にも、前のセクションの〈リモートワーカーのための質問票〉に答える（もしまだなら）ことが第一ステップになります。

あなたがはいの答えについて書いた説明が、上司を説得する効果的な手段となります。リモートワークを成功させることができるということの証明です（上司に提案する前に、いいえの山がすでに空っぽか、あるいはほとんど何も残っていない状態になっているのが理想的です）。

上司への説得計画に取り掛かる前に、前にも引用したメーガン・M・バイロー氏のコメントを今度は全文で紹介しましょう。「私がバーチャルチームの一員なら、動機があって、集中力と好奇心と柔軟性があって、何よりも協調的でなくてはなりません。一方、私がバーチャルチームをマネジメントする起業家なら、思いやりがあって、心の知能指数《エモーショナルインテリジェンス》（EQ）が高く、他者のニーズに敏感で、成功のために必要なツールを何でも進んで供給できる人にならなければいけません。どちらの役割の場合でも、私は……自分のスキル、能力、強さと弱さをわきまえているべきです」[1]

マネジャーの立場に立って考えてみましょう。あなたのマネジャーは「思いやりがあって、心の知能指数が高く、他者のニーズに敏感で、成功のために必要なツールを何でも進んで供給できる人」ですか？　すぐには分からないかもしれませんが、上司を説得する過程で、このことを覚えておきましょう。

リモートワークをしたいというあなたの希望が、どれほど前向きに受け入れられるかにかかわらず、生産性や信頼性やチームの士気といったことについて、上司の視点でじっくり考えてみるとよいでしょう。

それができたら、次の目標は、あなたについてどう伝えるか──連絡が取りやすくて、責任感があって、何よりも生産性を上げることができるということ──を、最も効果的に伝えられる方法を見つけることです。

もう一つ考慮すべき重要な点は、チームの中のたとえ一人だけがたまにリモートワークをしているだけだとしても、チーム全体がリモートチームであるかのように機能しなくてはならないということです。一見無理な要求に思えるかもしれませんが、これはリモートワークの専門家が口を揃えて言っていることです。

リモートチームの業務では、一人一人がより意識的な努力をしなくてはならないので、標準的な職場勤務の業務より優れているというのが事実です。リモートチームでは、いつどのように連絡を取ればよいかや、今どんな仕事をしているかといったことについて、チーム全体で知らせ合いますが、それだけでもみんなが目標とする仕事への献身ぶりが伝わるものです。

さて、説得方法をステップに分けて説明しましょう。

> このステップの資料はダウンロードすることもできます。
> http://www.collaborationsuperpowers.com/extras

1．上司やチームの人たちが抱くかもしれない全ての不安について承知しておくために、第5章の特に〈実際にリモートワークを始める〉のセクション、そして、第7章と第9章の全体を読んでおくことをお勧めします（第10章はここではあまり関連がありません）。あなたの職場の事情に当てはまる全てのことを書き留めて、また必要な新しい実践やツールについても記しておきましょう（具体的にどのように書き留めればいいかは次により詳しく述べます）。

2. リモートワークに移行しても今と同等の成果を果たせるために、しなくてはならないことや入手しなくてはならないもののプランの下書きをつくりましょう（〈リモートワーカーのための質問票〉でつくった「やることリスト」がよい参考になります）。

3. あなたがしている全ての仕事を算定しましょう。少なくとも、全ての責任を果たしていることをどう証明すればいいかを考えましょう。そしてできれば、あなたがリモートワークに移行することでさらに得られる価値についても示しましょう。

4. あなたがリモートワークに移行した場合でも、チームが今と同レベルの生産性を保つために、チームとしてしなくてはならないことや入手しなくてはならないものについて、下書きをつくりましょう。

5. 今のあなたの生産性レベルを保つために、あなたのチームは必要な調整を進んで行ってくれるでしょうか、よく考えてみましょう。

6. 説得が難しいと思い始めたら、チームの同僚に尋ねてみましょう。あなたの考えを説明して、みんながそれを受け入れてくれるかどうか、意見を求めましょう。

7. 次のことを盛り込んだ上司への提案書とタイムラインを用意しましょう。

- なぜリモートワークがあなたにとって重要なのか。あなたにとっての利点、例えば家族と過ごす時間を増やしたいとか、他にも個人的な理由があれば躊躇しなくてかまいません。あなたの人間的な面を否定することはありません。そうしたことがあなたにとって意義があり、リモートワークを成功させる起動力になるということがポイントです（このセクションの終わりのコラムで家族についての注意を記しています）。
- リモートワークという新しい挑戦のために、あなたがすでに行ったり準備したことは何か（右の2番参照）。
- チームに対する自分の義務をどう果たし続けるか（右の3番参照）。
- チーム全体として、どうすればうまくいくか——すでにあなたのチームがこの試みを進んで受け入れようとしていることも含めてもいいでしょう（右の4番から6番を参照）。
- どう展開していくか。実際の働き方がみんなに理解できるように試験期間を設けることを提案しましょう。例えば、あなたはまだみんなと職場勤務を続けますが、チームの人たちからのコミュニケーションを、リモートで行ってもらうのです。このようにしてリモートワークの第一段階を試す方法を勧める人もいます。1、2週間試したら、次の2週間は、週2日だけ家からリモートワークをしてみる、その次の2週間はそれを週に2日にしてみる、というように試していきます。よりうまく機能するために定期的にチェックすることが大変重要です。

8. 実際に上司に提案をするアポイントを取りましょう。そこで一緒に提案書を読んでもらった際に、出た質問に答える準備をしておきましょう。引っ込み思案の人は、提案書だけを提出して返答を待ちたいと思うかもしれませんが、返事が来るまで何時間も何日も、時には何週間も、ドキドキしながら待たなくてはならないのはかえって辛いかもしれません。返答を待たず、自信を持って自ら行動していくアプローチは、リモートワークに対する真剣度を示す方法でもあるのです。

▼子どものいる家でリモートワークをする時の注意

子どものいる自宅でリモートワークをする場合は、家族と取り決めをしておきましょう。仕事をしながら同時に育児をすることは、幻想でしかありません。

キャリア開発の専門家、ブリー・レイノルズ氏はこう述べています。「私には2歳の子どもがいますから、家で仕事をする時、息子と私の二人だけでいるというのは絶対に無理なのです。これは本当の仕事なのです。従来の職場に毎日2歳の子どもを連れていくことはしないでしょう？　家でもそれは同じことなのです」[2]

リモートワークの職場を探す

条件が全て整うまで待たずに、したいことを今すぐ始めましょう
——レスリー・トゥルーエクス[1]

リモートワークができる数少ない職を探すのは、容易なことではありません。でも強い意志がありさえすれば、きっと道は開けます。

まず、幸運にも状況が許すのであれば、好きな仕事でキャリアを築くために本当に何がしたいのかを時間をかけてしっかり見極めましょう。そんな幸運な状況でない人なら、少なくともなぜリモートワークをしたいのかの理由を考えてください。

その認識が、職探しにも、求職申込のプロセスにも関係してきます。雇用主は、第一にあなた自身が自分についてどう認識しているか、第二に、あなたの業務成績、そして第三に、自分が何に足を踏み入れようとしているかをあなたがしっかり認識しているかどうかを知ろうとします。

雇用主が何をリモートワーカーに望んでいるか、そしてあなたがそれにどう応えていくかを学びましょう。でも心配ありません。この難問を解く手がかりは、第6章の〈どんな人を雇うべきか〉と〈リモートワークに向く特性を面接で見極める〉のセクションに全て書いてあります。

そこにも書かれているように、第一に求められるのは、リモートワークの経験です。それには二つの理由があります。効率よくリモートワークのできる人を求めていることと、リモートワークをするのが実際に好きな人を求めていることです。しかし問題は、リモートワークの経験をつくることです。

次のアドバイスを参考にしてください。

▼リモートワークの経験を積む方法

リモートワークの経験がないとリモートワークの職を得られないし、職を得るためにはリモートワークの経験が必要だし。まさにジレンマですね。この困難な問題解決の提案をいくつか記しましょう。

- リモートワークに理解のある会社の多くが、定期的に、あるいは日常的にリモートワークで使っているツールやアプリに精通しておきましょう。Remote.co が挙げるポピュラーなツールを人気順にリストにしました。

  IMには――Slack、Skype、Google Chat

  プロジェクト管理には――Trello、Pivotal Tracker、Basecamp

  チームのコラボレーションには――Slack、Yammer[2]

- 特にチャットのようなツールを使ったチーム内のやりとりの練習に、友だちを何人か招集して助けて手伝ってもらいましょう。友だちにとっても役に立つとなおよいでしょう。
- リモートワークをしている人と繋がりましょう。バーチャルチームトーク（https://virtualteamtalk.com）をチェックしたり、地域のコワーキングスペースで共同デスクの安い席を一つ借りてみて、周囲からアドバイスをもらうとよいでしょう。

• リモートワークの短期の職を粘り強く探しましょう。Fiverr.com、Freelancer.com、Upwork.com といったオンラインのサイトでも探せます。

• なぜ雇用主がリモートワークの経験者を求めるのか、徹底的に知りましょう。先に述べたように、第6章の〈どんな人を雇うべきか〉と〈リモートワークに向く特性を面接で見極める〉が参考になります。リモートワークの経歴がないことを最初に告白し、それでも**なぜ**自分がその仕事の適任者なのかを説明しましょう。あなたが最適なのはなぜですか？　それは、リモートワークを成功させようという絶対的な情熱に加えて、働き方についての自覚があるし、経験がなくても十分な準備ができているからだと伝えましょう。

自分のブランド価値を上げる——あなたが提供できることを言葉にしましょう。自分の価値をどう宣伝するか、いくつかのバージョンをつくることです。三段落くらいの長さのもの、一段落ぐらいのもの、一文あるいは数語だけのバージョンも用意しておきましょう。

オンラインで自分のイメージアップを図る——オンラインでのイメージは大切です。特にLinkedInのようなビジネス特化型のSNSで、あなたが提供できることを明確に示しましょう。自分のウェブサイトをつくるのが適切だと思えば、そしてブログを継続するのに十分な内容があると思えば、それもよいことでしょう。自分のLinkedInのページに文章を投稿するだけでも役立ちます。

通常、あなたが会社を辞める時、人事部がまず行うことは、何年にもわたって蓄積してきた非常に多くのデータ、繋がり、知識を含んだメールボックスを削除することです。しかしSNSを使えば、あなたの足跡は残ります。あなたの連絡先も会話もSNSを通じてだれにでも見てもらえるのです

――ルイス・スアレス[3]

人に働きかける――仕事を探していることを、あなたのネットワークの人たちに知らせましょう。プロダクトマネジャーのフェルナンド・ガリド・ヴァス氏はこう述べています。「仕事を見つける最上の方法は口コミです。大勢の人にアプローチする必要はありません。ふさわしい人たちだけに働きかければいいのです[4]」

毎日、求人情報を掘り起こす――自分に資格があって興味を持てる求人には、全て応募しましょう。私の会社コラボレーションスーパーパワーズのウェブサイト（https:www.collaborationsuperpowers.com/114-how-to-find-a-remote-job）にある「リモートワークの仕事の見つけ方」から始めてみましょう。

「あなたも自宅で稼げます！」詐欺に用心する――古くから言われているように「うますぎる話」なんて、たぶんありません。仕事に応募するために、こちらからお金を払うなどということはあり得ません。パスワードを渡してはいけません。自分の勘を信じましょう。

リモートワークにフレンドリーな企業のリスト

「リモートワークのできるトップ100社」
（2018年時点[1]）

A Place for Mom / ACTIVE Network / Adobe / ADP / Aetna / AFIRM / Alight Solutions / Amazon / American Express / Amgen / Anthem Inc. / Appen / Appirio / BCD Travel / BELAY / BroadPath Healthcare Solutions / Cactus Communications / Carlson Wagonlit Travel / Chamberlain University / Cigna / Commonwealth of Virginia / Conduent / Connections Education / Convergys / Cornerstone OnDemand / Covance / Crawford & Company / CSRA / CVS Health / CyraCom / Dell / Direct Interactions / Edmentum / Enterprise Holdings / EXL / First Data / Fiserv / Gartner / Grand Canyon University (GCU) / GreatAuPair / Haynes & Company / HD Supply / Hibu / Hilton / Houghton Mifflin Harcou]rt / Humana　Intuit / IT Pros / FlexJobs JLL (Jones Lang LaSalle) / JPMorgan Chase / K12 / Kaplan / Kelly Services / LanguageLine Solutions / Leidos / Liveops / Magellan Health / McKesson Corporation / Merck / NCH Corporation / Nielsen / nThrive / PAREXEL / Pearson / Philips / PPD (Pharmaceutical Product Development) / PRA Health Sciences / Real Staffing / Rev / Robert Half International / Salesforce / SAP / Secureworks / ServiceNow / Sodexo / State of Florida / State of Washington / Sutherland / SYKES / TEKsystems / Teradata / The Hartford / Thermo Fisher / Scientific / Toyota / TTEC / United Health Group / University System of Maryland (USM) / VIPKID / Vivint Smart Home / VMware / VocoVision / Walden University / WeightNot / Wells Fargo / Western Governors University / Williams-Sonoma / Working Solutions / World Travel Holdings / Worldpay / Xerox

第III部

リモートチームのマネジメント入門編

――リモートワークの導入と雇用

がんばれ！　飛躍には苦しみがつきものだけど、明快なコミュニケーションと、自分の期待をしっかり伝えれば、きっと楽になるはず

――タビサ・コリー[1]

やってみよう！　今ほど、リモートワークを簡単にかつ効果的にしてくれる情報やツールが豊富だったことは、かつてありません

――アレックス・ターンビル[2]

時間をかけてリモートワークのメリットについて研究してください……リモートワークと調和が取れる企業文化をつくり上げてください。うまく機能しているリモート組織は、どこにいようとも、最高のチームメンバーを引き寄せます

――ガブリエル・ピトル[3]

さて、バーチャルのバーに足を踏み入れたリモートマネジャーに、これから一体何が起こるのでしょう？　決して冗談を言っているわけではありません。このセクションは、抑えきれない熱意《エンゲージメント》、はたまた、少しの不安を抱きながら、将来的に自身の会社や部署でリモートワークを導入しようと結論した人のための内容です。

いきなりリモートワークを開始するのではなく、第5章では、まずオフィスを「リモートファースト」にするところから始めます。これは、実際に社員がリモートワークを始める前に、そしてリモートワークのベストな働き方の詳細を決める前のテスト飛行のようなものです。そして、（近々）リモートワーカーを雇い入れる可能性のある人のために、第6章では、雇用戦略について説明し、面接と研修の両方に関するヒントを述べていきます。

どちらの章にも、リモートフレンドリーな企業から集めた〈第一線からのフィードバック〉のセクションがあります。そこではリモートワーク実施前に、リモートワーカーのマネジメント（第5章）や雇用（第6章）について彼らが抱いていた懸念について共有されています。でも、ご心配なく！　懸念と言ってもそんなに怖いものではありませんから。正しく実行さえすれば、それこそ素晴らしいものになりますよ。

さあ、冒険を始めましょう！

第5章

リモートワーク導入への移行という選択肢

成功しているリモートワーク環境は持ちつ持たれつです。会社は社員と同じくらい準備をする必要があります[1]

——カー・ワイ・チャン

リモートという選択肢を試すことを迷っている会社への率直なアドバイスは、ほんのいくつかしかありません。競争力の維持や一流の人材を引き付けるというメリット以外に、企業がリモートファースト業務を取り入れる賢明な理由が二つあります（第2章でも説明したように、「リモートファースト」とは、特に緊急時など、社員が在宅で働かなければいけなくなった際に、会社に最低限の準備が整っていることです）。

まず、リモートファーストの体制が整っていれば、たとえ社員が病気、交通状況、天候、または最悪の出来事のインパクトを受けても、会社の生産性を一日でも低下させる必要はありません。次に、リモートファーストの体制は、より強力で実行可能であるというのが、多くの一致した意見です。つまり、リモートという選択肢の準備をするために必要な作業は、実際にリモートワークを始めるかどうかにかかわらず、あなたの会社にとって大きなメリットがあります。

「リモートファースト」という用語はそれ以前にあった「モバイルファースト」という言葉に由来しています。それについては、カー・ワイ・チャン氏がブログの投稿で説明しているように、ルーク・ウロブレフスキー氏が２００９年に初めてモバイルファーストの概念を、当時のウェブデザインに対するコメントとして発表しました。当時、タブレットや特にスマートフォンを使ったモバイル通信の使用は、もはや軽視されるべき問題ではないことは明らかでした。しかし難点は、美しくデザインされたウェブサイトが決して優秀とは言い難いということでした。

多くの場合、デスクトップデザインをモバイルデザインに無理矢理合わせると、モバイル体験の質が著しく低下します。そのため、モバイルファーストの手法では、最小限の共通点から始め、機能豊富なデバイスで徐々にデザインを強化します。その結果、よりよいモバイル体験を実現するだけでなく、全ての人にとって最も重要な機能に重点が置かれます。

……私たちもリモートワークで似たような分岐点に立たされています。企業は、リモートの社員を社内の社員用に設計されたシステムに無理矢理押し込めるか、リモートファーストの手法をとるかのいずれかを選択できます。後者はつまり、どうすればリモートの社員と共に、組織のあらゆる面で成長できるかを突き止め、社内の社員のためにも、それを段階的に強化するということです

――カー・ワイ・チャン[2]

▼ある会社のリモートファーストの取り組み

「我々がリモートファースト宣言を作成した方法」という記事で、バルキ・コダラプ氏はペイトレース社にとってのリモートファーストの意味が何であり、何でないのかを説明しています。

リモートファースト文化とは

- 実施する全てのミーティングにZoomビデオミーティングへのリンクがデフォルトで提供されること。
- 全ての重要な話し合いがSlack、メール、またはConfluenceで行われるのがデフォルトであること。その他の場所で行われた話し合いも、チーム全体の利益を高めるために、これらのシステムの一つに反映させるようにすること。
- チーム全体で充実した対面時間を過ごせるよう、定期的にリモートチームメンバーを本社に招くことに重点を置くこと。
- 社員を信頼し、自宅と社内オフィスのどちらで仕事をしたいかを個人の判断に任せること（専用デスクを保持するために、社員は社内オフィスで最低でも週に2日以上働く必要があることに注意してください）。

ただし、リモートファーストは

- 人と人とが直接会話することを妨げるものではありません。対面で築かれる結束力は優れた組織を繁栄させます。ただ、重要な会話や決断を（Slack、メール、またはConfluenceを介して）適切な関係者に伝達することが求められているということです。
- つねにリモートワークの雇用だけを行うのがデフォルトだという意思表明ではありません。ペイトレース社は、ワシントン州スポケーンの地域のビジネス／テクノロジーコミュニティに積極的に関わりたいと考えています。
- デフォルトで「いつでも／どこでも働ける」という融通が１００%自動的に利く、というものではありません。部署や役割によっては、対面でのコラボレーションが頻繁に必要となるため、ペイトレース社の一部の社員は決められた時間帯に本社のオフィスにいる必要があります。[3]

リモートファーストなオフィスを確立するために

オフィスをリモートファーストにするということは、異常事態や緊急事態の際に、社員が効果的にリモートワークができるようにするための必要な手順を踏むということです。以前にも述べたように、最低でも、信頼できるテクノロジー（電話、コンピューター、高速のインターネット回線）へのアクセス、電話とメールの連絡先情報へのアクセス、そして現在作業中のファイルへの安全なアクセスが必要です。

■ツールセット／基盤

社外にいる人は次のものが必要となるかもしれません。

- 電話
- コンピューター（デスクトップまたはノートパソコン）
- ヘッドセット
- 外部モニターやキーボード（必要に応じて）
- ウェブカメラ機能
- ビデオに適した設備環境、背景や部屋などの空間、モニター

・モデム（DSL／Wi－Fi／イーサネットなど）
・会社のサーバー経由でのメールへのアクセス（Outlook や Mac Mail などを使用して）
・電話番号やメールアドレスへのアクセス
・作業中ファイルへのアクセス
・バーチャルプライベートネットワーク（VPN）へのアクセス（該当する場合）

社内にいる人は次のものが必要となるかもしれません。

・ビデオ通話をするための静かで／プライベートなスペースとテクノロジー
・リモートワーカーが職場で仕事をしなければならない時に使うスペース（「ホット」デスクと呼ばれることもあります）
・グループでコラボレートする時に使うスペース（会議室など）

■マインドセット

在宅で働く社員は、申し分のない仕事をしていること、そして会社全体の生産性に貢献していることを確実に示すために、慎重なプロセスに従う必要があります。それはつまり、リモートワーカーの仕事が成功するために、企業側が時間をかけて慎重なプロセスを確立する必要があるということです。そのためには、リモートという選択肢の詳細についてより深く考察しなければなりません。

実際にリモートワークを始める

初めての試みで決まるとは限りません。決まるまでは小さな実験と反復作業の繰り返しです

——ジェシー・フューウェル[4]

先に述べたように、リモートワークには、一つだけの理想的な設備環境や決まったやり方はありません。したがって、各人や各企業にとって最も生産的な組み合わせを見つけるための試行錯誤が必要です。ウェブサイトRemote.coには、リモートワークに移行した多くの企業の経験に基づいた見解が紹介されていて非常に役立ちます。

トグル社のディレクター・創設者であるアラリ・アホ氏は次のように述べています。「私たちは熟考を重ねました。長所と短所を比較し、チームメンバーと話し、調査を行いました。開始してから……私たちには多くの疑問が湧きました。リモートで生産性を維持する方法、企業文化を保つ方法、分散型チームのマネジメント方法など……。そして、私たちは全員でうまく機能させる方法を学びました」。最終的に、「マインドセットを変えるのが一番の難関です。会社の全員が同意しなくてはなりませんから[5]」

私が実施したインタビューから、インディアナ州インディアナポリスに拠点を置くテクノロジー企業フォームスタック社の創設者アデ・オロノ氏の言葉を紹介しましょう。

私たちは、リモートワークを取り入れる決定をするまで、完全に地域型の会社として7年間やってきました。2011年に、ポーランドを拠点にしていた開発者を初めてのリモート社員として採用する

ことを決定しました。それから間もなくして、私の妻がオクラホマで仕事のオファーを受け、それがリモートでのリーダーシップの発揮に挑戦するきっかけになりました。ちょうどそのころ、ある社員が州外へ引っ越すことになり、話し合いの末、私たちは正式にリモートに移行する決断をしました。元々（本社のある）インディアナ州にいた社員の何人かも、現在は他の州に住んでいます。リモートワークについての決断を早い時期にしたことがそれを可能にしたのです。テクノロジー、コミュニケーション、対面ミーティングのベストプラクティス、その他のリモートワークの側面について、私たちは試行錯誤を繰り返してきました。そして、日々、リモートチームを強化し続けています。[6]

「試行錯誤」の経験については、先人たちが共通してこのような助言をしています。社員が一人でもリモートワークをする場合、そしてそれがたまにであっても、チーム全体がリモートチームであるかのように機能することが賢明です。これは難しい注文のように思えるかもしれませんが、私は、リモートという選択肢をとることを思いとどまらせようとしているわけではありません。でも楽勝であるという嘘もつけません。簡単なことではありませんから。

リモートチームが成功するためには、関係者全員の協力が必要です。そして、どこでどのように用いられても、リモートプラクティスが有益であることは依然として事実であり、その過程で職場チームも強化されれば、だれもが勝利するでしょう。

例えば、デジタルクリエイティブエージェンシーのサンボーン社は次のように述べています。「プロトタイピングが迅速に求められる、納期の厳しい環境では、口頭でのコミュニケーションが重要です。しかし、リモートワークへの移行においては、口頭のコミュニケーションの多くを文書によるコミュニケーションに置き換えなくてはならないということが分かっていました。

そこで、リモートへ移行した時、文書化するプロセスを徹底し、それができるだけ無駄のない、効率的なものになるよう努めました。このコミュニケーションは、主にプロジェクト管理ソフトウェアとSlackで行われます。その利点は時系列に沿って経過が見られることです。プロジェクトに関わる人が、簡単に参加できて、話をたどり、プロジェクトがどの段階にあり、それはなぜなのかを理解することができます。全体的に、非常によい結果を出すことができています」[7]

そして、ウェブ開発者のサイトペン社は次のように述べています。「わが社はリモートワークに関して、情報のコンテンツを明確かつ完全な状態に保ちながら伝達する方法を完璧にすることに多くの時間を費やしました。現在のツールは、私たちが行っている全てのコラボレーションと合意を、完全に可視化してくれます。すでに私たちの主要な連絡手段はメールではありません。プロジェクトツール以外での構想は存在しません」(興味深いことに、彼らは「初期の頃は物理的なオフィススペースを持とうとしましたが、オフィスを持つという案は実行には至りませんでした」[8])

徐々に導入するのがよいというアドバイスも多く聞かれます。バーチャルチームのコンサルタントでリモート移行の専門家であるピラル・オルティ氏は次のように提案しています。「チームがバーチャルに移行しようと検討しているなら、まずは週に一日だけで始めてみましょう。それから二日に増やします。または、社内の別の場所で仕事をしてみます。全ては小さな実験から学んでいくことです」[9]

そしてJobmonkey.comは、特に消極的な考えの経営者に対して次のように述べています。「ゆっくりと社員を社内勤務からリモートワークへ移行することで……社員をすっかり自由にしたり、長期的にリモート化する前に、彼らの仕事に対する倫理観を確かめる機会を得ることができます」[10]

■第一線からのフィードバック

――リモートワーカーのマネジメントについて最も懸念していたことは何ですか？

Remote.co（https://remote.co）は、豊富な情報と資料を提供しています。その中で、135社の「リモートフレンドリー」な企業に、リモートワークの経験について尋ね、その回答をネットで共有しています。[11]「リモートワーカーのマネジメントについて最も懸念していたことは何ですか？」という質問への回答から私が選んだ貴重な情報をいくつか紹介しましょう。

大多数の人は「鬼の居ぬ間に洗濯」症候群を懸念していました。具体的には生産性、成果責任《アカウンタビリティ》、さらには単純に連絡の繋がりやすさなどが懸念されていました。しかし幸いにも、数人の回答者は、その懸念が根拠のないものであったと喜んで報告しています。残りのほぼ全員も、有効だった解決策について述べていました。

一番大切なのは献身的でやる気のある人材を雇うことです。次に、その新入社員たちが、「権限を与えられている」と感じ、自分も有意義な企業文化の一部だと思えるように努めることです。

適切な人材を採用して、成果をあげられるように権限を与えることで、彼らは期待以上の働きをすることが分かりました。なぜなら、彼らはリモートワークを特権と見なしているからです。途中でいくつか問題もありましたが、それらは社内勤務に見られる問題と大差ありませんでした

――ブライアン・パターソン[12]

その他にも、明確なパフォーマンス目標の設定や継続的なコミュニケーション、特に進捗状況の報告といった、マネジャーが主導する解決策もありました。

何人かはマインドセットを変えることが解決策であったと答えました。

> 社員がちゃんと仕事をするだろうか、信頼できるだろうかと心配していました。しかし、「人を信頼しなさい。不信感は結果から判断すればよいのだから」とある人に教えてもらってから、その懸念はすぐになくなりました。言い換えれば、彼らが信頼を裏切らない限り、しっかりと仕事をしていると思えばよいのです。それは私にとって人生観を変えるものでした
>
> ――クリス・バイヤーズ[13]

> 事業を拡大し、新たな人員を雇う必要があった初めの頃、私の一番の懸念は、彼らが一生懸命働かず、会社を利用するのではないかということでした。それは、人が何をしているかが分からない時の典型的な恐怖――全く何もしていないかもしれないという恐怖でした。それはまるであり得ない恐怖ではなかったかもしれませんが、リモートワークを成功させるカギは、社員に責任を負わせようとしたり、より成果をあげさせようと心を砕くのをやめることでした。そして逆のことに焦点を当てました。社員のやる気を起こさせ、彼らをサポートし、彼らにできる限り幸福感を持ってもらえるよう努めました。そのおかげで、生産性という必然的な副作用が生じたのです
>
> ――ジョン・レイ[14]

その質問の結果を、同じ企業に対して行った次頁の質問の結果と比較します（全ての企業が同じ質

問を受けたものの、全ての企業があらゆる質問に答えたわけではないことにご注意ください)。

ご覧のとおり、始める前はリモートワーカーの生産性が主な懸念事項となっていました。しかし、リモートチームのマネジメントを始めてからは、最も難しいのが生産性であると答えたのはわずか12%です。逆に、コミュニケーションはそれほど懸念されていなかったものの、リモートチームが軌道に乗り始めてからは、最重要課題となっていました。そして、チームビルディングやチームの結束力に関する取り組みは懸念されていた通り、困難なようです。

▼リモートワーカーのマネジメントで最も懸念していたことは何ですか?

回答	
生産性、成果責任（仕事の分量や質の低下がないか)、連絡のつながりやすさ	70%
チームの幸福度／連帯感／仕事に対する熱意	14%
雇用── 有効な資格・能力を見極めること	8%
コミュニケーション── 特に優先度を示すことに関して	5%
「実際よりもマネジメントが困難だと思っていた」	3%
計	100%

別の点について。「最も難しいこと」への質問については、比較的ユニークな回答が多く寄せられました。次頁の表の下の14項目はいずれも回答者が5%以下だったものです。これは、主な懸念が生産性の管理、社員のサポート、チームビルディング、そして最も重要なコミュニケーションの4つのトピックに集中していることを示しています。

一番の朗報は、多くの回答者が直面した課題に対する解決策（まさに「宝の山」です！）についても述べていることです。[15] この貴重な情報については、後の章で述べましょう。

▼リモートワーカーのマネジメントで最も難しいことは何ですか？

回答	
コミュニケーション――方向性の一致をさせ、チームメンバーとの関係を構築するためのコミュニケーションの質と量を考慮する必要があること（それに加え、受信したコミュニケーションの「真意を読み取る」こと）	22%
サポート――社員のニーズに応えること／一人一人に注意を払うこと	15%
チームの生産性――モチベーションをマネジメントすること	12%
チームビルディングを促進すること	9%
チームとの関係性――マネジャーと社員との絆を深めること	8%
複数のタイムゾーンを考慮に入れたスケジュール作成	5%
優れた人材を採用すること	4%
問題の特定に時間がかかること	4%
拡張することに関する詳細	3%
期待値を設定すること	3%
一貫した企業文化を保つこと	3%
国境を越えるロジスティクス――法律と規制、ITに関する懸念、その他について	2%
マネジャーがリモートチームを適切にマネジメントできるようにすること	2%
アイディエーション（アイディアを出し合ったり、具現化すること）	2%
社員への信頼を維持すること	2%
社員の自己管理を支援すること	1%
経験の少ない社員と働くこと	1%
効果的なプロセス	1%
距離を問題として捉えるのではなく、他の解決策を見つけること	1%
リモート企業を経営するための追加の間接諸経費を認識すること	1%
計	100%

今後の進み方について。あなたのチームや会社にとってリモートという選択肢が実行可能かどうかを十分に検討するためには、実際にリモートに移行すると仮定して手順を確認してみる必要があります。本書の残りの部分は、リモートワークを決意をしたマネジャーと、まだ検討中のマネ

ジャーの両方に向けて書かれています。第Ⅳ部番外編は、思案中の人のための検討の方法に始まり、準備の整った人のための行動計画《アクションプラン》へと続きます。

この章のまとめ

- オフィスをリモートファーストにすることは、異常事態や緊急事態の中でも、社員が効果的にリモートワークができるようにすることを意味します。これを行うためには、信頼できるテクノロジー（電話、コンピューター、高速のインターネット回線）へのアクセス、電話とメールの連絡先情報へのアクセス、そして書類やファイルへの安全なアクセスが必要です。
- リモートワークを成功させるための一定の公式はありません。それぞれの人や企業は何が最も生産的であるかを実験して見つける必要があります。したがって、段階的な移行が最も効果的でしょう。
- 社員が一人でもリモートワークをする場合、そしてそれがたまにであっても、チーム全体がリモートチームであるかのように機能することが賢明です。実のところ、リモートチームの働き方を取り入れることで、どんなチームも、さらに効果的になります。
- Remote.coが調査した約80社によると、「リモートの社員をマネジメントする上で最も困難」なことは、総じて生産性の管理、社員のサポート、チームビルディング、そしてコミュニケーションです。これら全てについて、続く章で詳しく説明していきます。

第6章
リモートワークの人材とチームの雇用

できる限り早く、できる限り優秀な人材を雇ってください。まあまあな人を三人雇うのではなく、あなたを助けてくれる優れた人を一人雇ってください。そして、チームの質を維持し続けてください。そうすることで、最終的に、ビジネスを経営するだけでなく、拡大することに集中できます

——キャリー・マッキーガン[1]

リモートワーカーを採用する場合、それが一人だけの採用であっても、チーム規模での採用であっても、ほとんどの専門家が同じアドバイスをしています。基本的には、よく練られた雇用戦略を持つこと、そして、適切な人材を特定するための厳格なプロセスを持つことです。適切な人材とは、チームに最も適している人というだけでなく、リモートでうまく機能できる人です。そして、早期戦略化のための効果的なオンボーディング［新入社員を会社やその文化に統合するプロセス］を行います。

どんな人を雇うべきか

優れた雇用戦略とは、経営者にとっての理想的なチームの特性、特に集団として機能するのに求められる特性を全て明記したものです。ナノテックネクサス社の創設者であるアドリアナ・ヴェラ氏は次のように述べています。「新しく雇い入れる人が（あなたの会社にとって）ふさわしい経歴と

マインドセットを持っているかを見極める目を持ってください」[2]。では、どのような人が「ふさわしい」のでしょうか？　あなたにとって最高の人材とは？

企業としての最悪の行いは不適切な人材を雇うことです。私のクライアントの一人は、もっと人員を増やしたいと思っていました。私は送られてきた履歴書を見て、どの候補者にも適正がないことが分かりました。クライアント自身もまた候補者たちが不十分であることが分かっていましたが、募集を続ける代わりに、こう言ったのです。「なにしろ人員が必要なんだ！　我々が教育すればよいじゃないか」と。しかし問題は、そもそも適性がない人材には、仕事をこなせるような教育などできないということです

――ダーク＝ヤン・パドモス[3]

私が実施したインタビューと約１００個もの異なる情報源の見解を集約した調査から、採用において見るべき八つの重要な特性を特定しました。[4]それらはスキルセットとマインドセットの二つのカテゴリーに分類されます。スキルセットに関して言うと、一番適している人材は、十分にテクノロジーに精通しており、優れたコミュニケーションスキルを持っている人です。また、欠かせない仕事上の習慣もいくつかあります。

例えば、頭がきちんと整理されている、タスクに優先順位をつけられる、時間を効果的に管理できる、ということです。さらに、問題解決やトラブル解消《シューティング》を自分でできればなおよいでしょう。理想を言えば、リモートワークの経験もあることです。

マインドセットに関しては積極的であることが重要です。また信頼性が高く成果志向で反応が早い

という点で、チーム重視の労働観を持っている必要があります。そして快活で協力的で、協調性があり、フィードバックを前向きに受け取れる、優れたチームプレイヤーである必要があります。

▼トップワーカーの特性——最高のリモートワーカーとは

スキルセット

- テクノロジーに精通している（スキルセットと設備の両方）
- 優れたコミュニケーションスキルを持っている
- 優れた仕事習慣を身につけている。計画立てて仕事ができ、優先順位をつけたり、時間を効果的に管理することができる
- 問題解決やトラブル解消《シューティング》が得意
- リモートワークの経験がある

マインドセット

- 積極的——自立心が高く、自発的
- チーム重視の労働観——信頼性が高く、成果志向で、反応が早い
- 優れたチームプレイヤー——快活で、協同的で、協調性があり、フィードバックに対し受容的

次に特性を一つずつ見ていきましょう（このあとの〈リモートワークに向く特性を面接で見極める〉のセクションでは、全ての望ましいスキルと特性を確認する方法について述べます）。まず、社員は十分にテ

クノロジーに精通していることが重要です。一部の業界においては、電話の応対がまともにできて、メールのスキルがあれば事足りると考える人もいますが、どのような職種でも、ある程度のチーム力が求められる場合は、お互いに顔を合わせることが大いに役立ちます。そのため、最小限のビデオチャット機能しか持たないリモートワーカーは、チーム全体の足枷になる可能性があります。

私がインタビューした中にも、ビデオの使用をためらったり、使用できてもプロフェッショナリズムが欠如していたりしたために、最悪のケースになったという話が二つほどありました。また、ビデオは会話を活発にするためだけではありません。企業によっては、たとえ全員が別々の仕事をしている場合でも一体感を感じられるように、画面を一日中つけっぱなしにする場合もあります。

また、社員に確かな文章力やコミュニケーションスキルが備わっていることも極めて重要です。リモートワークでは、やりとりの多くがメールとＩＭを介して行われるため、文章力がないと、チーム全体の業務を遅らせてしまうかもしれません。逆に、文章力のある人は、チームのコミュニケーションを円滑に保つことができます。

候補者に求めたい理想的な仕事習慣は多数ありますが、特にリモート採用において重要な習慣が三つあります。一つ目は、きちんと整理されていて計画が立てられることです。多くの職場のオフィスでは効率よく計画が立てられるようになっています。しかしリモートワーカーの場合は、自分が選んだワークスペースにおいて同様の効率性を見せる必要があります。二つ目は、優先順位をつけて行動できることです。これは、最初に行うべきタスクが何かを判断できるだけでなく、仕事以外の娯楽より仕事を優先できるかということにも当てはまります。そして三つ目として、優れた時間管理の能力があることが極めて重要です。期限を守ることはリモートワーカーにとって職場の社員より遥かに重要なのです。なぜなら、仕事がしっかりと進んでいることを全員が知る必要があるからです。

最後の二つのスキルセットは、全ての企業に不可欠ではありませんが、多くの企業にとってはチームメンバーが、当面だけでも自分でトラブルを解消できることが非常に望ましいのです。ソーシャルタレント社のサイトにシオフラ・プラット氏が書いた内容によると、「優れたリモートワーカーは、優れた問題解決者《トラブルシューター》でもあります。彼らには、どんな問題に直面した時でも、ためらうことなく解決策を探る主導権が備わっています。そして、どのような場合に自身でトラブル解消、不具合の解消をするのが効率的か、どのような場合に人の助けを求める必要があるのかを理解しています」[5]。その他の企業は、必要に応じて決断力があることを挙げています。例えば、他のチームメンバーの意見を聞く前に選択しなければいけない時などに決断力が必要となります。

マインドセットのカテゴリーについて、最も一般的に挙げられる候補者の理想的な特性は、積極的で「自立心が高い」、そして「自発的」であるということです。

> 私は指導する必要のない人材が欲しいです。それはつまり、責任感がある自発的な人ということです。私が求めているのは適切なことが書かれた履歴書ではなく適性のある人材です。スキル面で適性がなくても、企業文化に合う人で、募集している職に関わるどんな問題にも対処できるような採用します
>
> ――ジェレミー・スタントン[6]

> 日々の手厚い指導をあまり必要としない人、自発的に行動ができ、自分で解決すべき時と、必要に応じて助けを求める時について、判断できる人を探してください
>
> ――キャリー・マッキーガン[7]

チャージファイ社のBullring Blogの投稿で、ランス・ウォーリー氏は、自発的な人について、「実行力がある」だけではなく、「やり遂げる」力が必要であると述べています。[8] それを示すような証拠が、面接で聞き出せるとよいでしょう。いずれにしても、ほとんどの場合、自発的に行動できる人であっても、しっかりとしたオンボーディングで迎える必要があることにご注意ください（オンボーディングについては後ほど詳しく説明します）。

残りのマインドセットは、チームダイナミックスに関係するものです。理想的な候補者はチーム重視の労働観を持っています。それはつまり、信頼性が高く、成果志向で、コミュニケーションにおいて反応が早いということです。また、対人関係の面で言うと、優れた候補者とはチームプレイヤーです。彼らは（少なくとも）一緒にいるのが楽しく、コラボレーションに積極的で、他のチームメンバーに対し協力的で、フィードバックにも受容的です。こうした特性はどんな高機能のチームにも不可欠ですが、チームの中の一人でもリモートワークを始めた場合は、より重要になります。

前の章で述べたように、Remote.coは、１３５社ものリモートフレンドリーな（つまりは部分的分散型または完全分散型の）企業に様々な質問をし、その回答を共有しています。リモートワーカーの採用に関しては、効率性と気質の両方の理由から、多くの企業がリモートワークの経験を持つ候補者の重要性を強調しています。

その一方で、一部の企業は企業文化との相性を優先しています。例えば、プロダクトデザインスタジオのメレウィは、特定のスキルよりも「価値観と心構えの適合性」が重要であるとしており、スキルについてはトレーニングを喜んで提供すると言います。

開発者人材派遣会社のエックスチームは次のように述べています。「我々にとってトレーニングする時間に投資した方が、平凡なリモートワーク経験者を雇うよりも価値があります。ただ、忍耐力を持つことを忘れず、経験のない人には、失敗しても自身で立ち直るチャンスを数回与えてください」[9]

周遊旅行計画サービス会社のエアトレックスは、人事的視点から詳しく説明しています。「私たちは採用プロセスにさらに多くのステップを追加しました。基本的価値観についてのディスカッション、特定の人については経歴照会、調和を乱すおそれのある人をスクリーニングするための質問などです」[10]。いずれにしても、多くの企業は、雇用主と候補者の両方にとって有益であるとして、試用期間を設けることを推奨しています。

▼第一線からのフィードバック——リモートワーカーを採用することへの懸念

厳格な採用プロセスを用いても、依然として一部の企業にとって、リモートワーカーを採用することはリスクの高い冒険に思えるかもしれません。しかし、忘れないでほしいのは、Remote.co が広範な質問をした135社のリモートフレンドリーな企業のコンセンサスは（リモートワークに関して）前向きだったということです。そして、雇用に関する最大の不安については？

マネージド WordPress ソリューション提供会社の Pagely では次のように述べています。「直接会うことができない人がいるということは、採用者を決める際には経歴照会と勘にもっと頼る必要があります」。それでもデジタル戦略家のロッド・オースティン氏によれば「犯罪者や詐欺師を雇ってしまうのではないかという不安が的中したことは、未だかつてありません」

ワーキングソリューションズは、リモートワーカーの人材派遣会社です。そのクライアントのほとんどは、リモートでの雇用における「生産性、コミュニケーション力、仕事に対する熱意《エンゲージメント》などの欠如を懸念しています」。しかし、結果的には、およそ20年の間に紹介した案件で、うまくいかなかったのはごくわずかでした。人材管理担当部長のクリスティン・カンガー氏は、この喜ばしい結果は「チームメンバーがリモートワークで得られるメリットを高く評価している」[11]ことに起因するとしています。

もちろん、これは、135社全ての会社での採用がうまくいったと言っているのではありません。しかし、全員が特定のニーズに合った採用アプローチを見つけることができたのです。後のコラムで、短期採用のガイドラインについて取り上げます。どのような採用や雇用戦略があなたにとって最適であるかを判断するのに役立つでしょう。

さて、これまでに約100個もの情報源[12]からみた、一般的にリモートワーカーに求められる特性について述べましたが、理想的な候補者の仕上げのために言えることはまだまだあります。

非常に好まれる「自発性」という特性を別の角度から見ると、それは候補者が仕事にもたらす「情熱」です。レトリアム社のディレクターであるデヴィッド・ホロヴィッツ氏は次のように話しています。「技術的なスキルがやや低くても、仕事に対して情熱を持っている人の方が、技術的に優れていても仕事を単なる仕事としか考えない人よりも会社に適しています。私ならどんな時でも後者より前者を雇います」[13]

実際、情熱を持って働く人こそが、始めたプロジェクトをきちんと完成させる上に、前向きな楽観主義を周囲へ伝播させます（デヴィッド氏のこうした真摯な発言は、決してテクノロジーに精通している候補者を軽視しているわけではありません。彼は単に「技術的に超精通して」いなくてもいいと言っているだけです）。

前述のBullring Blogの投稿「中小企業の成功のための雇用と解雇」で、ランス・ウォーリー氏は9つの中小企業で25年働いた経験を活かして、「小規模」チーム（すなわち75人以下の社員のチーム）で採用する時に見るべき、そして避けるべき、追加の特性を説明しています。彼は「情熱」の特性について次のように述べています。理想的な候補者とは、競争心を維持するためだけにスキルセットを増やし続けるのではなく、学ぶことを心から楽しんで自己啓発に励むような人です。そういう人は、別の重要な要素、ネガティブではなくポジティブなマインドセットをもたらします。悲観論者ではなく楽観主義者であるということです、と。

これが重要とされる理由は、効果的な解決策が見つかると信じている人は、創造性と生産性をチームにもたらすのに対し、リスクを恐れる悲観論者は、公正な検討をする前に提案を否認してしまうからです。底抜けの楽天家たちを探し求めようと言っているのでは決してありません。開いている扉を閉じようとする人ではなく、閉じている扉の向こうに何があるのか知りたがるような人を探し出そうということです。

ウォーリー氏は自身のアドバイスを二つの警告にまとめています。一つ目は、人を大切に扱うことです。二つ目は「優れたチームを結成することはできますが、そのチームが優れた仕事をするためにはリーダーシップと方向性の一致《アラインメント》が必要です」ということです。[14] リーダーシップと方向性の一致については後の章で説明します。まずは優秀なチームを編成しましょう。

▼雇用とタイムゾーン

もし募集している仕事で、かなりの量のリアルタイムの交流、または、即時のフィードバックが必要となる場合（つまりは、チームメンバーが他のメンバーからのインプットや課題を当てにしている場合）、追加の採用基準として、チームメイトと同じタイムゾーンにいる人、あるいは少なからず勤務時間がかなり重なる人を選ぶことも必要です。

経営コンサルタントのジョハンナ・ロスマン氏は次のように述べています。「地理的に分散されたチームは、以前は経費節約のために設置されていました。チームは大体、西から東に向けて編成されました。西のチームが開発者で、東のチームがテスターという役割ですが、これでは特に製品開発の場合、時間を逆行する、言うなれば『太陽の動きに逆らう』方法になってしまいます」

チームをうまく編成すれば、代わりに「太陽の動きに従って進む」ことができます。例えば、就業日の終わりにハノイにいるチームはロンドンのオフィスにいる同僚にタスクを渡して確認してもらうことができます。その後、ロンドンの同僚は確認済みのタスクをカリフォルニアにいるチームに渡し、実装してもらいます。ハノイのチームが翌日、仕事を開始する頃には、タスクは彼らの手元に戻り、次の段階への準備ができているというわけです。

これは理想的なシナリオに聞こえるでしょう。しかしながら、ほとんどの場合、現実ではこれほど見事にはまとまりません。もしハノイにいたチームがカリフォルニアのチームにしか答えられない質問があった場合（割とありそうなことです）、彼らは返信までに丸一日待たなければいけません。そのようなことが頻繁に起これば、長期のスケジュールをひどく遅らせてしまうこともあります。旅行計画会社であるエアトレックス社では、タイムゾーンの衝突により「重要なミーティングが行われていなかった」ことが判明しました。[15]

これに対処するために、現在、一部のリモートチームは北から南にチームを編成する実験を行っています。つまり、実際どれほどの距離が離れているかに関係なく、同じタイムゾーンのチームをつくるということです。そのおかげで、確実なプロジェクトスケジュールが維持できて、結果としてクオリティも維持できます。最終的には、企業はスケジュールや品質を犠牲にすることなく、オフショアリングによって経費を節約することができるのです。

リモートワークに向く特性を面接で見極める

全ての人がリモートワークに適しているわけではありません。リモートチームを成功させるための最大のポイントは、リモート環境に秀でた人材を正確に特定することです[16]

——ケイト・ハーベイ

では、どのようにすれば最高の人材を「正確に特定」できるでしょうか？　まず雇う側にとって何が必要なのかを明確に把握した上で、面接の予定を立てましょう。チームの毎日のリモートコミュニケーションを再現してみて、候補者がどの程度その仕事に向いているかをできるだけ正確に査定しましょう。

一例として、マネジャー／オーナーのデレック・スクラッグス氏は次のように述べています。

リモートワーカーを雇う際に注目すべき細かな点がたくさんあります。例えば、面接の予定を立てているとしましょう。彼らは時差を意識していますか？　彼らは時間通りに現れますか？　彼らはビデオの使用に慣れていますか？　こういったことが、リモートワークに慣れているかどうかの指標となります。[17]

ディレクターのキャリー・マッキーガン氏も次のように賛同しています。

初めの頃、チームがリモートワークから得た多くのテクノロジースキルを私は当然のことと思っていました。それに今ほど、候補者にそうしたスキルがあるかどうかを探る方法を知りませんでした。今ではビデオを使って面接しています。それによって、その人のプロ意識を見ることができます。面接中に、背景に不適切なものが映っていたり、背後で子どもたちが叫び回っていることに気づいていない人もいました。こうしたことから、それらの候補者が、バーチャルで働くために何が必要であるかを理解していないことがはっきりと分かります。[18]

どんな仕事であっても、新しい社員が短時間で習得しなくてはならないことがあるものです。ですから、「リモートワークで働く方法」についてはすでに習得済みであることを確認しておきたいものです。同様に、どのチームにとってもコミュニケーションは不可欠です。ジングワード社の共同創設者であるロバート・ロッゲ氏は、候補者が募集している職種に必要なレベルのコミュニケーションスキルを持っているかどうかのテストを採用プロセスに組み入れるよう勧めています。

それはつまり、会社で普段使用している様々な媒体（メール、ビデオ、アプリ）を使って、面接をするということです。早い段階で、彼らがどのようにして、確立されたチームのコミュニケーション体制に溶け込めるかを知っておくとよいでしょう。

私自身も人を雇う時に同様のことをしています。応募者と直接会う前に、いくつかの質問の答えを、5分間のビデオにして送ってもらいます。それを見れば、どのような仕事ぶりを見せてくれるかが大体、見当がつきます。

■第一線からのフィードバック

リモートジョブの面接をどう行うか

85社のリモートフレンドリーな企業がRemote.co の質問「リモートジョブの面接はどのように行いますか？[19]」に対し、回答しました。それらの回答をまとめて言えば、職場での募集と同様の方法（電話、書面による回答、リアルタイムの面接）で行います。唯一の違いは、対面ではなく、ビデオで面接が行われるということです。様々な回答を表にまとめました。

▼リモートワーカーの採用はどのように行いますか

回答	
リアルタイムの二者ビデオ通話での面接	84%
質問票や課題を用いてのテスト選考	31%
複数のビデオ面接	28%
対面での面接	27%
電話	25%
有給の試用期間を設ける	14%
人事／採用担当マネジャーによる審査	14%
テキストチャット	5%
チームが共有ドキュメントでメモを取る	4%
面接の質問に対する回答を候補者がビデオで録画	2%

＊注意。記載されている手法を一つ以上採用している企業もあるため、割合の合計は100%ではありません。

確立されたリモートワーカーのいる企業では、彼らに協力してもらい、候補者がどの程度うまくリモートワークで機能できるかを測るための質問を作成することができます。例えば、「お気に入りのツールは何ですか?」（あるいは、より難解な「どのようにして業務内容や進行状況を同僚と共有しますか?」など）の質問には、実際より経験豊富であると見せかけている人は、つまずく可能性があります。

同様に、「リモートワークで好きなこと、また嫌いなことは何ですか?」に対しどれほど詳細に答えられるかによって明らかになることも多いでしょう。また、「孤独に対処するためにどのようなことを行いますか?」と、それが必然的なことであるかのように聞くことで、多くの情報を得ることができるでしょう。

ポイントは、リモートライフスタイルに関する以前の経験と個人的な感情の両方が詳しく分かるような回答を引き出すことです。さらに、あなたの優秀な社員ならどう答えるかということを強く意識していれば、新たにチームに加わる素晴らしい人材を見つけ出すのに役立つでしょう（これらの質問については、この章に続く第Ⅲ部番外編の〈雇用に役立つ早見表〉でも確認できます）。

前もって（候補者の）仕事のスタイルについて知れば知るほど、採用がうまくいくでしょう

——シェイラ・マーフィー[20]

▼短期の雇用

この章の前半のコラムにあった〈第一線からのフィードバック——リモートワーカーを採用することへの懸念〉では、「デジタル領域という」「虚空のワーカー」を雇うことに対するよくある懸念について挙げています。

私が一番恐れていることは、連絡が取れなくなることだと思います。時折、社員が「姿を消す」ことがあります。メールも、電話も、どんな連絡手段を取っても応答がありません。そういう場合は、「死んでいるのか、それとも単にいい加減なだけなのか」と戸惑ってしまいます

——アン・マクドナルド[21]

あなたにとって、どんな方法が最も効果的な採用や雇用の戦略になるかを判断する一つの方法に、短期間の採用で練習することがあります。例えば、

- ビデオを介して面接をし、あなたの求めていることについて話し合いましょう。
- 採用者には、仕事内容と、いつどのようにそれを提出するかについての同意事項を書面で送りましょう。最も重要なのは、問い合わせへの返信時間と進捗状況の共有などに関して、どの程度のコミュニケーションを求めるかについて明記することです。
- 仕事を完了するために必要な文書、リンク、ガイドライン、連絡先、またはその他に必要な情報を提供しましょう。
- 最初の締め切りの数日前に、プロジェクトの進捗状況を確認しましょう（これは双方にとって利点があります。フリーランスが本当に働いているかどうかの確約を積極的に求めることであなたの懸念が軽減されると同時に、あなたがしっかりマネジングしていること、そして仕事を好調に進めることを彼らに期待していると伝えることにもなります）。
- 建設的なフィードバックを与えましょう。

もし、あなたの業界が短期雇用募集に適していない場合は、例えば、ニュースレターの執筆、小さなマーケティングキャンペーンのデザイン、録音の書き起こし、調査の実施、ミーティングの進行といった小さい業務をつくり出して、短期雇用を検討してみるといいでしょう。

研修オリエンテーション

オンボーディングプロセスをしっかり計画することは極めて重要です。そのプロセスは誰でも見ることができて明白であるべきです
——ジェレミー・スタントン[22]

計画的な雇用戦略の大切さは、オンボーディングのプロセスにも言えることです。入社の段階でしっかりした計画に従うことによって、リスクと不確実さをできる限りなくし、スムーズで有益な移行ができます。最も重要なのは、効果的なオンボーディングプロセスによって、新規採用に何を求めるのかが明確になり、彼らが組織の一員になるサポートもできるということです。

そんなの当たり前だと思うかもしれませんが、実際には、オンボーディング計画を持っていない企業が多いのです。ジェレミー・スタントン氏が言うように、「多くの企業が失敗するところはオンボーディングなのです。『面接は終わったし、後はこの人がうまく仕事をしてくれることを願おう』と考えているのです。そしてその後のフォローアップもありません[23]」。これでは成功への道のりからはほど遠いでしょう。

ずっと昔にオランダにある会社に雇われたことがあります（これは職場での仕事でしたが、同じことが当てはまります）。初日に受けた研修といえば、椅子もモニターもないコンピューターステーションに

案内されたことだけでした。誰も指導してくれず、私は手探りでやっていくしかありませんでした。この歓迎の仕方は、すぐに仕事に取り組もうという意欲を掻き立ててくれるものではありませんでした。もし、これがリモートワークであった場合、どれほど意欲が削がれるか想像してみてください。

インプロブエフェクト社のオーナー・創設者であるジェシー・シュテルンシュス氏は、全ての新入社員を長い目で見ています。「新入社員をオンボーディングで迎える時、そもそも、この人に働いてもらうために、どんな価値を提案したのかを思い出してください。仕事開始とともに、あるいは、仕事開始前に、どうすればそれが実現できますか？」[24] 本当に、一体どうすればよいのでしょうか？ 計画的なオンボーディング戦略は、新入社員ができる限り早くチームの一員として貢献できるようにするためのものです。そのために、次のことを実行しましょう。

- 親切で思いやりのある歓迎をします。
- 彼らがチームと親睦を深める機会を設けます。チームメンバーによってさらなる歓迎の意を示しましょう。
- 会社について学ぶために必要なものを彼らに与えます。
- 期待値を設定します。

まず、クリエイティブなコラボレーションを提供する自営業のエージェント、イヴ・ハノウル氏は次のように述べています。「新入社員を温かく歓迎してあげてください。彼らが仕事に適任であると思ったから採用したはずです。彼らの同僚となる人たちに紹介し、どこに何があるのかを案内するための労力を惜しまないでください。驚くほど多くの企業がこれを実践していません」[25]。このアドバイスの最も重要な点は第一印象についてです。ほとんどの新入社員は会社に何を期待すればよいのか完全には理解していないため、第一印象で受けた印象を長く持ち続けることがあります。彼らが仕事に対しよい印象を持つよう助けてあげてください。彼らがあなたの使命に協力したくなるようにするのです。

次に、彼らをチームメンバーに紹介しましょう。チームメンバーによって更なる歓迎の意が示されるでしょう。3ヵ国のチームを同時にマネジメントするアジャイルコーチのラルフ・ヴァン・ルースマレン氏は、新入社員にサポートパートナー《バディ》を割り当てて、早く順応できるようにすることを勧めています。ウェブ開発会社のオートマティックでも同様の取り組みを採用しています。彼らは「初日に、同じタイムゾーンの助言者《メンター》と組ませることで、仕事についての質問がある時や、単にチャットしたいだけの時にでも、特定の人に相談できるようにしています」[26]

同じように、米国航空宇宙局（NASA）では、新しい科学者にそれぞれサポートスタッフのメンバーが割り当てられ、誰に相談すればよいか分かるようにしています。ウェブアプリケーションのコンサルティングチーム、ビトヴィ社はさらに進んでいます。「我々は、新入社員を迎え入れる理想的なタイミングは、会社全体で行うイベントの直前であることを学びました。そうすることで、最初の1～2ヵ月でチームの全員と直接会うことができます。会社のイベントが決め手になって、すぐにチームに溶け込めたというフィードバックをつねに受けています」[27]

続いて、彼らに情報を与えてください。あなたの企業文化や仕事のプロセスについて伝えるべき情報を、ウェルカムレターなどにまとめて渡します。ただし、これは歓迎の一環として作成する必要があることに注意してください。会社のホームページで見つかるような一般的な情報では、自分個人に向けられたものではないと感じ、すぐに会社に貢献しようという意欲を喚起することはできません。

最後にもう一点。ほとんどの新入社員が、最初から全力で仕事に取りかかる可能性は低いでしょう。だいたい彼らはあなたの指示を待つものです。そのため、彼らに何を要求し、彼らがいつ、誰に追加のガイダンスを求めればよいのかを正確に明示してください。オランダのオフィスで私が放置されていると感じたように、ほったらかされていると感じた社員は、しっかりとした足取りで働き始めることはできません。

職場の幸福を追求するグローバルなプロフェッショナルの集まりであるハッピーメリー社で、私はリモートチームマネジャーをしています。私たちは新しい社員に、最初の2週間で取り組むタスクリストを渡しています。そこには、チームメンバーとバーチャルのコーヒーセッションを行うこと、Googleドライブのフォルダへのアクセスを取得すること、請求書の送信方法を学習すること、などの項目が含まれます。明確な期待値とそれを実現するための手段を提示することで、新入社員を成功へと導いています。また、「明確な期待値」というのは基本的に測定可能な目標であるため、新入社員がその仕事に求められる適性や心構えを持っているかどうか、彼らがその仕事に向いているかどうかを早めに見定めるのにも役立ちます。

また別の視点から、オンボーディングプロセスをチーム全体で行う方法もあります。ハッピーメリー社ではTrelloボード（次のコラムを参照してください）を使って、チームの誰もが貢献できるようにしています。研修中の社員はTrelloボードに追加され、チームと共にオンボーディングプロセスを完了させます。新しい社員は単なる追加の人員ではありません。誰かがチームに参加すると、そのチームは基本的に新しいチームになります。そのためチームの協力は重要です。メンバー皆のスキルや個性が組み合わさって新たな共同体となるので、全員がそれに順応しなくてはなりません。

▼オフボーディング

雇用の反対、すなわち誰かがチームを辞める時にも、同じようなプロセスの逆バージョンが必要となります。一人いなくなったチームは、新しいチームになり、いくらか調整が必要になるからです。そして、オンボーディングと同様に、オフボーディングでも計画を立てておくのが賢明です。こういった場合に、ハッピーメリー社では、メンバーの退職の直前と直後に「チームから離れる手順」に従って対応します。

お別れの前に、チームは仕事の引き継ぎと送別会を計画し、贈り物を手配します。そして、退社インタビューも実施します。これはハッピーメリー流に言うと「見送りチャット」です。録画されたビデオ会話で、チームメンバーの数人が次のような質問をします。

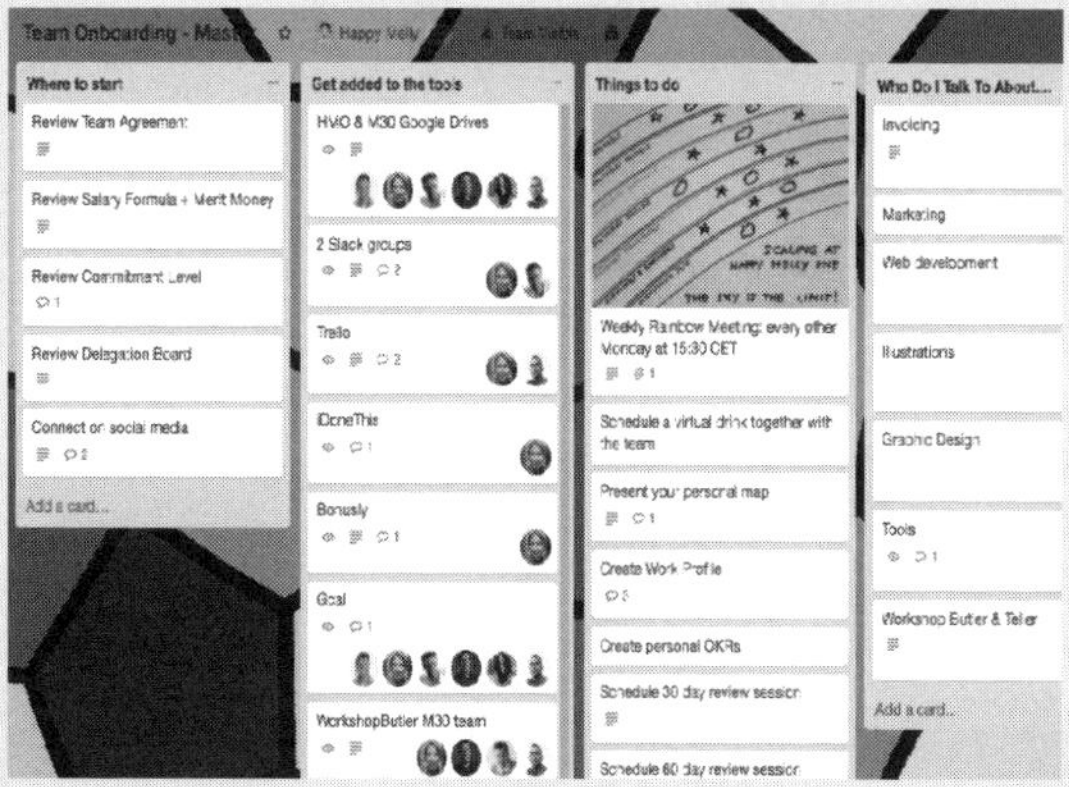

オンボーディング中の新入社員のためのハッピーメリー社のTrelloボードのサンプル画像。

「私たちと共に仕事をして一番よかった／一番よくなかったことは何ですか？」
「どのプロセスが一番好き／嫌いでしたか？」
「私たちの企業文化のどの側面を伸ばした方がよい、または改善した方がよいでしょうか？」
「新しい職場では、ここでは見つからなかったどのようなことを得ることができますか？」

同僚の退社後、見送りチャットはGoogleドライブに投稿され、他のメンバーは1週間以内にそれを視聴する必要があります。そして、次のチームミーティングで、そこからどのような教訓が得られるかについて話し合います。最後に、チームはオンボーディングTrelloボードから退職者を外し、会社のアプリやソーシャルメディアプロフィールなどからその人を削除しましょう。

この章のまとめ

この章の締めくくりに、Remote.coの企業サイトのQ&Aページからの引用を紹介しましょう。

「リモートチームのマネジメントで最も難しいことは何ですか？」

これに対し、フォグクリークソフトウェアの人事運用担当部長のアリー・シュワルツ氏は次のように答えています。「リモートの社員との関係が強固である限り、リモートチームをマネジメントすることはそれほど難しくありません。オンボーディングの時にまず……社員たちとマネジャーたちとの間に信頼関係を築くことが、リモートのマネジメントを容易にするのに大いに役立ちます[28]」

■雇用

- 優先する事項と、それらを満たすのに必要なリソースの両方を明記した慎重な雇用戦略を作成しましょう。
- 理想的な候補者は、多くの場合、テクノロジーに精通していて、仕事に情熱を持った積極的なコミュニケーターです。

■面接

- どういう点で優れている候補者が欲しいのか、全ての点を確認した上で面接を行いましょう。
- あなたの会社で普段から使用している様々な媒体（メール、ビデオ、アプリ）を使って面接を実施しましょう。

■オンボーディング

- きちんと計画された明確なオンボーディングのプロセスを使って、新入社員が溶け込めるようサポートし、彼らができるだけ早く貢献できるようにしましょう。
- 温かく思いやりのある歓迎をし、期待値を明確に伝え、新入社員がチームと親睦を深める機会と、会社について学ぶ機会の両方が得られるようにしましょう。
- 各チームメンバーがチームにもたらすものはそれぞれ異なるため、メンバーが加わる際と辞める際の両方で、チームの変化に全員が適応する必要があります。

雇用に役立つ早見表――サンプル質問でみる、リモートワーカー雇用の要点

■テクノロジーへの精通度

候補者に求めるもの

- 途切れることのない高速のインターネット回線
- 高品質のマイク（彼らの声がしっかりと聞き取れるよう）
- 良質なスピーカー（あなたの声をしっかり聞き取れるよう）
- ビデオ通話にふさわしいスペース
- オンラインアプリ、ビデオミーティング、ＩＭのための機器とプロトコルを備えた仕事環境

■優れたコミュニケーションスキル

募集に関する一切のコミュニケーションや、必要に応じて課題を設けて、口頭（電話とビデオ）と書面（カバーレター、メール、テキスト、ＩＭ）の両方でやりとりをしながら、優秀な回答を求めましょう。

■優れた業務習慣

次のような業務習慣について尋ねます。

- 業務計画を立てるスキルについての質問――「あなたのワークスペースについて教えてください」「通常どのように仕事を始めますか？　朝一番のタスクまたはアクティビティは、どのようにして決定しますか？」
- タスク管理のスキルについての質問――「どのタスク管理、またはプロジェクト管理ツールを使ったことがありますか？　どれが好きで、その理由は何ですか？」
- 優先順位づけ／時間管理の戦略についての質問――普段の一日、または一週間でこなすべき業務を順不同に並べたリストを渡して、どう優先順位をつけるかと、その理由についても尋ねます。

■問題解決／トラブル解消《シューティング》のスキル

- 私は個人的に、難解なシナリオを示して、候補者がどのように解決するかを尋ねるのが好きです。または、面接後に難題を与えて、解決でき次第、そのプロセスを説明するように要求します。

同じように、「Entrepreneur on Fire」ポッドキャストでは、全てのゲストに次のように尋ねています。「もし明日目が覚めて、持っている全ての経験や知識はそのままで、会社だけが完全に消えてしまい、どこでもいいからとりあえずゼロから始めなければいけない場合、あなたならどうしますか？」[1]

この質問から、ゲストの起業家たちがそれぞれどのように思考を巡らすかが大体把握できます。あなたの業界でも、同じような質問をすれば、啓発的な回答を得ることができるでしょう。

- 候補者にとても小さいプロジェクトを与えてみます。例えば、プログラマーには短いプログラムの作成を、マーケティング担当者にはニュースレターの作成を、バーチャルアシスタントにはプロジェクトリストのタスクを整理して割り当てるよう要求してみましょう。こうした課題にどれだけうまく対応できるかによって、全体的な対応能力が一目で分かります。

■リモートワークの経験

いくつかの質問の例を挙げましょう。

- 「リモートワークで一番好きなことと一番嫌いなことは何ですか?」
- 「孤独に対処するためにどのようなことを行いますか?」
- 「あなたにとってリモートワークで働く意味は何ですか?」(この質問は、「通勤の時間を家族と過ごす」など、候補者の仕事に対する姿勢の根底にある、状況に応じた動機を聞き出すことができます。このような質問に対して哲学的な考えを示す候補者は、リモートワークを長く経験していることが分かります)

■独立心――積極性/自発性

考慮すべき事項がいくつかあります。

- 職歴――同じ会社内での昇進や、転職によるキャリアアップの経験、同じ上司に再雇用された経験について
- 趣味、長期的な目標、自己啓発について
- やる気を維持するための秘訣について
- 挫折や困難を乗り越えた経験について

■優れたチームプレイヤー／人間関係

望ましい候補者とは

- 気持ちのよい交流ができる
- 協調性があり協力的な性質
- フィードバックを建設的に受け入れる

質問の例

- 「最後に同僚との間に誤解が生じた時、どのように対処したかを教えてください」
- 「あなたと共に仕事をしていて、人はどんなところを褒めますか？　また、どんなところが良くないと言われますか？」

■チーム重視の労働観

いくつか質問の例を挙げましょう。

- 「他者に仕事内容を見られることに抵抗はありますか？」「どのようにして進捗状況や仕事の内容を共有しますか？」「他の方法に順応することはできますか？」
- 「メールはどういう用途に最も適していると思いますか？」「仕事に関連する様々な情報を伝えるために、他にどのようなツールを使用していますか？」

そして最後に、候補者に以下のことが当てはまるかを確認します。

- 応募内容と面接プロセスの全てにおいて、返答が迅速だったかどうか

リモートオンリーのマニフェスト

以下は、GitLabの「Remote-Only Manifesto」[1]（https://remoteonly.org）からの抜粋です。

■リモートオンリーは次のことを促進します。

- 中心地となる1ヵ所だけではなく、世界中で雇用と勤務ができること
- 定まった勤務時間より、柔軟な勤務時間を
- 口頭で説明するより、知識を書き留め、記録すること
- ＯＪＴ研修より、文書でのプロセスを
- 必要に応じたアクセスより、情報の公開共有
- トップダウン制御された文書より、全ての文書を全員が開いて変更できること
- 同時的なコミュニケーションより、非同時的なコミュニケーションを
- 勤務時間より、仕事の成果を
- 略式のコミュニケーション手段より、本式のコミュニケーション手段を

従来の方法にも価値がある場合もありますが、私たちとしては、リモートオンリーの方法を重要視しています。

■リモートオンリーとは

- リモートフレンドリーなだけでなく、リモートワークだけ、なのです。複数の社員が配置されたメインのオフィスや本社などはありません。
- 互いに独立して働くということではありません。リモートオンリーのワーカーは共に協力し密にコミュニケーションを取ります。ただそれをリモートワークで行っているということです。
- 対人交流の代替品ではありません。同僚たちはリモートで、コラボレートし、話し合い、チームの一員として連帯感を持ちます。
- オフショアリングの例ではありません。単に世界中から採用しているだけです。海外に事業を移転して人を採用するのではありません。
- マネジメントのための規範ではありません。インプットよりアウトプットを重視する普通の階層組織です。

■リモートオンリーが組織にもたらす変化

- 知識は口頭で伝えられるのではなく、書き留められます。
- その結果、ミーティングはより短く、より少なくなります。
- 知識は文書化されているため、ほとんどのコミュニケーションはリアルタイムではなく非同期です。多くの場合、コミュニケーションは略式ではなく正式なものになります。
- より多くの文書化された知識により、仕事が中断されることなく、ＯＪＴ研修の必要性も少なくなります。

- 組織内外の透明性が高まります。
- デフォルトで全てが公開されます。

■組織にとってのデメリット

- 一部の投資家、パートナー、顧客を不安にさせる可能性があります。
- 一部の候補者、特にシニア世代の技術関係ではない人を不安にさせる可能性があります。
- オンボーディングがより難しい場合があります。最初の1ヵ月が孤独に感じる人も一部います。

■世界にとってのメリット

- 通勤しないことにより、環境への影響が低減します。
- オフィススペースの削減により、環境への影響を低減します。
- 低コストの地域に給与のよい仕事をもたらすことによって、不平等を軽減します。

私は、「管理しよう」（などと思っていません）。なぜなら、人を管理したり制御したりしようとすると、必然的に強力なリモートチームの構築に失敗してしまうからです……働く人が自分で管理できるような（権限を与えることです）。また、チームとしての一体感やつながりを与えることです。人がポジティブさや活気を感じる時、物事は自然と前へ進みます

――ジョン・レイ[2]

第Ⅳ部

リモートチームのマネジメント中級編

―― 効果的なコラボレーションのために

多くのマネジャーは、「出たとこ勝負」でリモートチームのマネジメントに当たっています。私たちは、リモートチームと働く方法について、マネジャーをトレーニングする必要があります。どのようにコラボレーションをすればいいのでしょうか？　どう信頼を築きますか？　マネジャーというより、リーダーになる必要があります。この二つには大きな違いがあります。ミクロな管理をするのではなく、チームが成功できるように導く必要があります
―― フィル・モンテロ[1]

当然のことながら、リモートチームのマネジャーの「やることリスト」はかなり膨大です。チームメンバーが役割と責務を果たすために必要な全ての知識、ツール、トレーニング、プロセス、および結束を持っていることを確認しなければいけません。あいにく、このような複雑な課題をトピック別に明確なセクションに分けることは困難です。その代わりに、開発プロセスの段階に沿って、次の二つのセクションに整理しました。

前半の第7章と8章では計画段階で求められる事柄について説明します。

第7章。チームメンバーへの信頼とリモートチームが成功できるという信念の二つのマインドセットを持つことで、強力で、共感的で、柔軟なリーダーシップをチームに与えることにコミットします。チームメンバーが高品質のツールと機器（へのアクセス）を持っていることを確認します。

第8章。成功を促進するために全体的な方向性の一致《アラインメント》をさせることが必要となります。まずは、あなたの社員、目的、状況に最適なソリューションを探求します。

後半の二つの章（第9章と10章）では実行段階で求められることについて説明します。

第9章。使用するツール、プロセス、プロトコルを全員で話し合って決めるように働きかけます。次に、企業文化に基づく期待とマナーについて、チームの決定事項を文書化します。

第10章。全てをまとめて、効果的なミーティングを実施し、感謝を伝えて成功を祝い、各チームメンバーとの関係を強化します。最後に、復元可能な小さいステップで実験します。

本書全体を通して、各章の終わりにその章の内容を要約した〈この章のまとめ〉が記されています。第Ⅳ部番外編には、全てを実践するのに役立つ追加の資料があります。マネジャーのための行動計画《アクションプラン》に加えて、リモートチームの規約書を作成するためのテンプレートやオンラインミーティングのヒントも紹介されています。

行動計画には今までの章のやるべきこと《アクションアイテム》がまとめられています（この行動計画は、すでにリモートワーク導入の決意ができている人、そしてそれが実行可能であるかどうかをまだ思案中の人、両方のために考案されています。リモートファーストのためのプロセスは、１００％集約型のままでいると判断した場合でも、全てのチームの強化に役立ちます）。

すでに準備ができている人は、迷わず第9章に進んでください（万全の準備が整っている人は、第Ⅳ部番外編の〈マネジャーの行動計画〉のところまで飛ばして、必要に応じて特定の章に戻ってもよいでしょう）。あるいはゆっくりと、より慎重なルートを希望する場合は、第7章から進んでください。

さあ始めましょう。

第7章
コミットして指導、信頼して成功

基本的に、マネジャーがすべきことは、社員がツールを心置きなく使えるようにし、仕事に対する責任感を持たせることです

——ルイス・スアレス[1]

私がバーチャルチームの一員なら、動機があって、集中力と好奇心と柔軟性があって、何よりも協調的でなくてはなりません。一方、私がバーチャルチームをマネジメントする起業家なら、思いやりがあって、心の知能指数《エモーショナルインテリジェンス》（ＥＱ）が高く、他者のニーズに敏感で、成功のために必要なツールを何でも進んで供給できる人にならなければいけません。どちらの役割の場合でも、私は……自分のスキル、能力、強さと弱さをわきまえているべきです

——メーガン・Ｍ・バイロー[2]

本書で述べてきたように、リモートワークの成功は、細かく調整され、慎重に選び抜かれたスキルセット、マインドセット、およびツールセットの組み合わせによるものです。しかし、リモートチームがマネジャーから最も必要とするものは、マインドセットに関することなのです。

リモートチームが成功するためには、マネジャーは、リモートチームが成功できると信じ、各メンバーが期待どおりに仕事を成し遂げると信頼する必要があります（繰り返しになりますが、「リモートチーム」とは、たった一人でもリモートワーカーがいるチームのことです。これはなぜなら、たった一人しか在宅で働いていない場合でも、効果的なリモートチームは全てのメンバーがリモートであるかのように機能するからです）。

まだその信念と信頼が完全に受け入れられない人に伝えたいことは次の二つです。あなたのまわりには優れた先駆者たちがいるということ。そして、誰もが望むような素晴らしい成果をあげている実に多くのチームや組織が、リモートチームによって大いに成功できるということを力強く証明してくれているということです。まさにこれが本書の最大の目的です。

つまり、バーチャル世界の――そこで出会う様々な懸念や落とし穴も含めて――全貌を伝え、あなたが目的地へたどり着くための地図とその途中にある困難への解決策を用意するということなのです。最終的には、あなた次第です。「可能にする」ことで、「可能である」ことを信じましょう。では、どうすればよいのでしょうか？　新たな視点を持ち、お互いの合意を得て、テクノロジーとツールを独創的に実装することです。

成功するという信念を持つ

一つの大きな懸念について考えてみましょう。どうすれば、リモートワーカーも職場のワーカーと同じくらい生産的だと信頼できるのでしょうか（注意散漫や、なまけ癖といった心配は一旦置いておきましょう。それらについてはすぐにまた述べます。今はただ純粋に、生産性に関する能力についてです）。まず、従来の職場勤務では生産性と信頼性をどう向上させているか、いくつかの方法について考えましょう。そしてそれが、オンラインでどのように再現できるかを検討します。

考えてみれば、職場のメリットはほんの数点に絞られます。一つ目は、同僚へアクセスしやすいことによって、グループの目標達成に必要な個別のタスクとコラボレーションがどちらも効率的にできます。二つ目は、近くにいるため、重要な情報をすばやく簡単に共有できるということです。そして三つ目は、同じ場所で働いている姿が見えることによって、一人ひとりに成果責任《アカウンタビリティ》が生じます。すなわち、共通の目的に向かって同僚がしっかり責務を果たすのを目にすることで、自分も同じように貢献している姿を見せようという気持ちになるわけです。

これらの重要なメリットは全てオンラインでも効果的に再現できます。

一つ目について。質問は電話やメールなどを使ってすることができ、ファイルも共有可能です。社員の個々の業務を勤務時間中ずっとアクセス可能な状態にしておけば、物理的な距離はもはや問題ではありません。

二つ目について。オンラインミーティングは対面式のミーティングと同じくらい効果的です。グループの規模、そして目前のタスク（進捗状況の報告、計画やブレインストーミングなど）によっては、より大きな効果を発揮することがあります。肝心なのは、コミュニケーションや文書化に関する手順をしっかりと作成すること、そして必要とされるテクノロジーを実装することです。

三つ目の成果責任という点については、「仕事中」であることを、やんわりとチームに伝えられるいろいろな方法を見つけることで解決するでしょう。そうした方法のいくつかは、生産的な一日のコミュニケーションを通じて自然と生み出されます。あとは、業務内容を可視化してコミットメントを示すことにチームが同意することによって解決するでしょう（この点は、信頼について述べる際にまた振り返ります）。これらは実行可能なだけでなく、全てうまく実行することができるのです。

コーチ・起業家のアジャイルビル・クレブス氏は私たちに必要なことについて、次のように述べています。「時間をかけて新しい働き方を学びましょう。違和感があるのは慣れるまでの間だけです[3]」

私は、オンラインの場合でも、直接対面する場合と同じくらい効果的にチームが連携できると思っています。リモートチームのメンバーやリーダーへのインタビューから、意欲的なバーチャルチームがどのようにして、絶え間なく発展し続けるリモートワークという働き方を習得したのか、その様々な方法が明らかになりました。もちろん、設定や状況によって手法は違います。でも全ての人に共通していることは、隣の席にいる同僚に話しかけるのと同じくらい、コミュニケーションを取りやすくする必要があるということです。これには、高品質のインターネット接続と機器が必要です。繋がりやすくなればなるほど、チームはさらに繋がろうとします。とても明白なことです。

必要な情報機器が揃っていることを確認する

まず第一歩は、社員が責務を果たすために必要なツールを持っていることを確認することです。ただし、会社が提供すべきものと、社員が自身で用意すべきものについては、様々な見解があります。例えば、多くの完全分散型チームは、ソフトウェアとアプリだけを社員に提供し、その他の機器については社員自身で用意することを求めます。他にもコンピューター、ヘッドセット、スマートフォンなどを供給する会社があるかもしれません。

このセクションで挙げるツールを、全ての経営者が提供するべきだと言っているのではありません。ポイントは、あらゆる部分的分散型の企業は、高品質のテクノロジーとツールを職場でも維持する必要があるということです。そして、誰が何を購入するとしても、リモートチームの全てのメンバーがそれと同等の機器とソフトウェアを使用できるようにするのが賢明だということです。

■ベーシックな機器のリスト

高速のインターネット接続は酸素のようなものです。つねに十分に供給される必要があります。それはリモートワークにおいて重要な柱の一つなのです
――マーテン・クープマンズ[4]

多くの企業で採用されているツールは、IT部署が承認したものに限定されています。会議室の机の上の古いスパイダーフォンに疑いの目を向けているあなた、あなたは間違っていません！　テクノロジーはたった10年の間に大きな進歩を遂げているのです。

オンラインでうまく共に働くためには、全員が、効果的なコンピューター、高速のインターネット、ヘッドセット、ウェブカメラ、そして信頼性の高いビデオミーティングツールを持つことが必要です。いくつかの点について詳しく見ていきましょう。

優れたインターネットと付属機器に投資する――これは単純明快です。もし接続が不安定であったり、低品質の機器を使用していたりする場合、同僚とのコミュニケーションは苛立ちを招く、煩わしいものとなります。リモートチームでは、明確で迅速なコミュニケーションが望ましいのです。それを実現するには、優れたインターネット接続と高品質の付属機器が必要です。

背景の雑音を最小限に抑える――高速のインターネットを使用しても、背景の雑音が参加者の注意をそらしてしまう可能性があります。そして、リモートワーカーの地元のカフェの喧騒と同じく

らい、開けたオフィススペースから聞こえる背後のおしゃべりも相手の気を散らせることに注意してください。そのために、職場の社員も、それが個別の通話であっても大規模なビデオミーティングであっても、静かなスペースで行えることを確認しましょう。

ビデオを取り入れ、正しく使用する――私たちのやりとりの多くは非言語的なコミュニケーションで行われるため、ウェブカメラをつけることが重要です。ポリコム社の２０１７年の世界的な調査によると、２万４０００人以上の回答者のうち、92％はビデオでコラボレーションを行う技術によって、チームの関係性が改善され、よりよいチームワークが育まれると考えています。[5] 簡単に言うと、ビデオを使用することで、コミュニケーション、生産性、そしてチームビルディングが飛躍的に向上するのです。

> ビデオを使用すると、私の表情、動き、活力、熱意《エンゲージメント》を見ることができ、相手は会話により熱心に参加するようになって、ポジティブなフィードバックサイクルが生じます。相手は私と会話をするべくして会話するようになるのです
>
> ――ニック・ティモンズ[6]

ビデオに抵抗がある人は、おそらくそれを十分に使用していないのでしょう。でも実際のところ、一度使い始めたら、それ以前の状態にはもう戻れません。ビデオ通話には確かに準備が必要です。でもオフィスに出勤するのにも着替えなどの準備が必要です。人は隠れるのが好きです。我々は怠慢で、静止画像やオーディオだけの通信の陰に隠れることを好みます。しかし、その怠慢さに負け

てビデオを拒否することは、長期的な意味で、有効性や繋がりを損なう危険を冒すことになります
――スマン・コウシック[7]

一つ注意したいのは、ビデオをうまく利用するためには、照明と背景の細部にまで留意しなければならないということです。ビデオ通話でありがちなのが、逆光になっていたり顔に影がかかっていたりする状況です。ビデオの照明が悪いと会話への集中力が低下することが科学的に証明されています。Zoomブログでは『神経科学ジャーナル』を引用して、次のように書かれています。「ビデオミーティングであなたは、まるで映画の登場人物のようにカメラの前に現れるかもしれません。しかし、背景の照明によっては、まだ何もしないうちに、そのミーティングの良し悪しがすでに決定されてしまうのです[8]」。一言で言えば、お互いの顔が鮮明に見えれば見えるほどよいということです。

背景も、また別の懸念になります。背景が散らかっていたり、人通りが激しかったりすると、気が散る場合があります。第3章では、リモートワーカーにとってビデオのプロフェッショナルな設備環境が重要であることについて説明しています。職場でも同じことが必要です。

最後に考慮すべき点が、もういくつかあります。社員にこうしたツールの効果的な使用法を教えて訓練すること、そして彼らがしっかり時間をかけて使いこなせるようになっているかどうかを確認することです。ソフトウェアは私たちの働き方を変えます。その使い勝手を学ぶために、いじってみる時間が必要となります。システムエンジニアのフィル・モンテロ氏はこれを「砂場の時間《サンドボックスタイム》」と呼んでおり、ツールを触ってみる時には、仕事以外のタスクで試すように勧めています。

米国航空宇宙局（NASA）のリッキー・ゲスト氏も、こう同意しています。「私たちは、チーム

がリモートでコミュニケーションを取るための新しい方法をつねに探し求めています。しかし、それを見つけても、チームにソフトウェアとハードウェアを渡して『勝手にどうぞ』と突き放すわけではありません。私たちは彼らの日々のワークライフにこれらを組み込み支援しています[9]」

ジャクソン・リバー社のディレクターであるアリス・ヘンドリックス氏は次のように付け加えています。「コミュニケーションの手法やツール以外にも注意を払うことが大切です。コミュニケーションのテンポ、リズム、質を積極的にマネジメントする必要があります[10]」

たった一つのツールがチームの全てのニーズに応えられることは滅多にありません。多くのチームは、特に成長と変化に伴って、たくさんのツールを使用するようになります。新しいツールも絶えず開発されています。目標を達成するために最も役立つものをつねに把握しておくことは、私たちにとって最大の利益となります。

私たちは一つのテクノロジーに固執することはありません。つねに最先端のものに目を光らせ、チームにそれがどのように合うかを見極めています

——リッキー・ゲスト[11]

テクノロジーを待たないでください。今日から始めて、実験してください。ツールをチームに慣れさせるのです

——ルーシャス・ボビケイヴィッチ[12]

最後のポイントは、テクニカルサポートに関するものです。ディレクターのライアン・ベイカー氏は次のように述べています。「自分自身でテクニカルサポートをするのは、とても面倒です……

〔そのため〕私たちは、地元のヘルプデスクサービスと良好な関係を築いていています」[13]

次の章では、様々なテクノロジーの選択肢について説明します。

信頼関係を築く

リモートワーカーが責務を果たしていると信頼できるのか、という問題については、様々な手法の監視ソフトウェアが開発されており、社員が仕事を怠ってしまうのではないかという雇用主の不安を和らげるのに役立っています。しかし、第2章のコラム〈監視用ソフトウェア〉で述べたように、そういった習慣は利益よりも遥かに大きな害をもたらすというのが、概して一致した見解です。代わりに必要なのは、時間志向から成果志向のマインドセットへと切り替えることです。

前に述べたように、成果志向の働き方では、時間ではなく、アウトプットを評価する必要があります。そしてリモートワーカーのモチベーションも、新たなマインドセットに組み込まなくてはならない諸要素の一つです。もしチームの一人が週に数日だけでもリモートワークをしたいと切実に望むのなら、(ちなみに、これは人々が仕事に柔軟性を求める最も一般的な理由の一つです)その人はその機会を取り上げられないためにも、リモートワークが同僚たちにとってできるだけスムーズに行われるようにすべきです。

経営者はリモートワーカーがコミットしたことをやり遂げると完全に信じなくてもよいのです。信頼できるかどうかを彼ら自身に示させることで、あなたの信用を勝ち得ればよいのですから。これが成果志向の哲学です。システムエンジニアのフィル・モンテロ氏が言うように、「私たちは明確な目的、責任感、成果物によって信頼を築くのです」[14]

互いに頼れることを示す

偶然にも、業務の見える化《ワーキングアウトラウド》という習慣は信頼の因子にもなります。業務の見える化とは、業務内容を誰もが見えるようにすること、そしてリモートチームメンバーが互いの進捗状況を確認できるようにすることです。第4章の引用を振り返ってみましょう。

> 丸一日勤勉に働いても、共有しなければ分かってもらえません。でも私のつくったドキュメントをネットにアップして、みんなに経過が分かってもらえれば、そして共有の「やることリスト」で成果が見えるようにすれば、私がちゃんと働いていることも、何をしているかもみんなに分かってもらえるのです
>
> ――フィル・モンテロ[15]

リモートチームでは、様々な方法で業務を見える化することができます。例えば、メールによるアップデート、毎日のスタンドアップミーティング、イントラネットやオンラインアプリといったツールの使用などの方法があります。一部の人は、IMのステータスをつねに更新し、自分が何をしているのか同僚が分かるようにしています。多くのチームは、参加できなかったチームメンバーのためにミーティングを記録しています。どんな方法であっても、職場の「誰かがすぐそばで働いている」というメリットをオンラインで再現することが、業務の見える化の意味なのです。

私たちのチームでは、全員がグループのＩＭシステムを使って、チェックインとチェックアウトをきちんと行っています。一日を通して様々なメッセージを見かけます。「3時間後に戻ります」「車のメンテナンスに行ってきます」「今夜また勤務をして残業します」こうして何が起きているのかが見えているので、いちいちそれを確認しなければならないと思う人もいません。
私たちのアジャイルチームでは、日々コミットメントを行っています。1週間分の仕事を決定し、個々のチームメンバーが仕事を完成させるためのタスクにコミットします。毎日のスタンドアップミーティングで、互いに進捗状況を報告し、サポートが必要かどうかを伝えます。それは言わば、他のチームメンバーに少しずつ信頼を貯金しているようなものです

――マーク・キルビー[16]

ピーター・ヒルトン氏は、ビジネスプロセス管理ソフトウェアのベンダーであるシグナビオ社のコンサルタントです。シグナビオ社では、共同タスクボード（Jira）、チームのコラボレーション用ソフトウェア（Confluence）、そしてSlackを使って業務を見える化しています。

ヒルトン氏は、クライアントとの定期的な状況報告ミーティングが不要になるほど、業務の見える化が効果的であると考えています。もしクライアントが特定のタスクの進行状況を知りたい場合は、ただJiraにログインするだけで確認することができます。そうすることで、ミーティングの時間をより重要なことに当てることができます。

デジタル変革・データ分析アドバイザーのルイス・スアレス氏はソーシャルネットワークを使って業務を見える化し、このように推奨しています。

メールを使うのはやめましょう。代わりに、ソーシャルネットワークを使って業務を見える化し、同僚から見えるようにしましょう。私たちは「共有すればするほど、より強力になる」という考え方を取り入れる必要があります。ソーシャルネットワークを使った業務の見える化の興味深いところは、あなたがよりオープンになり、透明性が高まることで、信頼してもらえる機会が増えるということです。

業務の見える化は社交性を生み出すためだけのものではありません。それは仕事を終わらせるための社交なのです。仕事内容の透明性が高まると、衝突が起きる可能性も軽減できます。リーダーとして理解しなければいけないことは、ソーシャルネットワークはただ一方的に発信する場所ではないということです。それは会話なのです。そして会話は双方向的です。つねに！　例外はありません。だから会話と言うのです。[17]

第8章では、業務の見える化の様々な方法について詳しく説明します。

> 地球の反対側にいる人との間に高レベルの信頼とコラボレーションを築き上げるのは、困難ですが可能です。そして、様々なデジタルツールが改良されるにつれ、私たちのコラボレーション能力も向上します
>
> ——フェリックス・ドゥビンスキー[18]

この章のまとめ

- リモートチームが成功するためには、マネジャーがリモートチームの成功を信じ、各メンバーが期待どおりに仕事を成し遂げると信頼する必要があります。
- より簡単にコミュニケーションが取れるようにしましょう。簡単に繋がることができれば、チーム間のコミュニケーションが増えます。
- 全員が高品質のインターネット接続と機器を持ち、トレーニングを受けて、指定のツールを使いこなせるようにしましょう。
- 迅速なコミュニケーションを促進するために、ビデオを取り入れ、効果的に使用しましょう。背景の雑音や注意をそらす視覚情報を最小限に抑えます。よい照明を最大限活用しましょう。
- 最初のツールが失敗した時のために、バックアップツールを準備しましょう。
- つねに新しいことに挑戦しましょう。新しいプロセスやツールで実験し、自分に合ったものを見つけてください。
- リモートワーカーに信頼性を証明してもらうことで、あなたの信用を勝ち得る機会を与えましょう。
- そしてあなたも同じことをしましょう。業務の見える化《ワーキングアウトラウド》であなたの業務を他の人が見えるようにしましょう。

第8章

成功へ導くためのリーダーシップ、方向性の一致《アラインメント》、ツール

優れたチームを結成することはできますが、そのチームが優れた仕事をするためには、リーダーシップと方向性の一致が必要です
——ランス・ウォーリー

リーダーシップや方向性の一致《アラインメント》とは結局どういう意味なのでしょうか？　自身の会社、チャージファイ社を例に取りながら、ランス・ウォーリー氏は自らの見解について詳しく説明しています。

昔の話ですが、私たちは、完成しなければいけないソフトウェア開発のタスクを一覧にしていました。タスクに優先順位はなく、開発チームは好きなタスクを選ぶことができました。この方法は自由と選択を与えているのだと思っていましたが、結果的にうまくいきませんでした。チームリーダーか製品マネジャーに優先順位を決めて欲しいと願ったのです。そうすることで、彼らは、選ぶことではなく、仕事をすることに集中できると考えたのです。

より最近の出来事では、会社全体で方向性の一致をさせる取り組みを始めました。思っているより難しいものの、とても合理的です。私たちの主な顧客が誰であり、企業価値が何であるかを決定した上で、その考えを中心に様々な決断を下していくのです。そして、全員がこれらの価値観と意思決定に沿って方向性を一致させていることを確認します。

優れたチームは、同じ目標に沿って方向性の一致ができていれば、優れた仕事をします。[1]

右の引用でウォーリー氏が述べていることは、これから述べることと大体同じ内容です。実際に、それは思っているより難しいことなのです。でも、慎重かつ計画的に事を進めて行けばよいのです。そして、復元可能な小さいステップを実験しながら進んでいくことができます。

職場のメリットをバーチャル領域で再現する方法について話を戻します。偶然にも、リモートチームが利用できるソリューションの多くは、優れたチームワークに欠かせないいくつかの重要な側面に対処できるものです。次のコラムでは、こうしたチームワークに欠かせない明白な事柄を挙げ、考えられるソリューションを簡潔に述べています。その後で、職場のメリットをオンラインで再現するための様々なオプションについて、さらに詳しく検討していきます。

▼職場勤務のメリットをオンラインで再現する

■職場で働くメリット

- **効率とアクセス**　成功している職場のチームは、同じ場所で働くことによる効率性を享受しています。質問への回答やレポートのコピーがほんの数歩先から得られます。
- **生産性とコラボレーション**　すぐ近くで仕事をすることで、チームの生産性が向上します。なぜなら、チームはグループとして更新、報告、計画、ブレインストーミングができ、その結果、重要なコラボレーションが可能となるからです。

- **チームの信頼関係と結束力**　同じ場所で働くことによって、個々が成果責任《アカウンタビリティ》を持ちます。お互いに頼れるという信頼感が、チーム全体を強くします。その信頼は、チームメンバーの結束を固めることに役立ちます。
- **衝突の防止と対処**　成功しているチームは、対面でのコミュニケーションから恩恵を受けています。顔の表情やボディランゲージがポジティブなトーンと意図を伝え、チームの一体感を高めるからです。こうしたことが緩和剤となって、チームメンバーが互いに効果的な対人関係を維持するのに役立ちます。

■これらをオンラインで再現するためのいくつかのソリューション

ツール

- グループチャット
- タスク管理ソフトウェア
- ビデオミーティングとテレプレゼンス
- バーチャルオフィスソフトウェア
- ビデオやオンラインゲーム

実践

- **継続的に**――継続的なコミュニケーション／業務の見える化《ワーキングアウトラウド》を含めたオンラインでのコラボレー

ション／交流する機会／懸念事項の提起と評価のためのフォーラム／感謝の気持ちを表すための手段の確立
・定期的に予定――進捗状況の報告や生産性ミーティング／チームメンバーとの一対一の時間／ラフな形式の交流タイム
・必要に応じて――（できれば進行役を加えた）議論と定期的な評価による、問題の提起

効率とアクセス

成功しているチームは、同じ場所で働くことによる効率性を享受しています。質問への回答やレポートのコピーがほんの数歩先から得られます。

■定期的にオンラインでコミュニケーションを取る

従業員は集約されることを望んでいると思い込まれていますが、彼らが本当に求めているのは、迅速なコミュニケーションです
――アジャイルビル・クレブス[2]

職場なら、どこで誰に何を求められているのかのプロトコルが確立されています。上司が新入社員にどう呼びかけるか、突然部屋を訪ねたら財務部長はどんな反応をするかといったことから、自然とプロトコルが理解できるようになる場合があります。ところが、オンラインではその場で瞬時にこうした手がかりが得られないため、共に働くためのプロトコルをより慎重に確立しておく必要があります。

ディレクターのハワード・B・エスピン氏は次のように指摘します。「お互いが見えないからこそ、また、別々の場所で働いているからこそ、誤解が生まれる余地がたくさんあるのです。自身のチームでどのような振る舞いが期待されるのかを明確にすれば、より効率的にコミュニケーションを取ることができます」[3]。また、コミュニケーションはコラボレーションにおいて非常に重要な役割を果たすため、効率的なコミュニケーションは、より生産的な仕事に繋がります。

本書の随所に述べられているように、高速のコミュニケーションが可能になる現代のテクノロジーは迅速で、効率的で、しかもお手頃です。日々、より良く、より安価になっています。必要なのは、どの種類のコミュニケーションにはどのツールを使うのか、またどのように使用するのか、特に返答時間に関して、チーム間でルールを決めることです。

使用するツールについて。正直なところ、ラインナップが頻繁に変更されるので、現在利用可能なアプリの詳しい情報をここで提供することは不可能です。しかし、コミュニケーションツールの種類について説明し、ある程度の方向性を示すことはできます。例えば、

「給湯室」でのおしゃべりが不可能なため、私たちは、スタッフがコミュニケーションを取るための様々な種類の回線とツールを用意しています。メール、Slack、そしてGoogle Meet、さらに、略式的な話し合いのためのスタッフフォーラムやソーシャルメディア風のサイトもあります。大規模な発表や会社の公式情報は社内ブログを使って発表しています

——トム・セパー[4]

次のセクションでも、これら多数のツールについてさらに説明します。選択したツールの使い方

に関しては、第9章のチーム間のルール決めのところで説明します。

■ツールと情報へのアクセスをよくする

職場のもう一つのメリットは、仕事を効率的に行うために必要なツールや情報にすばやく簡単にアクセスできるということです。この職場の利点は、幸いにもデジタル時代到来によってオンラインでも可能になりました。もはや物理的な書類棚は必須ではなく、(すでに時代遅れに) なりました。イントラネット、社内ウィキ、Google ドライブ、タスク管理アプリまで、幅広いツールが利用でき、情報を集約することが可能となっています。また、特定の情報に対しアクセスを制限することが基本的な手続きとなっている一方、一部では、その手法が時代錯誤であると考えられていることにも注意してください。

ホームサービス会社のｅｚホームは次のように説明しています。「ニーズに関係なく、情報にアクセスできるということは極めて重要です。私たちの場合、全て (Google ドキュメント、Slack チャンネルなど) には、デフォルトでｅｚホームの全社員がアクセスできます。明らかに機密情報である場合に限り、非公開に設定されます」。これは、運用マネジャーのリズ・ピーターソン氏の発言で、彼女はリモートワーカーを信頼するメリットについても言及しています。[5]

生産性とコラボレーション

成功している職場のチームは、同じ場所で働くことによって生産性を上げています。全員がグループとして進捗状況を報告し合い、計画やブレインストーミングができます。

■定期的にオンラインでコラボレーションを実施する

このソリューションは、前述のソリューションの延長線上にあります。効率的なコミュニケーションを可能にする現代のテクノロジーは、効率的なコラボレーションをも促進させます。リモートチームのメンバーは職場にいる時と同じように頻繁に会うことができます。ただ、会うのはオンライン上、というだけです。また、オンラインミーティングは簡単に録画できるため、参加できないチームメンバーも最新情報を得ることができます。

オンライン共同タスクボード／タスク管理ソフトウェア

職場の社員は、ただ同じ場所で働いているだけで、行うべき業務が何か、そして誰が何を行っているのかを大抵の場合、把握できています。オンラインのチームでも同レベルを把握するために、優れたリモートチームではタスク管理やプロジェクト管理ソフトウェアを使用して、何を実行する必要があるか、誰が何を実行しているのかを正確に記録しています。

例えば、請求ソフトウェア会社のチャージファイ社では、マーケティング部署でTrelloを使い、反復型《イテレーティブ》プロジェクトとトラッキング［情報収集を目的に人やシステムの挙動を追跡すること］を行うために開発チームでSprintlyを利用しています。学生マーケットプレイスのスタディスープ社でもTrelloを使っています。

彼らはRemote.coからの質問「リモートチームを結成するにあたり直面した課題は何ですか?」

にこのように回答しています。「最初は、略式なミーティング体制を持とうとしていました。しかしこれは非常にストレスが溜まるもので、チームメンバーが同僚の業務状況を分からずにいました。それ以来、そういう状況を回避するために、Trelloと一貫したスタンドアップミーティング体制を導入しました」[6]

これは次のソリューションへと繋がっています。

ミーティングの種類――スタンドアップと振り返り《レトロスペクティブ》ミーティング

この二つの最も基本的なオンラインミーティングの手法は、そもそも職場のソフトウェア開発チームの間で始まったものでした。

スタンドアップミーティングは、定期的に（多くの場合は日常的に）進捗状況を報告するミーティングで、前日に何をしたのか、今日は何をするのか、何か困っていることはないかを全員が共有します（職場で非常に短時間で行われていたこのミーティングでは、座る必要がなかったことから、また、チームメンバーが物理的なタスクボードの近くに立つこともあったことから、立って行われるミーティングとして「スタンドアップ」と名付けられました）。多くのリモートチームも、バーチャルのタスクボードの有無に関係なく、スタンドアップを実施しています。

振り返り《レトロスペクティブ》ミーティングも同じく定期的に行われるミーティングで、多くの場合、毎週、あるいは隔週で行われます。スタンドアップが個々の進捗状況を確認するものであるのに対して、振り返りはチーム全体としての状況を確認するためのものです。進捗状況を共有し、問題を提起し、解決策について話し合うための評価セッションです。多くの場合、次の四つの事柄を取り上げます。

- うまくいっていることは何か
- 改善すべきことはなかったか
- 何を学んだか
- 行き詰まっていることはないか

そのシンプルではっきりとした有効性が、振り返りをバーチャル世界においても不可欠なものにしています。異なる設備環境や環境に合わせて、アプローチやミーティングの長さを変えることができます。さらに、相互評価を目的とした定期的なセッションであるため、生産性と方向性の一致《アラインメント》の両方を著しく高めることに役立ちます（振り返りについては、後にこの章の〈定期的にチーム間のフィードバックを行う〉の箇所で振り返ります）。

オンラインのブレインストーミングおよび決定のためのソフトウェア

> コラボレーションは対面でしか成り立たないのではという懸念がつねに見受けられますが、実はそうではないのです。非同期的にでも人は共に働くことができるし、同じように効果を発揮できます
>
> ――ジェームス・ロウ[7]

「フルサービス」を提供するデジタル広告代理店であるサンボーン社のパートナー、クリス・ハ

ザード氏は次のように述べています。「みんなホワイトボードが大好きです。ブレインストーミングセッションで数人が一部屋に集まると、素晴らしいことが起きるものです。私たちは、これをビデオミーティング、画面共有、InVision などのツールを使用して、リモートでもかなり達成することができました。参加者が前もって少し準備をし、アイテムを共有できる状態にしておくと最も効果的です。こうすることはもちろん、プロセス全体にもメリットがあります[8]」

トルトゥガ社のディレクター、フレッド・ペッロッタ氏は次のように述べています。「製品開発、製品発表、ウェブサイトの再設計などの大きなプロジェクトを計画するのには Asana と Instagantt を使用しています。『記録用』ツールを一つ持つことで、私たちはどこにいても同じ見解を共有し、同じ計画を見ることができます[9]」

スウェーデンのストックホルムにある多国籍のネットワーキング通信会社であるエリクソン社は、組織のあらゆる視点からのアイディアを収集、実行するために独自のプラットフォーム IdeaBoxes を作成し、この概念を新たな高みに引き上げました[10]。

ソフトウェアエンジニアのノエル・デイリー氏は、彼女のチームが一時的に分散されられた際にそれを乗り切るために模索した方法から学んだ教訓を Medium.com で共有しています。特に懸念されたのは、彼女たちの「タスクの状況や決断に関する情報を得ることに関して、これまで主に対面によって培った文化が役に立たなかった」という事実でした。彼女は常設の分散型エンジニアチームと相談した後、次のように推奨しています。

Google ドキュメントなど、誰でも簡単にアクセスして参照できる場所に決定事項を記録して話し合います。問題と提案された解決策を記載し、チームの全員にコメントを加えてもらって意見を集めます。これら全ての決定事項と、プロジェクトで使用した図表や図面などをGoogleドライブのフォルダに保存します。こうすることで、決定までの経緯を見ることができ、プロジェクトを振り返る際や新入社員を迎える際に役立ちます。

さらに思いがけない利点を、面接を受けたある候補者が指摘してくれました。それは、オンラインで非同期的にコラボレートすることで多様な視点の意見を取り入れることができるということです。それは「色々な性格の人が参加できるようになります……〔そして〕一番声の大きい人の意見しか取り入れられないミーティングと違って、アイディアを考えて発言するまでに数日間の猶予を与えることができます」ということなのです。[11]

第9章でも述べますが、特にチームメンバーのカルチャーが様々な場合、多様な視点や異なった特性のためのスペースを設けることが特に重要です。

信頼感を育む

同じ場所で働くことによって、それぞれが成果責任《アカウンタビリティ》を持って働いているということ、そしてコミットしたことをしっかり果たしていることが分かります。お互いが頼りになるという信頼感が、チーム全体を強くします。

■業務の見える化《ワーキングアウトラウド》でチーム内の信頼性を示す

結局のところ、信頼は成果を出すことに結び付きます――ティーグ・ソダーマン[12]

第7章でも述べた通り、業務の見える化とは、仕事に透明性を持たせるということです。つまり、チームメンバーやチームリーダーが、あなたがいつ仕事をしているか、どんな業務を行っているか、そして何を完成させたかが分かると言うことです。すると同僚たちは自然と、あなたがチームのために仕事をやり遂げると信頼することになるというわけです。

業務の見える化を実施するいくつかの方法を紹介しましょう。

- メールで現在の進捗状況を報告
- 毎日のスタンドアップミーティングに参加
- Slack（以下で説明します）などのグループアプリを使って、毎日の進捗状況を投稿
- IMのステータスをつねに更新
- 会社のイントラネットを使って、ファイルを更新したり、話し合いを行う
- 特定の議題についてのグループチャット（Slackなど）に参加
- セントラルデポジトリのコードを更新（GitHub）
- 必要に応じて、グループチャットの「アップデート」セクションを更新（例えば、I Done ThisやAsanaの「進捗ビュー」機能など）
- 共同のタスクマネジャーでタスクエントリーを更新（Asana、Trello）

・バーチャルオフィスアプリに参加（Sococo、Walkabout、Workplace）

こうした実践のためのツールについては後に説明します。ここでは毎日の進捗状況の投稿について一つ例を挙げて詳しく説明しましょう。「Slackティップスチューズデイ——Slackで怠け者に見えないようにする方法」のビデオで、エックスチーム社のライアン・シャルトラン氏は、会社の「ジャーナリング」の習慣について語っています。同社では全てのチームメンバーが日々の成果を報告する日誌を個別につけています。長期間のタスクの進捗状況を書くだけでもいいのです。

そうした成果や進捗状況に、ビデオのスチル画像でも、ミーティングでもらった名刺でもいいので、できる限りスクリーンショットにして添えることを、シャルトラン氏は勧めています。彼が言うには、「人は、どのようにあなたが貢献しているかが分かると、あなたを尊敬します。どのようにあなたが貢献しているかが分からないと、あなたの価値に疑問を抱きます」

さらには、チームメンバーが日々の投稿を称賛したり、さらに前進するための提案をしたりすることができるという利点もあります（また別の利点は、日々の記録をつけることが、次の勤務評定《パフォーマンスレビュー》や、あなた自身の達成感のためにも役立つということです。仕事にどれほどの労力を費やしたかは忘れやすいものですから、こうして仕事の最中の苦労が思い出されることは非常に貴重です）。

エックスチーム社ではSlackを使用していますが、他のプラットフォームを使用することも可能です（後のグループチャットに関する箇所でSlackについて説明します）。彼らの場合、各チームメンバーの日誌は独自のチャンネルになっており、他のメンバーが投稿できるチャンネルとは分けられています。そうすることで、他のメンバー、特にマネジャーが、一人ひとりの社員の定期的な進捗状況を確認できます。[13]

出版とブログ用の人気プラットフォームであるWordPress.comで広く知られるウェブ開発会社であるオートマティック社では、チームメンバーがWordPressのP2テーマを使って互いに何をしているのかを把握しています。

ブロガーのティッシュ・ブリゼノ氏は次のように説明しています。「何に関してもP2投稿（近日中の変更事項、アイディア、スケジュールの更新、バグレポートの共有など）を行うことができ、会社の誰もがそれについてコメントできます……あなたのワークフロー、あなたのスケジュール、あなたが文書では見つけることができなかった新しい情報などを共有することで、他の人にも共に学習する機会を与えているのです[14]」

追加のポイント。コーチングやトレーニングを受けずに、新しい社内ツールやプロセスを学ぶのは困難な場合があります。また、苦心していることをチームに伝える場がないと、そのメンバーはみんなに怠けていると思われるかもしれません。そのためには、メンバーが気兼ねせずに、どんな懸念事項でも伝えられることが肝心です。これも業務の見える化の一環です。[15]

■生産性を確認することで信頼性を示す

考慮すべきことの一つに、実際に生産性を追跡するということがあります。多くのチームはこれを行っておらず、ほとんどの企業は、費やした時間ではなく成果に焦点を当てています。しかしOKRを使用している企業もたくさんあります。これは「目標と主要な成果」（Objectives and Key Results）の略称です。

Heflo.com の記事によると、「ＯＫＲの目的は、確実で具体的かつ測定可能なアクションを通じて、目標を達成する方法を正確に定義することです」。明確にすることには二つの利点があります。社員は「なすべき行動と成果に焦点を合わせ」れば「不必要なことをして迷うことはありません」[16]（会社全体の中での自身の役割を一人ひとりが明確に理解することで、より大きな目標へ向かって全員が方向性の一致《アラインメント》をさせることにも繋がります）。ＯＫＲを確立するかどうか、もしそうなら、どれを使用するかなどについては、チーム間のルールを作成する過程で話し合えます。

■チームメンバーの仕事を認め合うことで信頼関係を築く

信頼構築と表裏一体にあるのは、これもまたチームビルディングの重要な要素の一つである感謝、ということです。同僚の仕事ぶりについて、時間をかけて感謝の気持ちを表す時、私たちは彼らとの関係を強化しているだけでなく、彼らの貢献への私たち自身の認識を深めているのです。この点について、私の経験から例を挙げて詳しく説明します。

感謝で育む信頼感――メリットマネー

ハッピーメリー社では、メリットマネーと呼ばれる「同僚同士《ピアツーピア》のボーナスシステム」を採用しています。この報酬システムの仕組みは次のとおりです。毎月、各チームメンバーに１００ポイントが与えられます。１ヵ月の間に、私たちはチーム（マネジャーを含む）に、理由を添えてポイントを分配します。与える額と与える理由は全員が見ることができます。『フォーブス』の記事の例を挙げましょう。

ディレクターのヨーガン・アペロ氏はこのように述べています。「先月、私のチームでは、ジェニファーが『会社を支えている』という理由でリセットに15点を与えました」（ありがとうございます!!）「リセットは『たくさんのフィードバックと多くのサポートをしてくれた』セルゲイに25点与えました。セルゲイはチャッドの『素晴らしいイラスト』を評価し10点を与えました。そして、チャッドはハヌの『親しみやすさとコミュニケーションの明確さ』のために20点与えました」[17]

毎月末に、経理部の女王タヒラが損益計算書をまとめます。利益がある場合、その一部を月々のボーナスに当てます。ボーナスは、各人がその月に受け取ったポイントの数に基づいてチーム内で分配されます。

正直に言いますと、私はメリットマネーのシステムに乗り気ではありませんでした。セルゲイのコーディングテクノロジーやタヒラの簿記能力など、私が適切に評価できないスキルを持つ人に対して評価を与えることに抵抗があったのです。

しかし、そこで気づいたのが、スキルを評価するのではなく、セルゲイやタヒラと共に働いていてどう感じるかに基づいて評価すればよいということです。彼らは信頼できるのか？　彼らは責任感を持って仕事に取り組んでいるのか？　彼らと共に働くのは快適だろうか？（ちなみに答えは全て「はい」でした）

ハッピーメリー社の（いなくなってとても寂しい）元同僚、ルイース・ブレース氏は次のように述べています。「メリットマネーは、一人ひとりがどれほど仕事に対する成果責任《アカウンタビリティ》を持っているか、そして他者が自分の貢献をどれほど認識しているかを知るための優れた方法です。これにより、全員がコミュニケーションスキルを磨くことを意識し、他の人が取り組んでいることを把握するようになります」[18]

メリットマネーについて私が個人的に気に入っているのは、各チームメンバーがチーム全員から定期的にフィードバックを受けられるというところです。同僚が私に感謝していることを知れば、やる気になり、発見にもなります。そして、同僚に感謝の気持ちを伝えられる規定のフォーラムがあるというところも、とても気に入っています。この継続的な360度評価は、チームが互いに感謝し、学習し合うのに役立っています。

信頼感や信頼性に話を戻しましょう。ポイントの分配を月末まで待つと、月初めにみんなが何をしていたのかをなかなか思い出せなくなることに気づきました。同僚たちが働いていたことは分かっていても、どのように、どのくらい、そして彼らの貢献が私にどれほど影響したかについて、明確に思い出すことができません。しかし、メリットマネー、特にその透明性のおかげで、一人ひとりのメンバーがグループの取り組みにとってどれほど重要であるかをはっきりと認識することができ、みんなのためにもっと頑張ろうという気持ちになったのです。

チームの結束を固める

成功しているチームは、同じ場所で一緒に働くという対人関係の恩恵を受けます。対人関係を強化することはチーム全体を強化することに繋がります。

数ヵ月間、同僚と時間を共にしないだけで、人との交流はなくなり、他のことで忙しくなってしまいます。リモートコミュニケーションの問題は、つねに仕事の話ばかりをしているということです。生活の中で何が起きているのかを確認するための雑談はとても重要なのです。そうでなければ、あなたは仕事をするだけの機械と同じです

——シュリカント・ヴァシシュタ[19]

「チームで働く」ことにおいては、「チーム」の部分が実は重要なのです。職場で働く場合、同僚とエレベーターに乗り合わせたことが、一緒にお茶をするような、思いがけない偶然に繋がったりします。日常的に顔を合わせることで信頼関係や仲間意識が構築されます。しかし、リモートの場合、チームの一員であることを認識するためには、なおいっそう努力する必要があります。つまり、ワンクリックで世界中の人とデジタルで繋がることはできても、精神的な繋がりを持つためには新しい方法を追求しなければならないのです。

では、どうすれば遠く離れていても親交を深めることができるでしょうか？　どのようにして画面を通して繋がることができるのでしょう？　その方法について今から述べましょう。

私たちにとっての課題はテクノロジーではありません。人々がテクノロジーについていけるのかが問題なのです。人々の習慣はすぐに変わるものではありません

——アジャイルビル・クレブス[20]

様々なツールはコラボレーションには役立っても、親しく交流することに役立つとは限りません。我々はハイテクになっていますが、必要なのは人間的な触れ合いと、共感を持つことです

——ハワード・B・エスビン[21]

■オンラインでのコラボレーション

業務内容や繋がりやすさについて知らせる、業務の見える化《ワーキングアウトラウド》の概念についてはすでに説明しました。オンラインでのコラボレーションは、業務の見える化を簡略化した手法です。あるチームにとっては、ただウェブカメラをオンにして、繋がりを感じやすくする程度で、気軽で手間がかかりません。仕事環境をシミュレートしたり、実際の職場をシミュレートするためのツールもあります。次に、最もアクセスしやすいものから少し手が届きにくいものまで、多種多様なオプションのほんの一部を紹介します。最終的に、どのツールを選ぶかは重要ではありません。重要なのは、チームの誰もが快適に使える技術であること、そして、どのように使うかについて全員の意見が一致していることです。

ウェブカメラとビデオミーティング

ウェブカメラをつけるだけでリモートワーク体験が確実に向上します。それも、必ずしもビデオ通話でなくてもよいのです。シュリカント・ヴァシシュタ氏は次のように説明しています。

> 私たちは各オフィスで誰が行き来しているのかを確認できるよう、チームのためにウェブカメラを設置しました。誰かが出勤したり、ランチに出かけたり、仕事を終えて帰ろうとしたりする際に、お互いに挨拶する習慣が生まれました。さらには、共通のジェスチャーもつくるようになりました。お互いの姿が見られることで、本当の意味でのチームをつくり上げることができたのです。[22]

ソフトウェアエンジニアのソドリス・チリディス氏によれば、スポティファイ社のいくつかのリモートチームもこれを実施しています。

仕事中はGoogle Meetを開いたままにして、全員がマイクをミュートにしたままビデオを通して繋がっています。これは同じ部屋で仕事をするのと似ています。全員が互いを見ることができ、質問があれば、ミュートを解除して他のメンバーに尋ねます。これにより、物理的に同じオフィスにいるような感覚でチームと話をすることが可能になります。[23]

アジャイルコーチのマーク・キルビー氏は、ビデオが非常に効果的である理由についてもう少し詳しく説明しています。

相手の生活の様子が背景に見えることから、バーチャルでの体験は、より人間味を帯びる場合があります。バーチャルチームではそういったことを共有するのがとても大切で、多くの者は仕事と生活の融合を楽しんでいます。私たちは画面の向こうにいる人がどんな人なのかを知りたいのです。私のチームでは、画面の中で子どもが突然こんにちはと言ったり、家族が通り過ぎたりしても、腹を立てる人はいません。むしろチームの絆を深めるのに役立っています。[24]

共同タスクボード／タスク管理

一部のタスク管理ツール（例えばAsanaやTrelloなど）では、「ワークスペース」を作成でき、組織の様々な部署やプロジェクト（また、いろいろな所在地まで）を全体的に広く見ることができます。チームのニーズに応じて、様々なツールから選択することができます。もちろん、一部のチームについては、会社のＩＴ部署が会社全体の決定として、使用するツールをすでに決めている場合もあります。いずれにしても、チームが使用方法についてルールを決めておけば、どのツールでも目的を見事に果たしてくれるでしょう。

グループチャット

グループチャットは、過去の仕事でも現在の仕事でも、どの時点であっても、業務の流れが把握できるプラットフォームです。この瞬間的に参加できる機能は、オフィスを歩き回って同僚と話したり、会話の輪の中に飛び込んだりすることの、いわばバーチャル版です。また、仕事のプロジェクトや週末の計画などに関するグループディスカッションも可能になります。

さらに、そのプロジェクトまたはチャンネルに参加が許可された全てのユーザーとファイルや書類を共有できます。この迅速で手軽な手法は、メールよりも優れたコミュニケーションを促進し、会社全体で見られることにより、チームビルディングにも有効です。

過去の会話を振り返る機能については、誰が、いつ、何をして何を言ったのかが、各チャンネルで基本的に記録されているため、時間が経っても、誰もが会話を確認できます。受信ボックスに限定されるメールとは違って、集約された職場の知識の検索が後日でも格段に楽にできます。

第４章でも述べたように、デジタル変革・データ分析アドバイザーのルイス・スアレス氏はこの検索可能性を強く支持しています。「通常、あなたが会社を辞める時、人事部がまず行うことは、何年にもわたって蓄積してきた非常に多くのデータ、繋がり、知識を含んだメールボックスを削除することです。

しかし、ソーシャルネットワークがあれば、あなたが去った後も、あなたが蓄積してきたデータは残ります。人々は内部プラットフォームにアクセスして、あなたが残したコンテンツや会話を見つけ、あなたがつくり上げてきた人脈を確認し、それらの人と交流することができます。個人から見れば、会社を去った後も、成果や努力が引き継がれていくということです。そして、会社から見れば、貴重な知識の全てを、他の人たち全てが利用可能であるということです[25]」

グループチャットツールは優れたバーチャル給湯室にもなれます。例えば、一部のチームでは、仲間意識を高めるための情報共有を促すため、「互いを知る」チャンネルをつくっています。

リバーエージェンシー社のCOOであるトム・ハウレット氏は、グループチャットは「より多くの人が言いたいことを伝えられるようにする[26]」ので、性格によるハンデをなくすことに役立つと高く評価しています。

皮肉なことに、グループチャットツールの欠点の一つは、その手軽さにあります。手軽であるがゆえに、仕事の情報が雑談に埋もれてしまう場合があります。ただし、これは、ツールの使用方法について、チームでルールを決めれば対処できます。例えば、仕事関連ではない投稿は、仕事関連以外のチャンネルを使うというように決めればよいでしょう。

バーチャルオフィス

バーチャルオフィスとは文字通り、あなたが出勤するオフィス、オンラインのオフィスです。最も広く使用されているバーチャルオフィスのプラットフォームはSococoです。ログインすると、平面図とログイン中の同僚のアバターが表示されます。部屋から部屋へ移動することができ、オフィスと同じように、同じ部屋にいる人の声しか聞こえず、同じ部屋にいる人にしか話しかけることができません。ソココ社のマンディ・ロス氏は、独自のSococo設定について説明しています。

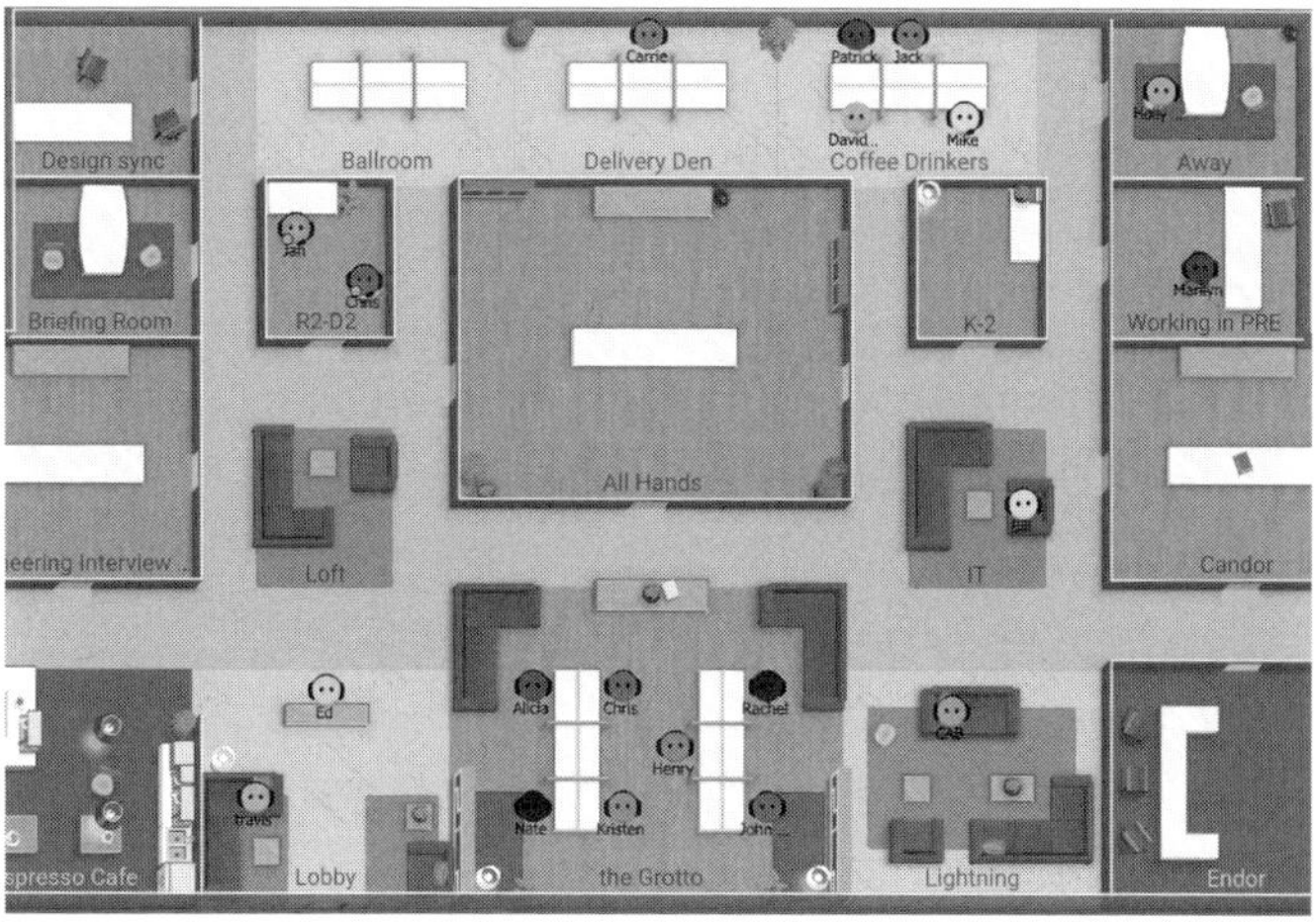

ソココチームのバーチャルオフィス（ソココ社）

> 私たちのバーチャルオフィスは実際のオフィスのように見えます。毎朝Sococoを起動し、オフィスを真上から見た平面図を見ます。私たちは全員、自分のオフィスを持っており、会議室もあります。ログインすると大抵キャリーがもうオフィスに来ているので、彼女に挨拶をします。それから、私の隣のオフィスのCEOが少し遅れて話しかけてくれます。これが私が毎日出勤しているオフィスです。[27]

みんながバーチャルオフィスのどこにいるかを確認できるだけで、チームは親しみやすくなり一体感を持つことができます。

ソココ社のキャリー・ケンペル氏は、このプラットフォームをとても気に入っている理由として次のように述べています。「同僚が仕事を全速力で進めていて急いで回答が必要な場合、バーチャルの扉をノックすれば、相手はすぐに答えることができます。メールを送信することも、ミーティングのスケジュールを組むこともありません。ふいに立ち寄って、答えをもらって、すぐに仕事を進められるというのは、素晴らしいことです。利便性や可視性は私たちにとって重要です。なぜなら、私たちは共に何かをつくり上げていて、お互いが必要だからです。Sococo は私のチームメイトにとってのライフラインです[28]」

このプラットフォームは、オンラインワークショップ、ミーティング、さらにはコワーキングスペースと同じようなバーチャル空間としてなど、他の用途にも適しています。

テレプレゼンス（「離れた存在」）

テレプレゼンスでは、あなたの「存在」をビデオと同じように別の場所に投影することができるだけでなく、機動性という利点もあります。例えば、レボルブロボティクス社の Kubi ロボットを使用すると（Skype のように）タブレットデバイスに自分の顔を投影して、自分を左右や上下に動かすことができます。これにより、何を見るかを自分でコントロールすることができるのです。

例えば Kubi を使用して職場のミーティングに参加したとしましょう。あなたはホワイトボードや同僚を見ることもできます。そして、実際に会議室にいる人たちも、Kubi の動きによってリモートのあなたをより人間味のある存在として認識します。

テレプレゼンスロボットには運転操作できるものもあります。ユーザーは、タブレットに車輪をつけたような機械に自分の顔を投影し、コンピューターキーボードの矢印キーを操作するだけで、離れた場所を動き回ることができます。これは未来の話のように聞こえるかもしれませんが、実際すでにこれらのデバイスは広く使われています。テレプレゼンスを使えば、自宅にいなくてはならない子どもが、引き続き学校の授業に積極的に出席することもできます。

寝たきりの患者が外国にいる専門家に相談したり、美術愛好家なら、遠くから美術館を探索することもできます。リモートスピーカーと参加者の両方が、遠方のミーティングに共に出席することも可能なのです。テレプレゼンスは、距離に関係なく、人と人を繋ぐのに非常に効果的です。

バーチャルリアリティ

バーチャル世界は数十年前から存在しており、テレプレゼンスのような授業やミーティング、軍事シミュレーションといった、限られた場で広く使われてきました。バーチャルリアリティ（ＶＲ）の技術は、一般の人にとっては操作が難しい場合がありますが、技術が発展するにつれ、私たちのコラボレーションにおいて、ますます重要な役割を果たすようになると思います。なぜなら、感覚を用いてやりとりをする体験は、人間的な体験の再現に近づくからです。

■仕事を離れた社交を促進する

一緒に過ごす気軽でプライベートな時間は、結束を固めるのに非常に効果的です。そのため、チームメンバーは仕事の活動とは別に、親しく交流することが重要です。これには多くの人が賛同しています。

ある分野の専門家同士なら、一度も顔を合わせたことがなくてもうまくプロジェクトを進めていくだろうと、軽く考える企業があります。しかし、調査によると、チームメンバーがお互いを知る手段がなければ、逆の結果になってしまいます

——ハワード・B・エスピン[29]

可能な限りチームと積極的に関わってください。みんなが交流していることを確認してください。社交イベントが起きていることを確認してください。いつも仕事ばかりではいけません。実際のオフィスでは人との交流が自然に行われますが、バーチャルオフィスでは、交流するために後押しが必要です

——マンディ・ロス[30]

バーチャルでも、仕事を中断して同僚とおしゃべりできる休憩室のようなスペースを会社が設けることが重要です。それはみんなをやる気にさせ、孤独に打ち勝つために役立ちます。さらに、お互いのプロジェクトについて学び、一緒に仕事をしている人々について学ぶ機会を得ることができます

——アンナ・デーンズ[31]

リモートでは非常に集中してやりとりを交わします。その一方で、多くの場合、ただ単に相手と一緒に過ごすという時間がありません。リモートチームで、「思いがけない楽しい瞬間」をもっとつくりたければ、（意外にも）それをスケジュールに組み込む必要があります。計画された時間と自由な時間の両方が重要だということは、私が気づいたことの一つです

——ジェレミー・スタントン[32]

下記は、こうした自由な交流時間を促進するためのいくつかの提案です。多くの場合は、ビデオミーティングソフトウェアを使います。

フレックスジョブズ社、ブリー・レイノルズ氏のリモートチームはYammerでグループを編成し、ブッククラブ、料理グループ、ペットの写真共有などを行っています。

ソナタイプ社のマーク・キルビー氏のチームでは、ミーティングの数分前に入室するか、ミーティングが終わった後に少し長く滞在するよう社員に勧めることにより、全てのミーティングに交流時間を組み込むということを実践しています。これにより、誰もが予定を遅らせることなく交流する機会を得ることができます。

ハッピーメリー社では毎週30分の交流セッションを設けています。唯一のルールは「仕事の話をしない」ということです。最初の頃、チームメンバーたちが猫の写真を見せあっていたことから、「子猫トーク」と呼んでいます。

フレックスジョブズ社のブリー・レイノルズ氏は次のように語っています。「数週間おきに、金曜日の夜、仕事終わりにみんなで飲み物を持ち寄ってバーチャルクイズ大会を開催しています。これは友達と一緒にクイズナイトのバーに行くのと同じ感覚です。同僚とバーチャルで交流できる楽しい方法です[33]」

同様に、ディレクターのキャリー・マッキーガン氏は次のように話しています。「私たちは、ハイタッチフライデーと『知り合おうよ』ウェンズデーという取り組みを行っています。おかしな取り組みですが、とりあえずは効果的です[34]」

一緒にゲームを楽しむチームもたくさんあります。ビデオゲームやカードゲーム、そしてこんな手の込んだゲームをするチームもあります。

Dr.Clue.comでは、バーチャルの宝探し《トレジャーハント》を主催しており、ビデオミーティングツールとパズルを使ってチームで一緒に謎を解決します。

PlayPrelude.comは、バーチャルチームのための信頼構築アクティビティです。

マネジメント3・0のチームは、「パーソナルマップ」セッションを主催しています。チームメンバーが自身の「マインドマップ」を作成して、互いに共有します。これは驚くほど楽しいものです。言わば自分の内面を紹介するショーアンドテル［アメリカの小学校などで行われる、児童が自慢のものを家から持ってきてそれについて説明をするという一種のスピーチ訓練］のようなものです（詳細についてはhttps://management30.com/practice/personal-maps を参照してください）。

■実際にチームメンバー同士が対面できる場をつくる

こうした手法はどれもデジタルでチーム結束を固めるのに効果的ですが、直接対面することに敵うものはありません。そこで、チームメンバーが直接会える機会をできるだけつくることが、マネジャーに求められています。そのためには、バスや電車や飛行機のチケットを用意しなければならない場合もあるかもしれません。

私たちはオフィス間の交流を勧めています。バルセロナの社員がサンディエゴに行き、サンディエゴの社員がバルセロナに行くというように。これには一石二鳥の効果があります。一つは、チームメンバー同士が直接顔を合わせられるということ。もう一つは、別の都市に旅行する絶好の機会に

なるということです。この二つが、よい人材の採用と在職中の社員の幸福感を高めるために役立っています

――ロバート・ロッゲ[35]

多くのことはウェブカメラで代用できますが、チームの構築に遥かに役立つのは、お互いに顔を合わせたり、地元のパブに飲みに行ったりというようなことなのです。そうした対面による時間は、最終的により大きな実を結びます

――ラルフ・ヴァン・ルースマレン[36]

この概念を予約ソフトウェア会社のタイムリー社はもう一歩先に進め、「物理的に時間を共にすることは極めて重要」と考え、「いくつかの都市で半集約化」するようになりました。[37]

問題を提起する方法

対面でのコミュニケーションがチームに成功をもたらす理由の一つは、顔の表情やボディランゲージによって雰囲気や意図が伝わるということです。もちろんそれは、つねにポジティブなものであることが理想です。その緩和剤がなければ、対人関係が徐々に損なわれる可能性があり、軽い苛立ちが長期的な衝突に繋がることがあります。

単純な意見の食い違いから大きな誤解まで、バーチャルチーム内での衝突は避けられません。そのため、問題が発生した場合の対処法をつねに用意しておく必要があります。それらについては後ほど説明します。しかし、次のような方法を使って、そもそも問題が発生するのを防ぐこともできます。

- 共同タスクボード／ソフトウェアを使用して誰が何に取り組んでいるかを示すことによって、タスクの重複を回避します。
- 業務の見える化《ワーキングアウトラウド》を実行することでミスコミュニケーション［発信者と受信者の意図が異なること］やタスクの重複を回避します。
- ビデオを介して可能な限りコミュニケーションを取ります。
- ポジティブなコミュニケーションのアプローチを実践します。
- フィードバックループ（フィードバックを繰り返すことで、改善していくプロセス）を確立します。
- チームが共に働くことに関して何を望むのかを詳細に記述したチーム間のルールをまとめて文書化します。

続いて、上記のいくつかの項目について詳しく説明しましょう。

■ポジティブなコミュニケーションを増やす

> リモートチームでは、互いに話し合う機会を見つける必要があります。時差の違いで困難な場合もあれば、忙しい時もあるでしょう。それはよく分かります。しかし、そういった会話を定期的に行わないと、人との繋がりは失われていきます
>
> ——ピラル・オルティ[38]

対人関係の問題を防ぐための主なアドバイスは、頻繁にコミュニケーションをとることです。ただし、会話の量よりも質の方が重要だということをお忘れなく。リモートでは、お互いに親切で建設的

なコミュニケーションを心がける必要があります。そのためには基本ルールがいくつか必要です。

はじめに、書面でのコミュニケーションは、そのつもりではなくても否定的に解釈されやすいので、つねに友好的、むしろ友好的過ぎるくらいの姿勢でいるのが賢明です。不快感や苛立ちに捉えられそうな表現がないかどうか確認してください。逆に、相手の意図はつねにポジティブに捉えるようにしましょう。言い換えれば、明らかに友好的ではない文章だと思っても、そこには悪意はないと考え、不快感や苛立ちを深読みしないようにしましょう。

それから、激しい感情をぶつける衝動を抑えてください。感じたことをそのままその場で表現する人もいます。すると、その瞬間には気分が良くなっても、そういった言葉によって人間関係に取り返しのつかないヒビが入ってしまう可能性があります。本当に言いたいことは自分の中にしまって、できる限り建設的に対応する方が賢明です（これらの項目については、後ほど再び説明します）。

■定期的にチーム間のフィードバックを行う

リモートチームでは、ポジティブな関係性を積極的に築いて維持する必要があります。そのため、定期的にチームメイトと振り返って物事の進捗状況を確認したり、評価やサポートを提供したりすることが重要です。

さて、「フィードバック」という言葉から「ポジティブな」感じを受けないと言う人もいるでしょう。フィードバックを受けることを恐れている人もいますし、特に同僚同士《ピアツーピア》でフィードバック交換を行うのが怖いと言う人もいます。相手の役割や地位、特に年齢や学歴に対して緊張感を持っていると、フィードバックが困難な場合があります。

自分の気持ちを表現しても、得より損の方が大きいと考える人は、不満に思っていることをただ飲み込むか、その気持ち自体を無視しようとするでしょう。問題なのは、ほとんどの場合、小さな不満は消えることはなく、長い間ため込まれて、チームが方向性の一致《アラインメント》をさせるのに害を及ぼすようになる危険があるということです。

チームの中に何か不本意なことがある場合、それを避けることはできません。グループ全体の目標を達成するためには、定期的にフィードバックをし合い、関係性を強化し続ける必要があります。次に挙げる例は、数年ごとの勤務評定《パフォーマンスレビュー》についてではありません。

バーチャルチームコンサルタントのピラル・オルティ氏はこのように述べています。「組織でのフィードバックと言うと、私は、つねに組織図の上層部から与えられるものだと想像します。一方、バーチャルチームのフィードバックと言えば、生理学的なフィードバック――臓器、筋肉、神経細胞、ホルモンが絶えず互いに話し合いながら次の出来事を起こしていくのを想像します。バーチャルチームでは、全員が関与する必要があるのです[39]」

それでは、どうすればよいでしょうか？　様々な組織が、明確に伝わるフィードバックを行うためにいろいろなアプローチを検討しています。一つは、コミュニケーションを取る方法（テキスト、メール、電話、ビデオチャット、またはチーム全体のビデオ会話など）の検討です。もう一つはフォーマットです。後者については、普段使用するフォーマットと、（あまり頻繁に起きないと願いたい）厄介な話し合いに使用するフォーマットを事前に確認しておくと役立ちます。

プロジェクトフィードバックの基準

第4章で、すでに手遅れの段階で、チームメイトから否定的なコメントをもらっても、それは挫折感しかもたらさないということを述べました。こうした問題を回避し、そもそも適切なタイミングでプロジェクトのフィードバックを行えるように、チームはフィードバック交換に関して、確立されたプロトコルを持つことが推奨されます。一つの効果的なアプローチは、プロジェクトの様々な段階で様々なレベルのフィードバックを具体的に要求することです。詳細については、第4章のコラム「30／60／90%のフィードバック法」を参照してください。

定期的にチームの温度感を測る

より標準的なチーム全体の取り組みに関して、多くのチームでは、前述の振り返り《レトロスペクティブ》ミーティングがフィードバック交換のよい機会になっています。振り返りは、進捗状況の共有、問題の提起、解決策の話し合いのための定期的に行われるフィードバックセッションです。そこでは、多くの場合、次の4つの質問について話し合います。

- うまくいっていることは何か
- 改善すべきことはなかったか
- 何を学んだか
- 行き詰まっていることはないか

例えば、「フォーエル」（4L）の振り返りでは、チームメンバーが気に入ったこと（Liked）、学んだこと（Learned）、不足していたこと（Lacked）、そして求めたこと（Longed for）について共有します。これのバリエーションが、喜・怒・哀の振り返りです。「ストップ」「スタート」「コンティニュー」の振り返りは、チームの方向性を見定めるのに効果的です。「帆船」の振り返りでは、チームの重荷になるものや、前進するために必要な風向きについて話し合います。[40]

振り返りは、進行役が会話を導いて、確実に全員の意見が聞けるようにすると、最も効果的です。この点について、起業家のデヴィッド・ホロヴィッツ氏が次のように詳しく述べています。

通常、一部の参加者が会話を支配してしまうため、振り返りのオープンマイクのコンセプトは有効ではありません。他の95％の人は静かに座って、何もしないでいたり、携帯を触ったりしています。分散型の環境では、テクノロジーの陰に隠れて、この問題が倍増します。振り返りではチーム全体が会話に参加できるように促進する必要があります。[41]

ホロヴィッツ氏は、全員の積極的な参加を促進するオンラインの振り返り用ソフトウェアを開発するために、レトリアム社を共同で設立しました。このソフトウェアは、フリップチャートや付箋など、集約型の振り返りにある視覚的な機能をオンラインで再現します。従って、バーチャル世界での効果的なコラボレーションが可能になります。

他にも定期的なフィードバックを実施する方法があります。アウトソーシング会社のブリッジグローバルＩＴスタッフィング社では、毎週、顧客と社員の両方に、満足度を0から10の間で尋ねています。

一部の企業は、WE THINQを使用しています。このツールでは、誰もがフィードバックを行ったり、コメントを投稿したり、質問をしたりすることができます。しかし、これは（一部の人が無益な行為だと見なす）古典的なアンケート箱のデジタル版ではありません。

WE THINQでは、提出されたコメントなどが他の全てのユーザーに表示され、各自の考えやフィードバックを追加することができます。これにより、組織全体で会話することが可能になります。これは、前述したIdeaBoxesと同じコンセプトです。

IdeaBoxesは、ブラウザベースのソフトウェアで、ソーシャルネットワークのように、ユーザーがアイディアをフォローして送信できます。各アイディアは「ボックス」に分類され、簡単に見つけられるようにタグ付けされます。ユーザーは自分の好きなアイディアにフラグを付けることができるので、このシステムにより、同じような考えを持った人々が会話を広げることができます。

アンケート調査のようなものでチームの「温度感」を測って、チームのフィードバックを得ることもできます。精巧な評価法から、笑顔やしかめっ面の絵文字を単純にクリックするだけのやり方まで、チームの「温度感」を測るための多くのオンラインツールがあります。

デジタル音楽サービスのスポティファイ社では、「分隊《スクワッド》ヘルスチェックモデル」と呼ばれるものを使用しています。四半期ごとに、定期的なワークショップを開催し、チームを「分隊」に見立てて、製品の品質、チームワーク、サポート、楽しさなどの11のカテゴリーで自分たちの分隊を評価します。

次に、全てのデータを集約した全体図を作成して、次のステップの優先順位をつけるのに役立て

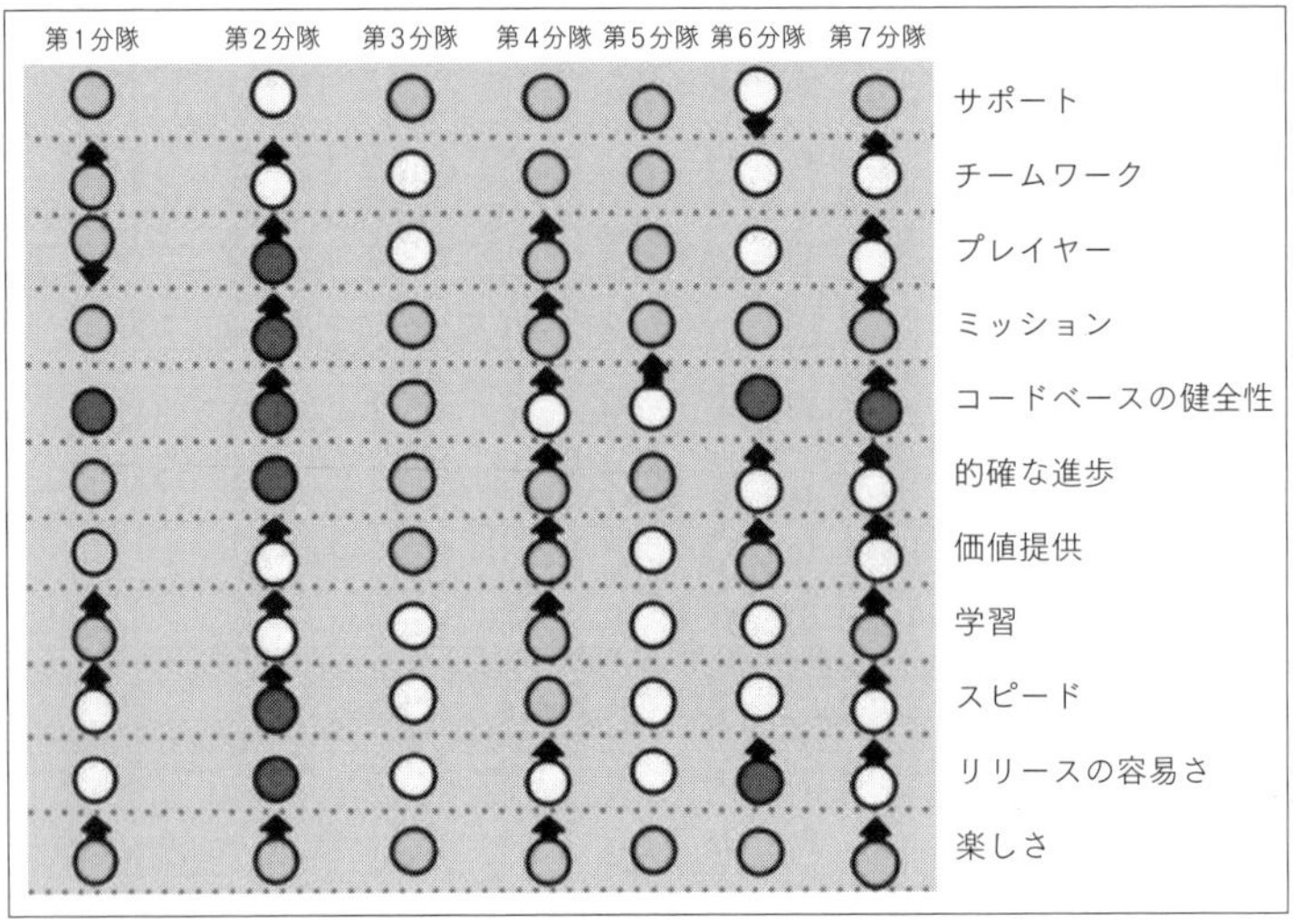

あるスポティファイチームのヘルスチェック結果。この図は、七つのチーム（「分隊」）の自己評価を表しています。円の濃淡は、良好、少々問題あり、最悪のいずれかの状態を示します。円に付いている矢印はトレンドを示します。上向き＝「向上している」／下向き＝「悪化している」（スポティファイ社）

ます（上の図を参照してください）。データを視覚化することで、暗号が物語に変わります。どのツールを使う場合でも、以下のガイドラインに注意してください。

- シンプルにしておきましょう。プロセスを簡単で、楽しいものにしましょう。
- 結果を理解しやすくするために、データを視覚的なフォーマットで提示します。
- 定期的にチームの温度感を測りましょう。行う頻度は（毎週、毎月、または四半期ごと）チームのニーズによりますが、時間と共に変化する可能性もあります。しかし、半年に一度以上は行うようにしてください。
- データを有効活用しましょう。これには二つの側面があります。一つ目は実践するかどうかです。収集した情報に基づいてアクションを起こす気がない限り、チームの温度感を測っても意味がありません。二つ目、さらに重要なことはチームのやる気です。こうしたレベルの評価を繰り返し求めても、結果を活用せずに棚上げしてしまえば、社員の時間をただ浪費して彼らの忍耐力を試しただけになってしまいます。

スポティファイ社はこんなことも推奨しています。

- 「分隊ヘルスチェックモデル」調査を行う動機を明確にしましょう。批判ではなく、改善のための調査だということが重要です。
- 「分隊ヘルスチェックモデル」調査がゲーム化してしまわないように留意しましょう。自分の分隊を「よく見せよう」としてはいけません。
- どのように「分隊ヘルスチェックモデル」を取り入れるかについて、チームの意見を取り入れましょう。

また、スポティファイ社は「オンライン調査ではなく、主に対面でコミュニケーションを取りながらデータを収集する」ことを勧めています。彼らのプロセスでは、1時間のワークショップを設けて、チームみんなが投票した内容について話し合います。メンバーが積極的に関われるようにすることで、結果として生じる行動手順も遂行しやすくなります。もちろん、その方法が全てのチームで機能するわけではありません。どんな方法であっても、皆が積極的に参加できるプロセスにしましょう。[42]

■問題提起は建設的に行う

次にもう少し厄介な問題について述べます。小さな問題が争い事に発展する前に、チームメンバーは重要な役割を果たすことができます。ポジティブかつ建設的なコミュニケーションを取る習慣をつけるところから始めましょう。

ポジティブなコミュニケーションを維持するには

- 友好的、むしろ友好的過ぎるぐらいにしましょう。
- 相手の意図をつねにポジティブに捉えましょう。
- 感情的になろうとする衝動を抑えましょう。
- 可能な限り建設的な交流を維持することに努めましょう。

熱くなりやすい議論でも建設的でいるためには

- 批判的な言葉を避けましょう。
- 客観的で事実に基づいた言葉選びをしましょう。
- 問題にあなたがどのように関与しているのかを認識しましょう。
- 問題は一度に一つずつ提起しましょう。

もちろん、よりしっかりした介入が必要な場合もあります。次に、争い事を解決し、緊張を緩和するための二つの確立されたアプローチについて説明します。

フィードバックラップ

私がリモートチームのマネジャーを務めているハッピーメリー社では、チームメンバーが少しでもイライラしたり、がっかりしたりした場合に、ヨーガン・アペロ氏の「フィードバックラップ」を使用しています。大体1週間に一度の頻度で行われます。

まずは、背景を話し、自分が置かれている環境を説明することから始めます。次に、事実のみに限定された見解を一つ一つ挙げていきます。その後で、自分がどのように思っているのかを話します。最後に、先に進む方法について提案をします。全体的な目的は、思いやりを持ち、建設的な姿勢でいること、そして人を傷つける可能性を最小限に抑えることです。

このアプローチは、書面で行われるように設計されています。ただし、たとえ意識して親切で建設的な言葉を選んだとしても、内容が否定的または感情的な場合、書面でのフィードバックは危険性が高いことに注意してください。もし書面で伝えるには問題が深刻過ぎると思われる場合は、電話の方が遥かに効果的です。

また、感情が高ぶっている場合は、可能であれば、直接対面で会話するのが最善です。会話するのが非常に困難な場合には、進行を助けてもらうための仲裁役を加えることを検討してください。仲裁役がいることで、冷静さが保たれ、全員の声を確実に聞くことができて、実りある結論を導き出すことができるでしょう。

バーチャル枕投げ《ピローファイト》

ハッピーメリー社のチームでかつて、「バーチャル枕投げ」とも呼べる争いに仲裁役を立てるアプローチを使ったことがあります。チームメンバーの数人と一人の間で軋轢が生じていたものの、誰もそれについて話し合おうとしませんでした。時間の経過と共に鬱憤は溜まり、最終的にメッセージング・プラットフォームのSlack上で吐き出されたのでした。しかしそれは生産的な方法ではなかったため、ビデオ通話で集まって話し合うことにしたのです。

公平を期すために、中立的な立場のメンバーを仲裁役として加えました。その会話の中で、誤解していたことや、誤って解釈されていた行動が明らかになりました。その場で全てを解決することはできませんでしたが、緊張状態を大幅に緩和することに成功しました。そして、今後より良く共に働くために、各自が行うアクションを一つずつ決めてミーティングを終わらせました。

「フィードバックラップ」と「バーチャル枕投げ」はどちらも、次のコラムで説明するスーザン・スコット氏の七つのポイントのバリエーションです。

▼スーザン・スコット氏の、難しい会話に対応する七つのアプローチ

スーザン・スコット氏は、著書『激烈な会話——逃げずに話せば事態はよくなる!』で、感情的な対人ディスカッションのはじめに取り組むべき七つの項目を説明しています。

- 問題を特定します。
- あなたが変えたいと思っている行動や状況を示す具体例を選びます。
- 問題に対するあなたの思いを説明します。

- 何が危ぶまれているのかを明らかにします。
- 問題に対しあなたがどのように関与したのかを特定します。
- 問題を解決する意思を示します。
- 〔他の人にも〕反応を求めます。[43]

この章を要約すると、リモートチームで一体感を育むためには、慎重かつ積極的に行動しなくてはならないということです。方向性の一致《アラインメント》をさせながら、つねにアップデートしていくための最善の方法を決めなくてはなりません。可能な限り同僚と親しみを持って関わり合い、予定表に楽しみを組み込む必要があります。そして、余裕があれば、同僚と直接会える時間を設ける必要があります。

最後に――強力かつ方向性の一致《アラインメント》したチームを編成する

私にとって、どのタイミングで手を差し伸べて、どのタイミングで手を離すかが課題となっています。私の経験上、人は、目標とそれを達成するために必要なツールを持ち、支えられていることを認識し、仕事を遂行するためのスペースが与えられれば、よりよい仕事をします

――クリスティン・カンガー[44]

ここまで、広範囲にわたって述べてきましたが、あなた独自の状況に当てはまる情報を見つけられたことを願っています。あなたの社員、目的、および状況に対して考えられる解決策を探求し終

えたら、次はチーム全体で話し合って、使用するツール、プロセス、およびプロトコルを決めましょう。そこから、あなたの企業文化で求められることやマナーについてチームのルールを決めて文書に起こしていきます。

この章のまとめ

■勤務のメリットをオンラインで再現する

- リモートチームは職場のチームと同じくらい効果を発揮できます。重要なのは、最も生産性を生み出すツールと習慣を見つけることです。
- 仕事を効率的に行うために、ツールや情報に迅速かつ簡単にアクセスできることを確認しましょう。
- オンラインで定期的にコミュニケーションを取り、コラボレーションを実施しましょう。定期的（毎日、毎週、隔週など）な状況確認《チェックイン》ミーティングを予定に組み込むことを検討しましょう。
- 参加できない人のためにミーティングを録画します。
- 何をする必要があり、誰が何を行っているのかを文書化するためのタスク管理・プロジェクト管理用ソフトウェアを採用しましょう。
- 業務の見える化《ワーキングアウトラウド》で信頼性を示しましょう。生産性の追跡を行うチームもあります。

・よい仕事を認め合うことで信頼関係を築きます。

■チームビルディング

・一体感のある雰囲気を意識的につくり出しましょう。
・視覚的な繋がりはチームの結束を固めます。できるだけウェブカメラをオンにしましょう。
・仕事以外でもお互いの交流を促進することでチームの絆が深まります。バーチャルランチやゲームナイト、さらにはミーティング前後の雑談タイムなど、くだけた時間を予定に組み込むことが必要です。
・定期的にチームが直接対面できるよう調整します。理想としては四半期毎に、あるいはそれ以上の頻度で会うことです。
・チーム内での争い事はつねにあるものですが、それを防ぐための対策を講じることができます。例えば、共同のタスクボード／ソフトウェアや業務の見える化はミスコミュニケーションやタスクの重複を防ぐのに役立ちます。ポジティブなコミュニケーション手法は場の雰囲気を快適で建設的なものに保つために役立ちます。
・円滑なコミュニケーションを促進するために、フィードバックループを確立しましょう。
・争い事が起きた場合には、建設的に対処しましょう。

第9章

チーム間のルール決め
——チーム規約

達成しようとしていることに関して、プロセスを明確にしましょう。どんなワークフローで行いますか？　意思決定はどのように行いますか？　成果はどう報告しますか？

——ロバート・ロッゲ[1]

とりあえずやり始めようとするチームが大勢いますが、少し時間をかけて、どのようにチームで働くのか、どうコミュニケーションを取るのかといったことについてブレインストーミングを行うことで、トラブルは大幅に回避できます

——ヒューゴ・メッサー[2]

とにかく、リモートチームの成功のためには、共に働く方法についてのプロトコルを定めることが必要なのです。オーケストラの交響曲の演奏を例にとって考えてみましょう。

迫力（音量）とテンポ（ペース）といった不確定な要素や、特に互いの楽器の調和について、事前に合意をしておかなければ、音楽家たちが自分のパートを申し分なく演奏したとしても、開幕と共に不協和音が流れ出すかもしれません。オーケストラで最高の音を出すために事前に詳細を決定する必要があるのと同じように、リモートチームではどうすれば最良の成果を生み出せるかについて事前に決定する必要があります。

チームの「調子を合わせる」ためには、チーム間のルールを全員で作成することです。チーム規約は、共有される情報の種類、メンバーが互いにコミュニケーションを取る方法、誰が何をしているのかを知る方法など、チームの全てのプロトコルを明確にします。本質的にチーム規約とは、チームの結束のための基礎を固めることです。一つには、基本的なガイドラインを作成することによって、チーム内での誤解や食い違いの可能性が減少します。ガイドラインはチームが憶測していることを話し合う時の基盤となります。

第8章で紹介した、ディレクターのハワード・B・エスピン氏の見解を繰り返します。「お互いが見えないからこそ、また、別々の場所で働いているからこそ、誤解が生まれる余地がたくさんあるのです。自身のチームでどのような振る舞いが期待されるのかを明確にすれば、より効率的にコミュニケーションを取ることができます[3]」

例として、仕事の締め切りについて詳しく考えてみましょう。ソココ社の社員は、あらかじめスケジュールの予測を立てておくことをチーム規約に加えました。その方が生産性が向上するからです。一方で、ハッピーメリー社のチームでは、いつでも好きな時間に仕事をすることを選びました。彼らにとって、同じ時間帯に勤務することにほとんど意味がないからです。多くの企業は間を取って、週の一部をチーム共通の時間としてスケジュールに組み、残りは社員が自由に自身の予定を決められるようにしています。

よく見られるもう一つの懸念事項は、方向性の一致《アラインメント》についてです。投資管理パートナーのデレック・スクラッグス氏は次のように述べています。「会話が自然発生する給湯室のような場所がないので、私たちはコミュニケーションと企業文化を非常に意識しています。私たちはチャットツールで毎日オンラインでスタンドアップミーティングを実施し、日々のことについて話し合っています。そして、隔週で振り返り《レトロスペクティブ》ミーティングを実施し、チームとして何が起こっているかを話し合っています[4]」

チーム規約を作成する方法については後ほど詳しく説明します。まずは、その規約に何を盛り込めばよいか、全ての事柄を検討しましょう。一つ目はコミュニケーションです。

コミュニケーション

コミュニケーションはチームの生産性を向上あるいは阻害するのに、最も影響力のある手段です。

▼企業文化の定義

『ハーバードビジネスレビュー』の記事「CEOが不在中は文化が支配する」で、フランシズ・フライ氏とアン・モリス氏は、企業文化の定義を示しています。「任意の行動の指針となるのが（企業）文化です。就業規則に記載されていないことを拾い上げてくれます。先例のないサービスリクエストに対応する方法を教えてくれるのです。

例えば、リスクを冒してまで新しいアイディアを上司に話すべきか、問題が起きた時に提起すべきか隠蔽すべきか、といったことを教えてくれます。社員は毎日、自身で何百もの決定を行っています。文化は私たちのガイドなのです。文化は、CEOの不在時に何をすべきかを教えてくれます。当然のことながら、ほとんどの場合は不在ですから」[5]

バーチャルチームでは、CEOはおそらくつねに不在でしょう。ですから他の方法で、会社が求める企業文化が守られていることを確認する必要があります。例えば、ハッピーメリー社のチームのSlackには、今まで行った困難な決断と、その決断理由について話し合うための#Valuesチャンネルがあります。それは非常に貴重なリソースで、同じような問題に直面したチームメンバーが、チームの価値観に最も合う対処法を判断するために役立っています。

偶然の発見によって、間違いを取り返せる場合があります。例えば、あなたがすでに終わらせた仕事なのに、誰かがまた取り組んでいるのを偶然目にした時や、たまたま耳にした話の中に誤った情報を見つけた時などです。リモートの場合、そのような見落としを偶然に発見する機会がないため、コミュニケーションに関するプロセスをきちんと定めることが非常に重要となります

——アデ・オロノ[6]

リモートチームと仕事をした時にソフトウェア・プロジェクトがなぜ脱線したのかを尋ねられれば、その答えはつねに「コミュニケーション」です

——ヒューゴ・メッサー[7]

優れたコミュニケーションには、着実で意図的な努力が必要です。集約型でも、リモートでも、コミュニケーションに全く問題がないと話すチームに私は出会ったことがありません。チームにはそれぞれ独自のコミュニケーション方法と特有の性格の組み合わせがあるので、それに合わせた最

適なツールとプロトコルを見つけましょう。

その方法として、

- どのツールをいつ、なぜ使うのかを決めましょう。
- ハードウェアもソフトウェアも、全員がそのツールを持っていることを確認しましょう。
- 全てのやりとりに適したマナーを定めましょう。
- 前向きなマインドセットでコミュニケーションを取ることに同意しましょう。

前述のデレック・スクラッグス氏のコメントをもう一度見てみましょう。「私たちはチャットツールで毎日オンラインスタンドアップミーティングを実施し、日々のことについて話し合っています。そして、隔週で振り返り《レトロスペクティブ》ミーティングを実施し、チームとして何が起こっているかを話し合っています」

つまり、チーム規約を実現するための要素の一つは、チームに方向性の一致《アラインメント》をさせるためのツール（チャットツール）と実践（毎日および半月ごとの状況確認《チェックイン》）を決めることです。

■時と場合によって使い分けるコミュニケーションツール

次に、最もお勧めする効果的なコミュニケーションの秘訣を紹介しましょう。ビデオを定期的に、特にミーティングの時に使用しましょう。コミュニケーションのタイプによっては、ビデオの多用は、やり過ぎになると考える人もいるかもしれません。しかし、私が話を聞いたほとんどのチームメンバーは、ビデオの定期的な使用が効果的なワークフローの秘訣であると考えています。ビデオは複雑な情報を送信するのにも最適です。人は視覚に頼ることが多いため、ビデオメッセージはメールよりも遥かに効果的な場合があります。

つねに複数の通信回線を持ちましょう。もちろん、ソフトウェアの不具合が発生した時に備えてという意味で、当たり前のことです。しかしそれとは別の利点もあります。異なる状況には、異なる回線が適している場合があるのです。

私たちはビデオとオーディオだけでなく、チャットも使用しています。なぜなら、ビデオとオーディオの接続が切れた場合でも、お互いにコンタクトが取れるよう調整が必要だからです。様々なテクノロジーを使用でき、それらのテクノロジーが不具合を起こした場合に備えて代案を用意できるよう、テクノロジーに精通している必要があります

——マーク・キルビー[8]

[文字による]オンラインコミュニケーションでは事実だけを述べましょう。複雑で感情的なことは高速回線のビデオや対面での時間のために置いておきましょう

——ピーター・ヒルトン[9]

バーチャルでも距離を感じさせないためには、実際に会話することが必須です。私たちは迅速に賛成したり反対したり、自発的に行動できる必要があります。それができないのがメールの欠点の一つです。メールではより深く考えることはできますが、健全なコミュニケーションの一要素である自発性が失われます

——ピラル・オルティ[10]

簡単に非同期モード（メールやテキスト）からライブモード（電話やビデオ）に移行できるようにしましょう。メールやテキストのような、ボディランゲージや声のトーンが読み取れない「表現力の乏しい」コミュニケーションモードでは、混乱や感情が含まれる会話の場合、問題となる可能性があります。そのため、多くの人は、必要に応じて静的なモードからもっと親しみの持てるモードに切り替えることを推奨しています。

> 一対一のＩＭチャットは面倒な場合があります。通常、どちらかが音声ボタンを押して、音声の会話に切り替えますが、リモートチームの場合は、こうした切り替えをスムーズかつシームレスに行わなくてはなりません。物事は迅速に行われる必要があります。オフィスで誰かに歩み寄るのと同じくらい速く、できればもっと速い方がよいのです
>
> ——トム・ハウレット[11]

> 私たちはまったく異なる方法で個別に仕事をし、必要に応じて繋がることができました。ほとんどの場合は非同期通信を使用し、必要に応じて同期通信に切り替えていました。メールでのやりとりがすんなり行かない場合は、Skype の通話の予定を立てました。大抵のことは、ちょっと話しただけで全て解決できました
>
> ——ルイス・ゴンサウヴェス[12]

使用するツールについて合意し、ルールを守って使ってください。多くの場合、リモートチームでは、とりあえず最も気に入っているツールから使い始める傾向があります。メールやＩＭを好む人もいれば、Slack を好む人もいます。しかし、コミュニケーションが最も効果的に機能するのは、

チームがツール（およびそのツールに関するマナー）について合意し、その決定に従った時です。『ハーバードビジネスレビュー』の記事「グローバルバーチャルチームのためのコミュニケーションのコツ」で、ポール・ベリー氏は、20ヵ国以上にまたがる彼のチームが、主にメールを使用しながら、どのように方向性の一致《アラインメント》をさせているかについて説明しています。この手法が彼らにとって効果的な理由は、各メンバーがメールのチェックを「絶対的な最優先事項」とすることにコミットしているためです。[13]

どのタイプのツールをいつ、どんな理由で使うのかについて取り決めたら、次は具体的にどのツールを使用するかを選択する必要があります。例えば、デジタルクリエイティブエージェンシーのサンボーン社のパートナー、クリス・ハザード氏は次のように述べています。「私たちにとっては、Slack、Trello、Google Apps for Work、および Zoom の組み合わせが効果的です。私たちはつねに新しいツールを試し、必要に応じてそれらを導入しています[14]」

そして、完全分散型のホワイブルー会計事務所について、スコット・ホップ氏は次のように述べています。「私たちは Asana、Slack、G Suite を使用しています。5分未満の短いコミュニケーションには全て、Slack を使用します。複数のインプットが必要なもの、5分以上のものは全て Asana に入力しています。社内で、社員同士がメールを送信することはありませんが、クライアントとメールでやりとりをすることはあります[15]」。前の章で、様々なツールについて詳しく説明しています。

次のコラムでは、ある企業のツールコレクションを紹介します。

▼サイトペン社のツールセット

プロジェクト管理ディレクターのニナ・チューン氏が、完全分散型のウェブ開発会社、サイトペン社で使用しているツールの一式を紹介しています。

- **プロジェクト管理と顧客インターフェース**　現在、Redmineを使用して、社内、クライアント対応、カスタマーサポートの三つの異なるパイプラインでのタスクを管理しています。Redmineはかなり前から使っており、私たちのニーズに合わせてカスタマイズしています。私たちはつねに他のツールの品定めをしており、現在もそのプロセスの真っ最中です。
サイトペン社で今後も決して変わらない方針は、お客様とのコミュニケーションをいずれかのシステムで明確に文書化し、誰もがそれを見られるようにすることです。メールのスレッドは追跡しません。重要な情報は、Redmineに入力します。
- **文書**　私たちはG Suite（メール、カレンダー、そして最も重要なGoogleドキュメント／スプレッドシートなど）を使用しています。リモートの会社では文書でのチームのコラボレーションが極めて重要です。
- **コード**　私たちは、顧客プロジェクト、社内開発機能、オープンソースイニシアティブ（Dojo 2）でGitHubを使用しています。一部の社員は、管理用に複数のGitHubリポジトリを一目で把握できるようにZenHubも使用しています。

- **チャット**　日常的なコミュニケーションにはSlackを使用しています。顧客情報に関するものから映画のネタバレに関するものまで、様々なSlackチャンネルがあります。また、約３００個のカスタム絵文字もあります。その多くはワンクリック回答に役立ち、その他はただ単に面白いという理由で使われています。
- **音声通話、ビデオ、画面共有**　チームとの会話にはSlackを使用します。顧客との通話には、GoToMeetingを使用します。どちらも非常に簡単に起動できるので、いつでも話すことができます。[16]

ツールを選択したら、次に、それらをしっかりと使いこなせるようにしなければなりません。最終決定を下す前に数週間または数ヵ月間、ツールを試すチームの場合は、ツールの選択と修得の段階が並行して行われることがあります。

忘れてならないのは、私たちは皆、それぞれ色々なこだわりを持っていることがあるということです。一見奇妙な理由から特定のツールを好む人もいて、チームにとって「最適な」ツールが彼らには通用しない場合があります。

私は以前、ウィキペディアを使ってサポートマニュアルを作成したことがあります。それはまさに最高傑作で、情報同士が全てハイパーリンクされており、誰もが常時それを更新することもできました。それなのに、誰もそれを使わずに、個別のGoogleドキュメントにこだわっていました。要するに、チームが使わない「最適の」ツールは最適のツールではないということです。

■コミュニケーション上のマナー

リモートコミュニケーションには2段階が必要です――アジャイルビル・クレブス[17]

次に、全てのやりとりに関するマナーを決めていきましょう。これは、チーム規約のどのように当たるところです。自分に合うやり方でも他の人にとっては不快なものかもしれません。そこでこの機会に、一人ひとりが自分の好みを発表することが特に有益だと思います。

私にもこんなことがありました。かつて一緒に働いていた女性は、メールをＩＭツールであるかのように使用していました。彼女はまとめて一通のメールで送信するのではなく、次々と溢れ出てくる考えを一つずつ送信していたのでした。最初は少し面倒でしたが、余分なメールは簡単に削除できたため、処理可能な状態でした。しかし、時間が経つにつれて、彼女とあまりコミュニケーションを取りたくないと感じている自分に気づきました。

リモートチームにおいて、物理的な距離がすでに障害なら、精神的な心の距離は、確実に壊滅的な状況を招くものとなるでしょう。些細な苛立ちは大きな不満感に繋がる可能性があります。コミュニケーションの基本ルールを設定することで、通信回線をオープンな状態にし、チームがスムーズに機能できるようにすることができます。メッセージの量については、コンサルタントのピーター・ヒルトン氏が次のように述べています。「私の経験則は、受け取れるより速いスピードで送ってはいけないということです。そして、相手が送ってくるのよりも速く送らないということです」[18]

カスタマーサポートのスペシャリストであるローラ・ルーク氏は、ＩＭについて別の不満を抱いています。「私はＩＭも会話も同じだと思っています。オフィスの誰かに『質問があります』と言ってから、何も言わずに立ち去ることはありませんよね。同じように、IMで誰かに質問を送ってから、やりとりをせずに、いなくならないでほしいのです。それは、走り去る車から挨拶を投げかけるようなものです[19]」

コミュニケーションの受信によって、仕事を中断させられることがしばしばあります。このことから、多くの人にとって、タイミング、内容の緊急性、および返事をする労力が、最も重要なマナーの要素になります。先ほどのローラ・ルーク氏の例の「走り去る車から挨拶を投げかける」ことがイラつく行為と見なされるのは、IM本来の意義が自発的であることだからです。

つまり、素早く短期間でやりとりができることが前提で、双方の合意で会話を終わらせなくてはなりません（第4章では、ある人の慎重でスローなタイピングが、IM上で通信相手を苛立たせる結果になったことについて話しています。同僚たちは、最終的に打ち込まれるものを待ちながら、点滅している画面をじっと見つめなければいけないという義務感に苛まれていました）。

別の例として、私の知り合いに二人の外部フリーランスとコラボレーションをしていた人がいます。仕事上、定期的に質問への回答を得ることが必要でした。一人のフリーランスはいくつかの質問を溜めてから、まとめて電話で尋ねていました。もう一人は、質問がある毎に電話をかけていました（これは、メールがまだ開発途中で、広く使用されていなかった時代のことです）。まとめて尋ねた方のフリーランスは、取引先とよい関係を築けましたが、もう一人はそうではありませんでした。絶え間ない電話の煩わしさによって、最終的に取引の関係が損なわれてしまったのです。

私は個人的に、（電話ではなくメールについてですが）一通のメッセージにまとめて送る手法を好んでいますが、複数の情報がまとめられたメールを嫌う人といろいろとやりとりをしたことがあります。彼女は一日に200通以上のメールを受け取り、そのほとんどは彼女が「一件ごとの手短メール」と呼ぶものでした。その日のミーティングを全部済ませて、メールに取りかかれた時には、てっとり早くメールをこなしたいと思っていました。そのため、その場ですぐ対応しきれないことを要求するメッセージは、受信箱を膨らませるだけでなく、彼女の厄介な「やることリスト」を増大させるだけでした。

ところで、一件ごとの手短メールの付加価値は、ほとんどの場合、件名と本文が一致しているということです。シスコシステムズ社のハッサン・オスマン氏は、メールの内容の変化に応じて、件名を変更することを推奨しています。これにより、将来、情報をより簡単に見つけ出せるようになります。多くの人がSlackをコミュニケーションツールとして使用する理由の一つは、こうした検索機能と、様々なチャンネルで様々なトピックをグループ化できるオプションにあります（Slackのマナーに関するコラムでは、様々なチャンネルとスレッドの会話に関する詳細を説明しています）。

チーム規約について話し合う際、各人のこだわりについて尋ねることは非常に貴重だということは、もうお分かりだと思います。なぜその作業パターンにこだわるのかを話してもらうことが、相互理解のよい機会になるというのも、その理由の一つです。また、チーム規約には、既存の「標準」的なプロトコルであっても、チームが従いたくないと思うものがあれば、それについて言及することもできます。

例えば、第7章の〈ビデオを取り入れ、正しく使用する〉の箇所では、特に自宅で働くリモートワーカーにとっての、ビデオを使用する際のプロフェッショナルなアプローチについて詳述しています。理想としては、ホームオフィスからのビデオ通話は、社内オフィスからのビデオ通話と同じくらいプロフェッショナルなものであるべきです。しかし例外もあります。

アジャイルコーチのマーク・キルビー氏は、第8章で次のように述べています。「私のチームでは、画面の中で子どもが突然こんにちはと言ったり、家族が通り過ぎたりしても、腹を立てる人はいません。むしろチームの絆を深めるのに役立っています[20]」

あるチームが設定したコミュニケーション上のマナーの一例（これはハッピーメリー社のSlackでのマナーです）を紹介しましょう。

▼Slackのマナーに関するチーム規約のサンプル

Slackは、クラウドベースのチームメッセージング／チームのコラボレーション用ツールです。以下は幸福を追求するグローバルなプロフェッショナルの集まりで、私がリモートチームマネジャーを務めるハッピーメリー社のチームの規約によって決定されたSlackのマナーです。

- 稼働停止時間《ダウンタイム》や通知は自己管理《セルフマネジメント》をする責任があります。
- 人に見てほしい情報がある時は、@を使ってメンションします。
- トピックを様々なチャンネルに分割します。
- 可能な場合は会話でスレッドを使用します。
- 迷った時は、皆と共有できる場所にメッセージを投稿します。
- Slackのチャンネルまたは名前について言及する時は、つねにハッシュタグをつけます。

- Slack でタスクを実行してもらいます。大きなタスクあるいは1週間以上かかるタスクの場合は、そのための Trello カードも作成し、そのカードへのリンクを Slack に含めます。
- 争い事に関しては、基本的に一対一の会話で始めます。公開することを選択した場合、気まずい会話のために指定された「#枕投げ」のチャンネルを使います。
- メッセージを投稿する際は、ニーズを具体的にして状況を完全な文で説明します。会話に関する情報（Trello カード、Google ドキュメントなど）はリンクして、誰もが簡単にアクセスできるようにします。前述のように、スレッドはトピック毎に会話を整理するのに役立ちます。
- 誰かにメッセージを送る際は、彼らのタイミングで返信できるように、必要な全ての情報を伝えます。リンク、ドキュメント、期限、返信までの希望時間など、非同期で会話を進めることができるものは全て含めます。
- メッセージで間違えた場合は、新しく修正されたメッセージを作成するのではなく、元のメッセージを編集します。明確にするためにスレッドを使用することを忘れないようにします。
- テキストを減らす（またはノイズを軽減する）ために、意味が通じる場合、特に賛成／反対の投票などは絵文字で返答することを検討します。[21]

■コミュニケーションのマインドセット

前章でも述べましたが、チームの調整に重要な最後のポイントは、ポジティブなマインドセットでコミュニケーションすることに皆が同意することです。とかく、誤解というものは全容が見えない時に発生するもので、誤解によってチームにおける方向性の一致《アラインメント》は言うまでもなく、生産性までもが乱れるおそれがあります。些細な苛立ちでも時間が経つと大きくなります。できる限り早く誤解を解決して、方向性を一致させ直すことが最優先です。

一言で言えば、溜め込まないことです。不快に思ったことでも発信していいのだと思えることが重要です。そして、チームは、それをポジティブな意図からの発信だと想定して受け止めること。また発信する人は、批判的や非難的ではなく、建設的な言葉選びをすることが極めて重要です。この重要なポイントについては、異文化コミュニケーションのところでもう一度取り上げます。異文化に取り組む前に、まずは、チームメンバーが異なるタイムゾーンで仕事をする場合に必要となるルールについて考えてみましょう。

時差について

時差は依然として根本的な問題です。誰かが就寝時間を遅らすか、早めに起きなければいけませんから

——ハワード・B・エスビン[22]

サマータイムに時計を調整する地域にいる人たちは、変更後の最初の月曜日に間違えて1時間早くまたは1時間遅く出勤してしまうことが、いかによくあることかを知っています。従って、時差がある人々と共に働く場合、いずれタイムゾーンスケジュールの混乱が起こるのは必然的だと言えます。しかし、視野を広げることと、次のいくつかのヒントの力を借りることで、そうした問題を最小限に抑えることができます。

同じタイムゾーンでスケジュールを組む――スケジュールを組む際に、一つのタイムゾーンを選びます。例えば、チームメンバーがブリュッセル、ロンドン、ニューヨークにて、その過半数がロンドンにいる場合、チーム同士のやりとりは、ロンドンの協定世界時（UTC）（以前はグリニッジ標準時またはGMTと呼ばれていました）で計画します。この基準によって、混乱とスケジュールエラーが回避されます。

共有カレンダーを使用する――共有カレンダーを使用することでも、混乱とスケジュールエラーを最小限に抑えることができます。先に述べたように、スケジュールは一つのタイムゾーンを基準にして立てます。また、チームが複数の国や文化にまたがっている場合は、カレンダーにそれぞれの祭日を書いておくと役立ちます。

チームを効率的に編成する――あるタスクを完成させて、それを次のステップへ送る必要がある場合は、タイムラグを回避するために、東から西へとスケジュールを組んでみましょう。また、同時性のコラボレーションが必要なタスクは、距離に関係なく同じタイムゾーンにいる社員に割り当てるのが最適です。これは、「北から南」に割り当てる手法として知られています（このアプローチについては後ほど詳しく説明します）。

タイムゾーンに対する意識を高める――一つのタイムゾーンを基準にしてスケジュールを組むとしても、離れた同僚との時差を確認する習慣をつけてください。多くのチームはタイムゾーンアプリを使用して、リアルタイムのやりとりを調整しています。これは、9人のコアメンバーがカナダのレジーナからインドのヴィシャーカパトナムまでに及ぶハッピーメリー社のようなチームに非常に役立ちます（ちなみに上記の都市の間には約12時間の時差があります）。下記のような旧式の時差表示に比べると、現代のツールは格段に進歩しています。ハッピーメリー社のチームの時差を旧式に表すと上の図のようになります。

時間を再確認する——ミーティングの時間を再確認する習慣を身に付けましょう。タイムゾーンアプリを活用することもできます。

タイムゾーンを意識していることを形に表す——私は自分のいる場所より9時間早いタイムゾーンにいる同僚と定期的に話をしています。私は彼女との通話をいつも「おはよう！　そして、こんばんは！」で始めます。これは彼女のいる場所の時間を意識していることを表すためです。

私は携帯のヤフー天気アプリにも彼女の位置情報を追加しています。そうすることで、彼女の地域の天気を知ると同時に、彼女の現在の時刻を確認することができます。彼女のところは曇りなのか、霧雨なのか、晴れなのかを知るだけで、どういうわけか、私は彼女とより深い繋がりを感じることができるのです。

重なっている時間を優先する――コラボレーションのアクティビティは、全てのチームメンバーにとっての、平日の通常の勤務時間内にスケジュールを組みましょう。

内容豊富なコミュニケーションを取る――重要な情報が不足している仕事ほど、時差によるタイムラグを増長するものはありません。リンク、ドキュメント、締め切り、返答までの希望時間など、受信者がタスクを完了するために必要な全ての情報（会話を非同期で進めることができるもの）を提供するようにしてください。一部のチーム（およびある種のコミュニケーション）にとっては、テンプレートまたはチェックリストを作成して、全ての重要な情報が最初のリクエストで確実に伝えられるようにするのが賢明かもしれません。

全員の好みを把握する――Mingleブログでの記事「分散型チームのタイムゾーン問題を想像する」で、パトリック・サルナック氏は、同僚の昼食時の好み（あるいは必要条件）に関する彼自身の経験談を述べています。

アメリカでは、ファーストフードをテイクアウトして、自分のデスクで食事をする習慣があります。しかし他の国では、昼食はそんな単純なものではありません。ブラジルでは、昼食が一日の中で最も重要な食事です。そのため、昼食時間に被せて仕事のスケジュールを組んでばかりいると、（社員の）士気に関わる深刻な問題が発生します。中国の成都にある我々のオフィスパークでは、食堂に残り物が出ないように計画されています。つまり、午後12時30分までに食べ始めないと、間違いなく第一希望にありつくことはできません。さらに、午後1時までに食べなければ、食べるものがなくなってしまいます。[23]

公平さを心がける——チームメンバーの勤務時間外にスケジュールを組む必要がある場合は、早朝や深夜に会話やミーティングに対応しなくてはならない苦労を交代して共有してください。

■時差のある地域にまたがるチームの場合の留意点

数時間以上の時差がある場合や、ある地域のチームが別の地域のチームからのインプットや仕事を頼りにしている場合は、さらに考慮すべきことがあります。採用に関する章で述べたように、同じタイムゾーンにいる人材、あるいは、少なくとも勤務時間がかなり重なり合う人材を雇用することが、解決策の一つとなります。

簡単な計画によってチームの生産性をスムーズに維持することもできます。ブロッサム社のVP、セバスチャン・ゲッチケス氏は、仕事の遅れに備えて、余裕を持たせたスケジュールを立てています。[24] スクレーピングハブ社のディレクターであるパブロ・ホフマン氏は、グループ全員のインプットが必要な場合は、全員の勤務時間が重なる時間に通話の予定を入れ、そこで決断を「せまる」ようにしています。[25]

ハッピーメリー社の完全分散型チームでは、ラルフ・ヴァン・ルースマレン氏が、効率的な意思決定を行うために「提案書」という優れたアプローチを導入しました。これはチーム全体がアクセスできるGoogleドキュメントで、決断事項、それについての賛成意見と反対意見、全ての不確定要素（付け加えるべき保留情報があるかどうかなど）、そして、フィードバックを要求するセクションが含まれています。これにより、非同期の仕事でも、全員の意見を聞く機会を得ることができます。

最後に、レベルマウス社のディレクターであるアンドレア・ブレーナ氏（旧名ポール・ベリー氏）は次のように述べています。「全員に複数のタスクが割り当てられていることが分かっていれば、コミュニケーション上の苛立ちを防ぐこともできます。そうすることで、コミュニケーションが行き詰まった場合、リモートの社員は回答を待つ間、タスクリストの2番目や3番目のタスクに進むことができるのです。これにより、世界中のどこにいても、誰もが全速力で前に進むことができます[26]」

それでは、次は文化の違いについて考えてみましょう。

文化、言語の違うチームのルール決めとマナー

文化とは異なる国のことだと思うかもしれませんが、ニューヨーク市の真ん中で育った人とアーミッシュ村で育った人との間には大きな違いがあります。それは同じ国の中の異なる場所なのです。また、文化は世代です。異なる人生経験です。個性です。ある意味、全てが多文化なのです。そして、そのように見方を変えると、私たちは互いにどのように違うのかをより良く理解しようとする好奇心を持つでしょう

——ヴァネッサ・ショウ[27]

タイムゾーンだけでなく国境をもまたがるチームの場合、そして文化だけでなく言語までもが異なる場合、全員が共通の認識を持つためのプロセスがさらに重要となります。上の引用でヴァネッサ・ショウ氏が述べているように、互いの違いをより良く理解すること、違いを尊重し合い認め合

うことで、共にスムーズに働くことができます。

そのプロセスは、私たちの世界観を広げることから始まります。異文化の人々と同じ場所で共に働いていると、雰囲気や空気感、特に居心地の良し悪しをどう感じているかなどをお互いに読み取って、文化的背景によって、他者との接し方が変わってきます。しかし、同僚と同じ空間にいない場合は、違いについての理解を深める機会を持つことができます。しかし、同僚と同じ空間にいない場合は、たとえビデオで通信していても、こうした重要な空気感が失われてしまいます。そしてそれが誤解に繋がってしまうことがあります。異文化間で発生する誤解の問題は、一体、何が理解できていないのかも、理解できないということです。

できる限りお互いについて多くのことを時間をかけて学ぶことで、どこの誰とでもうまく働くことができるようになります。リモートの同僚の伝統や風習について、できる限り学ぶ努力をしましょう。さらには、異なる風習の背景にある動機や理由も含めて学ぶことが理想です。

こんなことも考慮してください。一部の文化では、直接的な表現が失礼と見なされます。また、褒め言葉を受け入れることは、たとえ奥ゆかしい受け取り方をしたとしても、うぬぼれることだと思う人もいるかもしれません。フィードバックを求めることは、気が弱いことの証だと考える人もいます。上層部の人たちの見解を知る前に、意見を言うことに消極的な人もいます。グループ全体の意見を聞くまで決断をしない人もいます。アジャイルコーチのラルフ・ヴァン・ルースマレン氏が言うように、「私たちの取扱説明書は、一人ひとり違っているのです[28]」

私がインタビューした人の多くは、リモートの同僚の行動（あるいは行動しないこと）について、憶測でものを言うことの危険性について警告していました。

例えば、同僚とビデオ通話をしていて、彼女が視線をそらし続けているとします。彼女を恥ずかしがり屋、あるいは失礼な人と決めつけるのは簡単でしょう。しかし、文化によっては視線を合わせることは不適切な行為と見なされます。このように、人に対して誤った見解を持つことは容易ですが、それによって強力な関係性を築く機会を失われてしまうかもしれません。

よいリモート関係を築く方法をいくつか紹介しましょう。

> みんなそれぞれ特徴があって当然です。地域によって行動の仕方、特にコミュニケーションの仕方にはパターンが見られます。ですから、違いがあることを認識して、何かあってもすぐに反応しないことです
>
> ――フェルナンド・ガリド・ヴァス[29]

> 一部の人々は文化の影響を大げさに考えすぎます。しかし、結局のところは人と人が共に働いているだけです。個人的には、どの文化と仕事をするかは関係ありません。ただそれに慣れる必要があるというだけです。オフィスに新しい同僚が来た場合も、その状況に慣れる必要があります。私たちは適応しなければいけないというだけです
>
> ――ヒューゴ・メッサー[30]

まず、マインドセットから始めましょう。

■互いの文化や言語を尊重する

アジャイルの専門家のヒューゴ・メッサー氏は端的にこう述べています。「文化的な違いがあることを認め、それを考慮に入れて計画してください[31]」。次に、文化の違いに基づいてチームをどう組織するか様々な方法を説明しましょう。しかし分析しすぎるよりは、まずは尊重とフィードバックについての認識を深めることが賢明です。

マネジャーが遠い拠点の人材を雇用する理由として、コストの節約を念頭に置いているのは事実ですが、彼らがもたらす有益性から慎重に選ばれているのも事実です。多文化の人々の有益性を、避けられない「マイナス」面という文脈の中で語るのではなく、「とても素晴らしい、言語の壁があるにしても」というように考えるべきです。なぜなら、多くの場合、多様なチームのプラス面は想定されるマイナス面よりも遥かに大きいからです（詳細については、続くコラムを参照してください）。

▼スコット・ペイジ氏の「ケチャップ原理」

ミシガン大学の教授で複雑系研究者のスコット・E・ペイジ氏は、2007年の著書『「多様な意見」はなぜ正しいのか』で一般的なシナリオを使用して、多様なチームをつくることの価値について説明しています。議論は単純な質問から始まります。「ケチャップはどこに置いておく?」実のところ、ケチャップを冷蔵庫に保管する地域もあれば、戸棚に保管する地域もあります。

次の内容は、ペイジ教授が2016年のポッドキャストでギムレットメディア社の番組「Reply All」

で述べたものです。「ケチャップを切らしたとします。あなたが『冷蔵庫にケチャップを置く』派の人なら、ケチャップの代わりに何を使いますか？　マヨネーズを使ったり、マスタードを使ったりするかもしれません。なぜなら、そういったものが……〔通常〕ケチャップの横にあるからです。もし、代わりに、あなたが『戸棚にケチャップを置く』派の人で、ケチャップがなくなった場合、戸棚のケチャップの横には何がありますか？　モルトビネガーです[32]」

彼が言っているのは、窮地に立たされた時、冷蔵庫にケチャップを置く派の人だけで構成されたチームは、狭い視野でしか解決策を探せないということです。しかし、戸棚にケチャップを置く派の人も含むチームは、より広い視野を用いて考えます。連携を取ることで、彼らはより革新的な解決策を生み出します。

基本的に、他文化の人々と共に働く場合、彼らの違いを尊重し、彼らの貢献を高く評価することは、あなた自身を含めた全員の有益性を高めることになるのです。

スタータースクワッド社の共同創設者であるティツィアーノ・ペルーチ氏は、彼の経験を三つの教訓に要約しています。「まず一つ目は、耳を傾けること。耳を傾けることができなければ、他の人を理解することは難しいでしょう。苦労して学んだ二つ目のことは、決めつけないということ。代わりに、質問をしましょう。私たちは大体だれでも、自分について聞かれるとうれしいものです。そして三つ目は、物事を個人的に捉えないことです[33]」

ペルーチ氏は二番目に挙げていますが、決めつけないようにというアドバイスは、私のインタビューの中では、最も多く言及されていたものです。こんな重要な補足とともに。「質問をしましょう。好奇心を持ちましょう」。そして、同僚があなたの質問に答えてくれたら、彼らの話をしっかり聞きましょう。

物事を個人的に捉えないというアドバイスは、同僚を信用するということにも繋がっています。前述のアンドレア・ブレーナ氏は、いくつかの異なる角度からポジティブなマインドセットの重要性を強調しています。彼は、特にメールにおいて、「意識してポジティブ」でいることを推奨しています。なぜなら、書いた人にとってはまるで無害に思える内容でも、受信者に否定的に捉えられる可能性があるからです。

同じようにベリー氏は、チームに批評ではなく提案をすることを促しています。自分の仕事のポジティブな面が高く評価されたと感じれば、提案された変更に素直に耳を傾ける可能性が高くなります。彼は次のように付け加えています。「基本的に、私は何かポジティブなことを言いたい場合、すぐにそれを送信しています。ネガティブなことを言う時は、少し時間をかけて、考え直すことがあります。そして大抵の場合、そうして良かったと思うのです[34]」

他のチームメンバーの文化について学ぼうと努力することも、尊重したり認め合ったりする方法の一つです。他言語の最も基本的なフレーズ、特に挨拶の言葉を学ぶ努力をすればなおよいでしょう。

■多言語のチームにおけるコミュニケーションの方法

コミュニケーションは非常に重要なポイントですが、多言語の世界になると、またそれなりの懸念が生じます。チームの基準として一つのタイムゾーンを選択できるように、多言語チームはほとんどの場合、共通の言語を決めています。おそらくこれがチームが方向性の一致《アラインメント》をするための唯一可能な手段ですが、一部のメンバーは母国語ではない言語で話したり書いたりすることを余儀なくされます。つまり、選択した言語を流暢に話せる人を除く全員にとっては、不利なスタートとなります。多くの場合、外国語は話すより書く方が難しいため、書き言葉において不利になることがより多く見受けられます。しかし一方では、強いなまりを聞き分ける方が難しいと感じる人もいます。いずれの場合にも、誤解が発生する機会がたくさんあるのです。

この懸念に対処する最善の方法は、それでもなおチーム全体でオープンかつ正直な話し合いをすることです。そうすることで、グループ内に存在する言語の壁を正確に見極め、各メンバーがどんな回避策を求めているかを知ることができます。

例えば、コンテネオ社は、対処法として、組み込まれたチャットインターフェースと意思決定構造を提供する、意思決定支援プラットフォームであるWeaveを設計しました。ディレクターのルーク・ホーマン氏は次のように説明しています。「混合言語のチームが決断しなければいけない場合、彼らには自分たちの選択について深く考える時間が必要です。Weaveに組み込まれたチャット機能はまさにこれを可能とし、行動を動機付ける決断をグループが下せるようにします」

その話し合いは簡単に思えるかもしれませんが、文化によっては、個人的な見解を述べることに消極的な場合もあることを覚えておきましょう。

ディーブン・バグワンディン氏は自身の記事「リモートチームで文化と言語の違いをマネジメントする」で次のように述べています。「通常、完璧な英語を話し、コミュニケーションがスムーズにできる日本の社員でも」ほとんどの場合、自身の考えを明らかにしません。「なぜなら、職場で自分の意見を表明することは、慣例として日本の文化や権利の範疇にないからです」

そのため、バグワンディン氏は「特にチームの中の外国人とは、初日からオープンコミュニケーションを奨励する」ように、自らお手本を見せて導くことを勧めています。[35] そのチームメンバーが質問をしたり意見を述べたりすることについてどう感じるか、匿名アンケートで尋ねてみれば、その人の不安感を効果的に知ることができるでしょう。そして、質問や意見はチームビルディングと生産性に役立つので大いに歓迎されることを、お手本を示しながら強調しましょう。

このように考えていくと、二つの提案が、多言語のチームの様々な問題の解消となるでしょう。一つは、慣用句、専門用語、俗語を使用しないように最善を尽くすこと。もう一つは、過剰なくらいしっかりコミュニケーションを取ることです。

ただし、コンサルティング会社マネジングバーチャルチームズのシルヴィナ・マルティネス氏が次のように指摘していることにもご注意ください。「過剰なほどのコミュニケーションとは、常時チームと話したり、一日に数千ものメールを送信したりするという意味ではありません。それは、共有する必要がある情報を説明するために、もっと努力するということです」[36]

基本的に、全てのメンバーが必要な情報を確実に受け取るための最良の方法は、それを複数回、複数のモードで、できれば複数の言語でも伝達することです。電話で話し合ったことをメールでフォローアップするのが賢明であるように、あなたの意図を明確にするあらゆる機会を逃さないでください。混乱していることをなかなか示せない人に対しては特に必要です。

同様に、ブリー・レイノルズ氏は、分からないことがある場合は発言することを推奨しています。率直さが認められる文化をお手本にしましょう。

複数のモードで情報を伝達するという発想は、視覚情報にも適用されます。

『ファストカンパニー』誌の記事でジョン・ランプトン氏は、可能な限り目に見える合図やキューカード、そしてその他の視覚的補助を、特に指示や割り当てについて伝える際に使用することを推奨しています。[37] ソココ社の「人中心のコミュニケーション」のブログで述べられているように、「伝えることが何であっても、どの視覚情報が自分の意図を伝えるのに役立つかを熟考することが極めて重要です」[38]（次のコラムから始めましょう）

▼視覚情報で伝える

視覚情報を使ったコミュニケーション強化の方法の提案です。

- **絵文字**　グループチャットの会話では、ハート、笑顔、「いいね」などの絵文字を使って返信することもできます（絵文字は友好的に見なされることが多いという利点もあります。第8章で説明したように、つねに友好的、むしろ友好的過ぎるぐらいの姿勢でいるのはよい習慣です）。

- **Kudo カード**　Kudobox.co では、Twitter を介して感謝状を贈ることができます。

- **ビデオ**　メールの代わりにビデオメッセージを送りましょう。

- **バーチャルミーティングカード**　オンラインミーティング中に何かを伝えたくても、ミーティングを中断するのが気まずい場合があります。そんな時に使えるのがバーチャルミーティングカードです。例えば、「ミュートで聞こえません」「接続が悪く途切れています」「すぐに戻ります」など、カードを持ち上げて伝えることができます。私はこのコンセプトの大ファンで、自分で、素敵な24種類の「コラボレーション用スーパーカード」セットを制作してしまったほどです。それらは私のウェブサイト（https://collaborationsuperpowers.com/supercards）で販売しています。

- **オンラインドキュメントまたはスプレッドシート**　バーチャルソリューションが集約型のソリューションよりも効果的である例を一つ挙げます。オンラインドキュメントやスプレッドシートをチームが共に編集することで、誰もが同じように手元にあるコンテンツを見て、メモを書いたり、質問したり、全員が見られる変更を加えたりすることができます。分散型アジャイルチームトレーナーのルーシャス・ボビケイヴィッチ氏は、スプレッドシートを使用した強力なオンラインコラボレーションの実施に長けています。彼は次のように話しています。「私たちはシンプルなオンラインスプレッドシートを使って考えを視覚化し、ミーティング中にメモをとっています。全員が並行して編集できるため、対面式のミーティングでフリップチャートを使用するよりも効果的な場合があります[39]」
- **バーチャルホワイトボードまたはマインドマップ**　上記の利点と同様に、バーチャルホワイトボードまたはマインドマップも、注意を引きつけ、会話に集中させるのに役立ちます。
- **実際のホワイトボード**　アナログっぽさも時には悪くありません。ビデオカメラの前で実際のホワイトボードに書き込むことは、視聴者に情報を定着させるという点において非常に効果的です。アカデミックライフコーチのグレッチェン・ウェグナー氏は、授業中にミニホワイトボードを使って視覚情報を提供しています。ただし、照明条件がよいことを確認しましょう。
- **視覚化**　ハッピーメリー社のチームにおける実験の一環として、会社のビジネスモデルに抱いているイメージを一人ひとりの社員に描いてもらい、画面共有でみんなと共有してもらいました。

この実験では、どの絵にも全く共通点がなかったことで、問題があることがすぐに確認できました。言葉で確認するより遥かに効果的な方法だったと言えます。

- **Preludeツール**　Preludeは、バーチャルチーム向けの信頼構築ツールです。そこでは、インタラクティブなホワイトボードを使用して、全員の個性、強み、才能、能力を視覚的に表現する絵図を互いに作成することができます（www.playprelude.com）。

私たちのオプションについて一通り検討したところで、実際にチーム規約をつくり上げていきましょう。

チーム間のルール――チーム規約

チーム規約を作成する方法はいくつかあります。Team Canvasは、1枚のビジネスモデルキャンバスをモデルにしています（http://theteamcanvas.com）。Delegation Boardは、組織内での意思決定を委任するマネジメント3・0の実践です（https://management30.com/practice/delegation-board）。これはチーム規約に追加するものとして使います。

私は、ガラムグループ社のエンジニアであるフィル・モンテロ氏が設計したICC（Information Communication and Collaboration）ワークフローを個人的にお勧めします。このアプローチでは、情報、コミュニケーション、コラボレーションに関するチームの特定のニーズに最適なソリューションをメンバー同士でブレインストーミングします（続くコラムと第Ⅳ部番外編の〈リモートワークチームのルールづくり〉を参照してください）。

▼ＩＣＣワークフローを使ったチーム間のルール決めのサンプル

文化を文書化しましょう。それは、あなたのためだけでなく、チームが文化を維持する手助けにするためです

——ジェレミー・スタントン[40]

情報

どのような情報を共有する必要がありますか？　どのような情報を共有してもらう必要がありますか？　一元管理されたファイルシステムを使用した方がよいですか？　一元管理されたタスクシステムを使用した方がよいですか？　共有カレンダーを使用した方がよいですか？　共有のデータベースにアクセスする必要はありますか？　時間をどのように追跡したいですか？　セキュリティについての懸念はありますか？（すでに確立されているチームの場合、「〇〇した方がよいですか」の質問については、「既成のタスクシステムに問題はありますか？」と言い換えることができます）

コミュニケーション

お互いとのコミュニケーションにどの手段を使用しますか？　メール、テキスト、ＩＭ、電話、ビデオ通話、ビデオチャット、バーチャルオフィス、対面。それぞれの返答見込み時間はどのくらいにすればよいですか？　特定のタスク／状況で主に使用する手段を決めておきますか？　全員がアクセ

ス可能なコアタイムを定める必要はありますか？ ［複数のタイムゾーンにまたがるチームの場合］スケジュールを組む時にどのタイムゾーンを基準にしますか？

コラボレーション

- **スケジュール作成**　コラボレーションを行うためのコアタイムを設定する必要はありますか？（通常、全員がアクセス可能な時間の全てをコアタイムに設定することはありません。それよりも短い時間枠にしてください）［複数のタイムゾーンにまたがるチームの場合］スケジュールを組む時にどのタイムゾーンに合わせますか？　様々な場所／ゾーンを視覚化するための主な手段は何にしますか？
- **タスク管理／配分と業務の見える化《ワーキングアウトラウド》**　タスクをどのように割り当てますか？　意図せずにタスクが重複してしまう懸念はありますか？　ある場合は、それが起こらないようにどう確認するべきですか？　他の人の業務内容を知るために、どのツールを使用すればよいですか？
- **生産性／成果**　測定可能な目標は何にすべきですか？　どのようにして、そしてどのくらいの頻度で目標までの経過状況を評価しますか？　何らかのＯＫＲ（目標と主要な成果）システムを実装する必要はありますか？（例えば、社員の燃え尽き症候群に対処する手段として、ケニアの非営利テクノロジー会社ウシャヒディ社は、社員が目標を自分で設定できるようにするＯＫＲシステムを実装しました）
- **時間追跡**　時間をどのように追跡するべきですか？（勤務時間を個別に報告しますか？　マネジャーがアクセスできるデジタル追跡ツールを使用しますか？）
- **対人関係に関する懸念**　フィードバックには、どのような手法を使えばよいでしょうか？　［30

／60／90％のフィードバック法」などの正式なプロトコルを採用する必要はありますか？　対人関係における懸念や誤解には、どう対処すべきですか？　お互いに感謝の気持ちを定期的に表すにはどうすればよいでしょうか？

ワークショップでは、参加者のためにチーム規約を作成するプロセスを手順毎に説明しています。詳細については、〈「どこでも共に働ける」ワークショップ〉を参照するか、https://collaborationsuperpowers.com/anywhereworkshop にアクセスしてください。

前述のように、ＩＣＣワークフローは、ルールを作成するための方法の一つに過ぎません。しかし、どんな方法を選択したとしても、ポイントは、全員が共に働くことについて想定していることを話し合うことです。全員の意見を出し合い、様々な手法の長所と短所を検討した上で、ようやく項目ごとにチームのコンセンサスを決定することができます。

この方法の優れた点は、ただ上から決められたり要求されたりするものよりも、このように各メンバーが同意した方法やプロトコルの方が、遥かに実行率が高いというところです。チームにおける方向性の一致《アラインメント》は、チーム規約から始まります。

チーム規約は「生きた」文書であることが理想です。人々の働き方は時とともに自然と変化するものです。特にチーム編成が変わった時などは、定期的に規約内容を見直すことをお勧めします。

この章のまとめ

■チームを調整する方法

- どのツールをいつ、なぜ使うかを決めましょう。
- ハードウェアもソフトウェアも、全員がそのツールを持っていることを確認しましょう。
- 全てのやりとりに適したマナーを定めましょう。多くの人にとって、マナーの最も重要な要素は、タイミング、内容の緊急性、および返答に必要な労力に関するものです。
- 前向きなマインドセットでコミュニケーションすることに同意しましょう。

■効果的なコミュニケーションの秘訣

- ビデオを定期的に、特にミーティングの時に使用しましょう。
- つねに複数の通信回線を持ちましょう。
- 簡単に非同期モード（メールやテキスト）からライブモード（電話やビデオ）に移行できるようにしましょう。
- 重要な事柄を伝える時に主に使用する手段を選択し、それにコミットしましょう。

■時差のある人々とうまく働く方法

- 一つのタイムゾーンを基準にしてミーティングをし、共有カレンダーを使用しましょう。
- チームを効率的にマネジングしましょう。
- タイムゾーンに対する理解を持って（そしてそれを言葉にしましょう）相手との時差を再確認する癖をつけましょう。
- メンバーと重複する勤務時間を優先しましょう。
- 全員のこだわりを把握しましょう。
- 公平であるようにしましょう。

■多文化や多言語でうまく働く方法

尊敬と感謝

- メンバー間の違いを尊重しましょう。
- 決めつけないでください。代わりに、質問をしましょう。好奇心を持ちましょう。
- 同僚の話をしっかり聞きましょう。
- 意識して前向きになりましょう。批評ではなく提案をしましょう。
- 物事を個人的に捉えないようにしましょう。
- 時間をかけて他のメンバーの文化について学びましょう。
- 他のメンバーの言語で最も基本的なフレーズ、特に挨拶を学ぶ努力をしましょう。

コミュニケーション

- 言語の壁を正確に見極め、それを各メンバーがどう解決したいと思っているか、チーム全体でオープンかつ正直に話し合いましょう。
- 例えば、口頭で話したことを文書化するなど、重要な情報を複数回、複数のモードで伝達しましょう。
- あらゆる機会を利用して意図を明確にしましょう。特に、混乱していると言うのがためらわれる人のために重要なことです。
- 同様に、何か分からないことがあれば発言しましょう。率直であることが認められる文化をお手本にしましょう。
- 慣用句、専門用語、俗語を避けましょう。
- 必要に応じて、翻訳を提供するか、通訳者を雇いましょう。

ツール

- 可能な限り、視覚情報を使ってコミュニケーションを強化しましょう。
- 高品質でメンテナンスの行き届いたテクノロジーとツールを使用して、通信回線ができる限り滞らないようにしましょう。

第10章
まとめ
——共に働くということ

企業は柔軟性という点で成熟してきました。ところが、分散型チームを率いるマネジャーの適性強化という点では、まだ能力が足りていません。マネジャーが優秀な分散型チームを率いるためには、引き続き学習と開発が鍵となります

——エミリー・クライン[1]

前の章でチーム規約について述べました。チーム全体でルールを作成することで、一人ひとりが細かい規約内容を守ることにコミットし、チームにおける方向性の一致《アラインメント》を強固なものにします。チームのアラインメントを維持するためにマネジャーにできることは、チームが合意した役割と義務を果たすために、各人が必要な知識、ツール、トレーニング、プロセス、および結束力を持つこと(またはアクセスできること)を保証することです。それには、具体的に三つの実践が必要です。

一つは、効果的なミーティングを実施することです。二つ目は、士気を高めることです。そのために感謝の気持ちを表し、成功を祝います。三つ目は、継続的に各チームメンバーとの関係を強化することです。これがマネジャーのやることリストの「何を」の最後の部分です。その締めくくりとして、新しい段階に進む方法について——成長することも含めて——少し説明します。

さあ、始めましょう。

効果的なオンラインミーティングを実施する

言うまでもなく、ミーティングは情報を共有し、プロジェクトを進めるために不可欠です。しかし残念なことに、オンラインミーティングはその質の悪さで知られています。技術面の問題から参加者の熱意《エンゲージメント》のなさまで、円滑なコミュニケーションを妨げるおそれのある障害が多すぎるのです。

幸いにも、参加者全員が貢献するスムーズなミーティングを実施する方法について、私が行ったインタビューから多くのヒントを得ることができました。これまでに述べた最も基本的な秘訣は、高速で安定したインターネットを用意し、背景の雑音を最小限に抑え、優れた機器（できればビデオ）を使用することです。

より詳細なアドバイスとして、〈オンラインミーティングのヒント〉を進行役用と参加者用の二つにまとめました。まず進行役のリストから始めましょう。リストの後、いくつかの点について詳しく説明します（第Ⅳ部番外編にも、進行役と参加者向けの〈オンラインミーティングのヒント〉をそれぞれ、アクセスしやすいように再掲してあります）。

■ミーティング前

テクニカル／一般的なこと

- 可能な場合はビデオを使用します。
- ノイズキャンセリングヘッドセットなど、高品質の機器を使用します。
- テクノロジーに問題が発生した場合に備えて、テック／ツールの代替案を用意します（後ほど詳しく説明します)。

- テクニカルな問題に対処するための役割を誰かに割り当てます。
- 静かな場所を選ぶよう参加者に求めます。
- ビデオの場合は、照明に留意することを参加者に求めます。
- 参加できない人のためにミーティングを録画します。

対人/進行役

- ミーティングの指揮を執り、予定通りに進める進行役を決めます。
- 時間配分に関するガイドラインを含んだ予定表を準備します。
- 予定表が全員にアクセス可能であることを確認します。
- ミーティングのマナーを定めます(後ほど詳しく説明します)。
- 参加者が親睦を深められるように、早めの参加や長めの滞在を歓迎します。
- ミーティングの終わりに「保留事項《パーキングロット》」用の時間を設けます。これは、主な議題について話し終えた後に、「いったん保留にした」様々な質問に対応する時間です。
- ミーティング中に保留事項用の質問事項を把握しておく方法を計画します。
- 参加者の発言したいという意思を示す方法を決定します(ビデオミーティングでは、当てられるまで手を挙げたり、バーチャルミーティングカード〔次の項目を参照〕を掲げたりすることができます。音声のみのミーティングでは、グループチャットやIMを使用して会話に割り込みたいことを示すか、単純にそのまま会話に割り込むこともできます)。

- 前の項目に付け加えると、バーチャルミーティングカードを使うことによって、割り込みの発生しないコミュニケーション方法も検討します（後ほど詳しく説明します）。
- 進行役として、参加者の発言したいという意思をどのように承認するかを決めておきます。
- 参加者がELMO（「もう十分、先に進みましょう」）を使って、脱線している話し合いをどのように引き戻すかを決めておきます（ELMOについては後ほど詳しく説明します）。
- 可能な場合は、コラボレーションツールを使用して、参加者がディスカッションを視覚化できるように手助けをします（後ほど詳しく説明します）。
- 参加者の熱意《エンゲージメント》を最大に保つためには、書面で伝えられる情報はミーティングに含めないようにします（多くの人は、Asana、Jira、Slackなど進捗状況を投稿するための決まった場所を用意することを推奨しています）。代わりに、ミーティングの時間は話し合いに使います。
- プレゼンテーションは最小限にします。
- ミーティング中は1時間ごとに5分から10分の休憩を設けます。

必要に応じて検討すること

部分的分散型チーム（一部集約型、一部リモート）

- アジャイルコーチのマーク・キルビー氏はサポートスタッフ制度の導入を推奨しています。リモートワーカーを職場のサポートスタッフと組ませ、トラブル解消《シューティング》をサポートしてもらいます。[2]
- もし同時に二人が話し始め、一人は職場で一人はリモートの場合、リモートの参加者を優先します。

言語の壁がある場合

- ミーティングと並行してリアルタイムのオンライン会話を可能にする**バックチャンネル**を用意します。そこで追加情報を共有し、ミーティング言語が母国語ではない参加者の理解を助けます。
- 参加者が発言者の唇を読めるように、可能な限りビデオを使用します。
- 可能な場合は、テキストではなく視覚情報を使用します。

時差の問題がある場合

- スケジュールを組む際に基準にするタイムゾーンを一つ選びます（例えば、チームメンバーがブリュッセル、ロンドン、ニューヨークにいて、過半数がロンドンにいる場合、チーム間のやりとりは、ロンドンの協定世界時〔UTC〕でスケジュールを組みます）。この基準は、混乱とスケジュールエラーを回避するのに役立ちます。
- 共有カレンダーを使用することでも、混乱とスケジュールエラーを最小限に抑えることができます。
- 可能な限り、コラボレーションのアクティビティは、全てのチームメンバーの通常の勤務時間内に計画します。
- 通常の勤務時間外に集まらなければならない場合は、その苦労を交代で共有します。

■ミーティング中

テクニカル／一般的なこと

- 開始時間の前に機器、照明、接続に問題がないことを確認します（多くの人は、最低でもミーティングの5分前に準備を始めることを推奨しています）。
- 通知音やアナウンスを無効にします。
- 話していない時はミュートにします。

対人／進行役

- 進行役はパーソナルタイムのために早めに入室しましょう。早めに来ている人と親睦を深める機会に利用してください。
- 熱意《エンゲージメント》を持って参加してもらうために、緊張をほぐす時間《アイスブレーカー》で開始します（緊張をほぐす時間については後ほど詳しく説明します）。
- ミーティングのガイドラインを最初に伝えます。特に、発言したいという意思を伝える方法、そしてその意思を承認する方法について、無関係な質問や論点は最後に取っておくよう求め、必要に応じてELMO（「もう十分、先に進みましょう」）を実施する方法について伝えます（ELMOについては後ほど詳しく説明します）。
- 全員に発言する機会があることを確認します。基本的に、全員が携わり続けるよう努めます。

必要に応じて検討すること
- 雑多な質問は短く切り上げ、ミーティング終わりの保留事項《パーキングロット》の時間に回します。
- 参加者の一人が話し合いを支配し始めたら、ＥＬＭＯを利用します。
- 熱意を示さない参加者にフィードバック／質問を求めます。

終了前
- 保留事項の時間を開始します。
- ミーティング後のやるべきこと《アクションアイテム》を発表／再発表し、誰が、いつまでに、何をするのかをはっきりと伝えます。
- 参加者に出席してくれたことに対する感謝の気持ちを伝え、最高の気分でミーティングを終えましょう（後ほど詳しく説明します）。

■アドバイスについての詳しい説明

それでは、いくつかのアドバイスについて詳しく説明しましょう。

ミーティングのマナーを先に決めておく

ビデオミーティングのマナーについての主なアドバイスは二つです。一つ目は、話し手と視線を合わせることです。結局のところ、ビデオを使用するポイントの一つは、共同ミッションに対して、はっきりと熱意を持っていることを視覚的に示すことです。

ウェブカメラでは（視線が合わせにくく）、普段から視線を合わせない習慣の人にとっても、戸惑うことが多いでしょう。画面上の人の目を見ていても、相手側から見ると、実際に視線は合わさっていません。その代わり、カメラに視線を向けることを多くの人が推奨しています。しかし、すると今度は、理想的な目と目による繋がりをあなたから奪ってしまうことになります。『ウォールストリートジャーナル』のサリー・フレンチ氏はこの二つを組み合わせて、「人の顔とカメラの両方を同時に見ることができるように、ビデオチャットウィンドウをコンピューターのカメラの近くに」移動することを提案しています。[3]

二つ目のアドバイスは広く共有されているものです。ミーティング中は、関係のないことをしないようにしましょう。これはつまり、ミュートがオンでもオフでも、「ソリティアゲームをプレイしない」のと同様に「仕事用のメールも確認しない」という意味です。あなたがチームメイトに望むように、チームメイトに注意を向けてください。

熱意《エンゲージメント》を持って参加してもらうために緊張をほぐす時間《アイスブレーカー》で始める

ちょっとした「緊張をほぐす時間」の質問やきっかけを使って打ち解けることで、バーチャルミーティングをポジティブな流れで始めることができます。私のお気に入りはこんな質問です。

- あなたの名前の由来は？
- 好きな食べ物／飲み物／映画／音楽は何ですか？
- 今どんな靴を履いていますか？　写真を撮って見せて。

• 次の文章を完成させてください。「私がダンスをすると○○に似ていると言われます」

こんなちょっとした、心の和むような会話が、参加者の熱意を高めるのに驚くほど効果があります。特に、最後のダンスの質問のような楽しい時間があると、それを見逃すまいと、みんなが時間通りに現れる可能性が高くなりますよ（ミーティングを頻繁に行うようなら、緊張をほぐす時間《アイスブレーカー》の質問の達人になりましょう！）。

ハッピーメリーチームが靴の写真を見せ合っているこちらのスクリーンショットは、『ウォールストリートジャーナル』（2016年12月21日）にこんな見出しで掲載されました。「オフィスのホリデーパーティーよりひどいものは何？　バーチャルオフィスのホリデーパーティー！[4]」（リセット・サザーランド）

もう一つの利点は、熱意を高めるということです。楽しいことはチームビルディングに役立ちます。最終的な目的は、もちろん仕事の目標を達成することですが、チームビルディングもそれに次ぐ（いわば、最後から二番目の）目標となるでしょう。

テクニカルな問題が起きた時のために代替案を設ける

テクニカルな問題は避けられません。高品質のテクノロジーでさえ故障することがあります。しかし、その不可抗力のために計画を立てておけば、素早く仕事に戻ることができます。単純なオプションは、ビデオが故障した場合に、オーディオのみでやり通すことです。

Skypeが機能しない場合は、代わりにGoogle Meetを試すというルールを決めたチームもあります。IMを使ってどう続行するかを話し合うという人も多くいます。

必要に応じてELMOを取り入れる方法

ELMOは「もう十分、先に進みましょう」（Enough Let's Move On）の略称です。これは、話が脱線したり誰かがディスカッションを支配し始めた場合に使える、効果的な方法です。相手をいやな気持ちにせずに職場のミーティングを予定通りに進めることができます。企業によってELMOの使い方は様々です。

ある企業では、参加者が議題に飽きたら「ELMO」と叫び、続けるか進めるかに関して進行役が多数決を取るようにしています。またある企業では、リマインダーとしてエルモ人形［TV番組「セサミストリート」のキャラクター］を会議室のテーブルの中央に置いています。進行役だけがエルモ人形を持つ特権が与えられている企業もあります。進行役がエルモを手に取ったら、それは議題に話を戻しましょうという、「おしゃべりさん」への警告です。それでもしゃべり続ける人には、進行役が実際にエルモを投げつけるのです！[5]

もちろん、実際にエルモ人形がオンラインミーティングでは役に立つわけではありませんが、コラボレーションスーパーパワーズ社では、ビデオミーティングで使用するELMOカード一式を作成しています（詳しくは、次のコラムを参照してください）。ELMOカードを持ち上げるだけで、話し手を遮ることなく、先に進みたいという意思表示ができます。どんな使い方をするにしても、ミーティングが始まる前に、チームがELMOのルールに合意しておくことが大切です。

ディスカッションを視覚化するためのツール

第9章で述べたように、バーチャルミーティングに視覚情報を加える多くの方法があります。（適切な照明の下で）物理的なホワイトボードやポスターにウェブカメラを向けたり、バーチャルホワイトボードやマインドマップを使用したりすることができます。参加者にオンラインドキュメント上またはスプレッドシート上でコラボレーションをしてもらうこともできます。

最後は最高の気分で締める

ミーティングの前に親睦の時間を持ったり、緊張をほぐす時間《アイスブレーカー》でミーティングを始めて絆を深めることが理想的なように、ミーティングの終わりも、最高の気分で締めくくるとよいでしょう。声援や拍手、またはスポーツチームが試合前に行うような掛け声でミーティングを締めくくってみてください。ばかばかしいと思うかもしれませんが、何らかの形でチームで称賛を送り合うことで、――たとえそれが単なるバーチャルハイタッチでも「いいね」でも――ポジティブな反応が起こるように脳に組み込まれているのです。

実際に、無理に笑顔をつくってみると、脳は「笑っているから、嬉しいのに違いない！」と思い込み、多少なりとも気分は明るくなります。[6] たった数分の拍手喝采で、チームが突然、人気グループや由緒ある紳士クラブに変貌するわけではありませんが、皆のテンションが上がって、よい仕事をしようというチームの士気が上がることは確実です。

▼バーチャルミーティングカードを使う

ELMOカードは2種類の「コラボレーション用スーパーカード」のうちの一つで、24枚の異なるカードがあります。例えば、このようなことが書かれています。「ミュートで聞こえません」「もう少しゆっくり話してください」「フリーズしています」話し手を遮らずに、意思表示がお互いにできるものです（詳しくはhttps://collaborationsuperpowers.com/supercardsにアクセスしてください）。

コラボレーションスーパーパワーズのスーパーカード「ミュートで聞こえません」のカード（アルフレッド・ボーランド作）

チームの士気を高め、結束を固める

ミーティングを最高の気分で締めくくるのが理想的であるのと同様に、仕事の区切りごとに何らかの形で感謝を伝えるのがよいでしょう。優れた仕事に対して感謝の気持ちを表すことは確実に士気を高めます。

■感謝の気持ちを表す

全員がリモートの場合は、サンキューカード、親切なメッセージ、誕生日のお祝いといったものが、遥かに適切で重要なものとなります
――スライマ・グーラニ[7]

第4章では、パーソナルカンバンの発明者であるジム・ベンソン氏を紹介しました。彼は、タスクをうまく完了するために、一度に三つのことだけに集中することを提唱しています。これは経営者にとっても社員にとってもよいことです。本書を通して、社員が自ら誇りに思える素晴らしい仕事をするためにはどうすればよいかを説明してきました。でも自尊心を満足させるだけでは十分ではありません。一人ひとりの貢献に定期的に感謝の気持ちを表すことが重要です。

残念ながら、私たちは、ついお礼を言い忘れてしまいます。人々の貢献を認めないことは、ただその機会が失われるだけではありません。感謝を伝えないことで士気が損なわれ、悪影響がもたらされるのです。

感謝を伝え合うというのは子どもじみていると思うかもしれませんが、職場環境について、視野を広く持って考えてみましょう。前述のように、社員の仕事に対する熱意《エンゲージメント》の程度は、仕事面でど

れほど感謝されているかに比例しています。2017年の『フォーブス』の報告では「就業者の66%は、感謝されていないと感じれば仕事をやめる」と指摘されています。[8]

つまり、たまに感謝をするのを忘れないようにしよう、というだけでは不十分なのです。全ての人が自身の貢献が尊重されていると感じられるような方法をいくつか検討してください。第8章では、ハッピーメリー社のメリットマネー制度について説明しました。これは1年を通じて、全員が360度お互いに感謝を伝え合うシステムです（Bonuslyのアプリも同じアプローチを使用しています）。

親切心の共有を促進することを目的としたフィードバックアプリもあります。Bonusly、HeyTaco.chat、およびYouEarnedItは、優れた同僚同士《ピアツーピア》の承認用ツールです。TingglyとSnappyGifts.coを使用すると、社員に、ワインの試飲などの外出先での楽しいアクティビティを報酬として与えることができます。

そして、私が特に気に入っているのは、Kudobox.coを使用して、個人的なメッセージを含む「Kudoカード」をTwitter経由で送信することです。これには、相手の貢献を公に認めるというさらなるメリットがあります。繰り返しますが、忘れがちなこの習慣を途中で投げ出さないでください。チーム全体で定期的に感謝を伝え合うことを促進しましょう。

さらに、各チームメンバーの貢献に対し、個人的にお礼を言うことをお勧めします。ただ（バーチャルで）肩をポンと叩いて「ありがとう、すばらしい仕事です！」と言うだけではありません。その人のコミットメントや価値を示す仕事を具体的に見つけ出し、あなたからの称賛が実際の仕事に基づいたものだと示すことです。これはリップサービスではなく、純粋な評価と称賛なのです（より詳しくは、続くコラムを参照してください）。

▼能力ではなく、努力を褒める

スタンフォード大学心理学部のキャロル・S・ドウェック教授は、マインドセットに関する広範な研究で、二つの異なる種類の称賛が二つの全く異なる結果を生み出すことを結論づけました。

ドウェック教授の調査結果について、ヴァーノン・ガンナーソン氏は次のように述べています。「生まれ持った能力ではなく努力を称賛することは、人々が『固定型』マインドセットではなく『成長型』のマインドセットを育むのに役立ちます……成長型のマインドセットを持った人は、忍耐力と努力によってスキルと能力を磨くことができると考えます。一方、固定型のマインドセットを持つ人は、自身の能力は主に生まれ持った才能や知性によって決定されると考えます」[9]

言い換えれば、人の生まれ持った才能や知性を称賛することは、一見とても高い評価に聞こえても、それはやる気を起こさせるものではないとドウェック教授は考えています。なぜなら、その賢く才能のある個人は、何が良かったのか、また次は何を繰り返すべきなのかが分からないからです。

反対に、費やした努力を称賛する褒め言葉は、その貢献がきちんと評価されていることを示すため、満足感を与えることができます。この満足感の高い称賛は、信じられないほどやる気を起こさせるものでもあります。なぜなら、称賛を受けた者は、さらなる称賛を得るために具体的に何が必要であるかを理解しているからです。

最後にもう一つ、感謝の気持ちを表す以外にもチームメンバーをサポートすることはできます。従来のトップダウン式の年間勤務評定《パフォーマンスレビュー》は時代遅れであり、芸がないと思うのは私だけではないでしょう。現代では、遥かに革新的で有益な方法でパフォーマンスを記録し、向上する動機を与えることができます。

例えば、Thanksbox.coでは、「同僚同士《ピアツーピア》の表彰」「報酬と表彰」「アイディアボード」など、社員の熱意を最大化する様々なデジタルツールを提供しています。これらのツールを使って、簡単にフィードバックを収集したり、目標を設定したり、インセンティブを作成したりすることができます。

このセクションのポイントは、定期的にチーム全体で感謝の気持ちを表す機会を取り入れようということです。勤務評定の再考を検討してください。そして、あなた自身も日々、心から感謝の気持ちを表してください。

■成功を祝う

より大きな中間目標《マイルストーン》を祝う時の感謝の表し方にも同じことが言えます。対面で祝うことができる場合は別として、リモートで成功を祝う方法はたくさんあります。前に述べたように、多くのチームはビデオツールを使って、トリビアクイズやグループゲームを開催しています。リモートの社員にスナックボックスを届けたり、ジムのメンバーシップやハウスクリーニングサービスを提供したりする企業もあります。

フレックスジョブズ社、ブリー・レイノルズ氏のリモートチームはYammerを使って、ブッククラブ、料理グループ、ペットの写真共有などのグループをつくっています。完全分散型のハッピーメリー社のチームでは、長いミーティングの休憩時間にバーチャルダンスパーティーを開いたこともあります（椅子の上で体を揺らしただけの人もいれば、毛皮、帽子、サングラスをつけて、まるで誰にも見られていないように踊り狂った人もいました）。

厄介なのは、チームが部分的に分散している場合にどのように成功を祝うかです。私が話を聞いた専門家は全員、みんなが祝賀会を楽しめることが重要だと言います。例えば、ラルフ・ヴァン・ルースマレン氏は次のように述べています。「オランダのチームと一緒に祝う時は、ルーマニアのチームとも一緒にお祝いをします。唯一の違いは、1700キロ離れているということです[10]」

そして、Remote.coによるインタビューで、社員の半数が職場で働くテクノロジー会社、パルスリー社について、コミュニケーションリーダーのアリー・ヴァンネスト氏は、次のように述べています。

私たちのリモートチームにおいて、最大の課題はチームの仲間意識を構築することでした。大きな商談を決めた時や四半期ごとの目標を達成した時など、会社全体で成功を遂げた場合、それを祝いたいと思うのは自然でしょう。この祝賀会にリモートの社員を含めることは非常に重要です。なぜなら、私たちのプロダクトチームは全てリモートで仕事をしており、彼らは会社のどの功績においても不可欠な役割を果たしているからです。

私たちは保養所を使って、ある程度仕事をしながら、共に祝う機会をつくっています。先週、マーケティングチームの大きな勝利をスパで祝うことにしました。リモートのマーケティングチームのメンバーにはギフト券を贈りました。冗談で、あるメンバーがスパでネイルをしている間にGoogle Meetに参加しないかと提案してみました。[11]

最後にもう一つ。重要な中間目標の達成を祝い、感謝する時間は、完成した仕事を振り返り、どれほどのことを達成できたのかに気づく機会にもなります。

こうした循環の有効性について、起業家で私の夫でもあるフロリアン・ホールナーは、自社の見解としてこう述べています。「成功を祝うことは、たくさん努力した後のストレス発散法だけではありません。次の段階に取り組む熱意《エンゲージメント》を高める方法でもあるのです」

一人ひとりのメンバーと関係を築く

グローバルサービス会社アピリオ社の採用コーディネーターであるエリン・デヴィッドソン氏は、次のように述べています。

リモート社員のマネジメント上、最も難しいのは、全員がアピリオ社のチームと企業文化に一体感を持つようにすることです。私たちはできる限り、地元チームのイベント、バーチャルイベント、そして定期的なビデオミーティングを行うようにしています。

しかしながら、それでも全員が連帯感を持つのが難しい場合があります。チームメンバーをいつもオフィスで見かけるわけではないので、彼らの日々の状況がつねに把握できているとは限りません。

そのため、定期的に連絡を取り合う方法を見つけることが極めて重要です。[12]

同じように、ウェブデザインおよびテクノロジースタジオのオーセンティックフォームアンドファンクション社のパートナーであるクリス・アーノルド氏も、「定期的にメンバーと話し合い、毎週チームがどのように感じているかを確認する」ことの重要性を指摘しています。[13]

もちろん、各メンバーが連帯感を持ち、尊重されていると感じるような、満足感の高いチームをつくることが理想です。しかし、それは深い問題です。

オープンソースソフトウェア会社であるカノニカル社の「人と文化部」のディレクター、クレア・オコンネル氏は次のように述べています。「毎日同僚に会う機会がないと、問題を特定するのに時間がかかる場合があります。ですから、マネジャーは熱意《エンゲージメント》とコミュニケーションを最優先事項と見なさなくてはなりません[14]」

彼女が言う「問題」が一個人であろうとチーム全体であろうと、このアドバイスは、どれほど小さな誤解でも、そのままにしておくと、チームメンバー間でより壊滅的なすれ違いが生じる可能性があるということを言い表しています。

さて、各チームメンバーとどのように関係を強化するかは、チームによっても、会社によっても異なります。主なポイントは、まず、メンバーとの関係をどのように強化するかを決めること、そして強化する努力を絶えず続けることです。それにはいくつもの方法があるので、一つのアプローチを数ヵ月間試して、役に立つかどうかを確認し、続けるかどうかを判断するとよいでしょう。次に述べるのはこの点についてです。

復元可能な小さいステップに分けて試す

物事を細かく分けて試してみてください。そうすることで、リスクが制限され、うまくいかない場合にすぐに変更することができます
——ジェレミー・スタントン[15]

リモートワークでは、進捗状況をつねにモニタリングすることが必要です。リモートという選択肢の導入については、スクラムと呼ばれるプロセスフレームワークからヒントを得ることが合理的です。スクラム開発はアジャイルプロジェクト方法論の一つです。

アジャイルは、ソフトウェア開発の領域で生まれたプロジェクト管理とワークフローの手法です（ウォーターフォールワークフローの反対の手法だとも言われています）。反復型《イテレーティブ》の手法で、細かく測定可能な中間目標《マイルストーン》に業務を分割します。スクラム開発では、通常これらの中間目標（または「スプリント」）を1～2週間の短期間に区切り、確実な成果をあげます。その成果物は完成したプロジェクトであるとは限りません。各スプリントの終わりに、チームは（通常は第8章で述べた振り返り《レトロスペクティブ》ミーティングで）集合し、進捗状況を確認した上で、どのように進めるのが最善であるかについて話し合います。[16]

反復型が理想的である理由にはいろいろありますが、二つの主な理由として、クライアントがつねに進展を感じられること、そして、発生した時点で問題を特定し解決できることにより、大幅な遅れや締め切りの延期が防げることです。基本的に、アジャイルマインドセットの優れた点は、プロセスがどれほどうまく機能しているかを定期的にフィードバックできることであり、必要に応じ

て調整したり、切り替えたり、あるいは完全に破棄することも可能になるところです。

前述のように、Remote.coは135社のリモートフレンドリーな企業に様々な質問をしました。その一つ、「あなたのリモートチームの働き方はどのように変わりましたか」[17]という質問に、反復型プロセスをどう使っているか、主に生産性について、回答がいくつかありました。

学生マーケットプレイスのスタディスープ社は、次のように述べています。「以前まで私たちの計画プロセスは、チーム全体とのミーティングで即席で決められることが多かったのですが、今は別の計画プロセスに移行しており、共同創設者と二人で1週間の優先事項を計画した後、各部署がその日に達成できることについて個々に連絡を取っています」[18]

そして、テクノロジー企業のCOOであるナサニエル・マニング氏は次のように語っています。「私たちがまだスタートアップ企業だった頃は、全員がただ『一生懸命に』働いていました。しかし、歳を取るにつれて、社員たちは燃え尽きていきました……チームの士気が低下したことは、とても残念でした。しかし、私たちには、燃え尽きて助けを必要とする人たちを早期発見するシステムがありませんでした。そこで私たちはOKRシステムを導入して、社員が自ら目標を設定できるようにし、それによって生産性を測れるようにしました」（これはケニアのナイロビにある非営利テクノロジー企業ウシャヒディ社によるものです。彼らは「人々が声を上げるのを助け、特に危機対応、人権報告、政府の透明性について、彼らの意見を聞いて対応する人を助けるために」オープンソースソフトウェアを作成しています[19]）

次の質問にも、アジャイル手法を実際に使っているという回答がありました。「リモートワーカーのマネジメントで、最も難しいことは何ですか？」[20]について、ウェブ開発／設計エージェンシー、プロジェクト・リコシェ社のパートナー・開発者であるケイシー・コブ氏は、次のように述べています。

最も厄介だと思うのは、コミュニケーションツールを使うことによって、全てに緊急性が生じてしまい、組織全体が緊急性に依存する原因になるということです。その結果、社員は、仕事に優先順位をつけたり、仕事に集中あるいは没頭することが困難になります。Slackは優れているものの、会話から会話への素早い切り替えが可能になったことで、燃え尽き症候群が起きやすくなってしまいます。

リコシェ社では、実際は急ぎではない仕事の擬似緊急性に社員が巻き込まれないように注視しています。各チームメンバーは一日の初めに計画を立てます。それから私たちと一対一のミーティングでそのメンバーに計画達成の能力があるかどうかを検討します。自身で立てた計画を日々実現できない場合は、設定した目標に対しコーチングが必要であるか、本当の緊急性と擬似的な緊急性を区別することについて指導する必要があるかのいずれかを意味します。

しかし、それが、組織自体の計画を見直す必要性、そして、社員に緊急性の高いタスクばかりを割り当てるべきではないと示唆している場合もあります。特にそれは社員を燃え尽きさせることになるので注意が必要です。[21]

反復型プロセスの優れている点は、短い周期で低リスクの個別実験を行うことができ、その結果が生み出す知識からすぐに利益を得ることができるというところです。

会社の成長のためのアドバイス

ある時点からはリモートが「成長しない」という主張なんかに耳を貸さないでください。私たちは150歳になってもまだ成長し続けますよ　——フレイジャー・ミラー[22]

有効性を再評価するプロセスは、さらに伸びようとしている事業と同じように、駆け出しの事業にも適用できます。前者については、多くの専門家がリモート事業を拡大する方法について提案しています。

それらを要約すると、コミュニケーションのツールと実践方法が成長に対応していることを確認し、会社が一定のサイズ（一部の人が言うには50人以上）を超えたら管理職を増やすなど、会社の構造を適切に再編成することです。そして、その二つのポイントを組み合わせた考えを推奨する人もいます。それは、平等に貢献できて全員のためになる小規模なミーティングができるように、チームを再編成することです。

80人規模で効果的に機能するツールと習慣は、300人規模で機能するものとは根本的に異なります。コミュニケーションをより頻繁かつ明確に行い、より用心深くなることが必要となります。そしてこれは、組織変更を伝える際にはさらに重要です。しっかりと成長するためには、使用するツールとそれに関わる習慣を発展させるしかありません　——コビー・チャップル[23]

トレロ社が成長するにつれて、他の様々なコミュニケーションツールを導入する必要がありました。

一例として、私たちは毎週の「会社概要」掲示板を設けており、そこで定期的にプロジェクトを更新して、社内の誰もが進捗状況を知ることができます

——ステラ・ガーバー[24]

私たちは成長の過程で、日々の業務により多くのテクノロジーを取り入れてきました。各プロセスに関与する人が増える中、効率性を継続的に向上させることが重要となります。パフォーマンス管理プロセスから四半期ごとの「会社の現状説明」に至るまで、私たちはより構造化されたコミュニケーションを用いて、誰もが必要な情報を確実に受け取れるようにしています

——クリスティン・カンガー[25]

成長するにつれて、より多くのプロセスと計画を構築するようになっています。誤って行えば、これはお役所仕事のようになるでしょう。正しく行えば、これらのシステムは、集約されていなくても私たちがうまく機能できるようにサポートしてくれます

——フレッド・ペッロッタ[26]

最後に

最後の四つの章では広範なトピックを取り上げました。もうすでにこれらの提案を実行し始めた人も、まだ実感が湧かないという人もいるでしょう。いずれにしても、ここでまた要約を述べ直す必要はありません。最後に、いくつかのヒントとアドバイスで締めくくりましょう。

・コミュニケーションをうまく、頻繁にとりましょう。可能な限り対面でも行いましょう。
・透明性を保ちましょう。チームにはよい点と悪い点の両方を伝えます。

ワーキングソリューションズ社の人材管理担当VPであるクリスティン・カンガー氏はこう指摘しています。「リモートで効果的にコミュニケーションを取るには練習が必要です。どれくらい共有し、どれくらいの頻度で、誰を含め、どのようにメッセージの意図を伝えられるか」、これら全てがうまくできるようになるには時間がかかります。[27] 辛抱強く進んでいきましょう。

・共に働く人と親睦を深めましょう。
・自分のチームを大切にしましょう。

チームメンバーと繋がる努力をしなくてはならないという事実は、図らずも集約型よりリモートワークの方がよい働き方であると強調するポイントの一つになっています。同じ空間で毎日働いていれば、当然、繋がりができると思っている人がいます。

たとえそれが本当の意味での絆ではないとしても。しかし、距離をものともしないほど絆を深めるためには、個人の時間と労力を要します。そしてそれによって、より深い繋がりを育むことができます。頑張って継続することがポイントです。

・全ての行動において、意図的であるようにしましょう。

・継続的に実験と改善を行いましょう。

容赦ないアドバイスをする人もいます。ワードプレスソリューション提供会社であるインプシード社の共同所有者・プロジェクトマネジャー、アレックス・フリゾン氏は、次のように厳しい指摘をしています。「リモートワーカーのマネジメントに失敗した場合、それはシステムではなく、あなた自身に原因があります[28]」

もう少し柔らかいアドバイスもあります。データ管理ソフトウェアベンダーであるデータスタックス社のエンジニアリング担当EVP、マーティン・ヴァン・リスウィック氏は、リモートワーカーのマネジメントは「実際よりも難しいのでは、と当初は考えていました。でもマネジメントの問題は場所に関係なく、どこでも同じなのです[29]」

この二つの中間がちょうどよいアドバイスのようです。問い合わせ対応用ソフトウェア会社であるヘルプスカウト社のコンテンツマーケティング担当、ポール・ジュン氏は次のように述べています。

リモート会社のリーダーには、間違いなく、より多くの負荷がかかっています。最も難しいのは、負荷があることを認識してきちんと整理することです。企業のリーダーたちは、透明性を保ち、連帯感を維持することをつねに意識しなければいけません。もちろん、正しく行えば、結果として非常に生産的な労働力を得ることができます[30]。

この章のまとめ

■効果的なオンラインミーティングを実施する

- 最も質の高いミーティングは、高速で安定したインターネット、雑音を最小限に抑えた背景、優れた機器（できればビデオ）から生まれます。
- トラブルが発生した場合に備えて、つねに時間に余裕を持たせます。テクノロジーが故障した場合の代替案を用意しましょう。
- 期待値を設定するためにミーティングのマナーを定めましょう。
- 参加者のモチベーションを高めるためにミーティングを緊張をほぐす時間《アイスブレーカー》で始めましょう。
- 可能な場合は、コラボレーション用のツールを使用して、参加者がディスカッションを視覚化できるように手助けをしましょう。
- 会話が脱線しないように、必要に応じてＥＬＭＯ（「もう十分、先に進みましょう」）を取り入れましょう。
- 参加できない人のためにミーティングを録画しましょう。
- プレゼンテーションは最小限にしましょう。
- 最高の気分でミーティングを終えましょう。参加者がミーティングの後（または前）に交流できる時間を設けることを検討しましょう。

■チームの士気を高める

- 互いに感謝する環境をつくり、感謝の気持ちを表し合うことが自然であるようなチーム文化を構築しましょう。
- メンバーの貢献に対して、定期的に感謝する様々な方法を探求しましょう。能力ではなく努力を称賛するようにします。
- 成功を祝う時間を設けましょう。部分的分散型チームの場合や集約されたチームが複数の拠点にいる場合、皆が同じように成功を祝えるようにします。
- 社員との関係を継続的に強化しましょう。
- 各チームメンバーとオープンなコミュニケーションを維持するようにします。マネジャーが頻繁にメンバーと話し合い、全員が必要なものを持っていることを確認しましょう。
- 時間をかけて、個人的にチームメンバーとの親睦を深めましょう。メンバーの、人となりや貢献を、心から尊重していることをはっきり示しましょう。

■成長

- コミュニケーションのツールと実践方法が、企業の成長に対応していることを確認しましょう。
- 必要に応じて、会社の体制を再編成しましょう。

第Ⅳ部　番外編

マネジャーの行動計画《アクションプラン》

特定の順番で行うリストにのみ番号が付いています。

■強力で、共感的で、柔軟なリーダーシップの提供を約束する

1．第7章をご覧ください。

信念

2．あなたはチームがリモートワークで成功できると信じていますか？　その理由も含めて考えましょう。成功できると信じている場合は、〈信頼〉のセクション（9番より先）へ進んでください。

3．まだ（完全に）成功が信じられない場合は、できる限り具体的に、信じられる理由と、信じられない理由の両方について、それぞれ一つの文で説明してください。信じられる理由の例。「成功するには○○である必要があり、私のチームは確実にそれに当てはまる」。まだ信じられない場合の例。「コミュニケーションスキルが十分に備わっているかどうか分からない。すぐ

に亀裂が生じるかもしれない」「一人で生産的に仕事をすること自体が不可能だと思う」

4．信じられない場合、その理由ごとに、どう変えれば信じられるようになるかを書き出しましょう（これが「可能性」ということです）。例えば、「チームがうまく交流できているかどうかチェックし続けて、時間が経ってもうまくやれているようなら、信じられるかもしれない」「全ての締め切りが守られていることを確認できたら、彼らが生産的であることが信じられるかもしれない」

5．それぞれの可能性を実現するためにできることがないか、検討しましょう。例えば、「(a)メンバーが不満を示すためのフォーラムを含んだ、チーム全体のコミュニケーションハブを確立し、(b)問題がある場合は全員に声をあげるように促す」。または、「(a)長期間のプロジェクトを短い周期に分割し、(b)チーム全体のタスクボードを利用して、締め切りが守られているものとそうでないものを特定する」

6．何らかの方法を使って、すぐに開始、あるいは実現できそうな可能性があれば、さっそく始めてみましょう。

7．このチェックリストを引き続き読んでいき、ほかにどんなオプションがあるかを知りましょう。まだ検討中のことに対応しそうな詳細を見逃さないように読んでいきましょう。

8．もし時間と共に考え方が変わったら、新しい考えを書き出しましょう。まだ変わらない考えはリストにまとめ、定期的に確認できる場所に置いておきます。

信頼

9．チームメンバーの一人ひとりが、コミットしたことを成し遂げられると信頼していますか？信頼している場合は、次のセクションへ進みましょう。

10．まだ（完全に）信頼できない場合は、チームメンバー一人ひとりについて、その人がコミットしたことを成し遂げられると信頼している理由や、信頼していない理由を、少なくとも一文ずつ書き出しましょう（〈信念〉の箇所の例を参考にしてください）。

11．信頼していない理由の一つ一つについて、信頼するためには何が必要かを書きましょう。

12．その信頼を築くために、あなたが教えたり促したりできることはありませんか？

13．あなたが教えたり促したりできる「信頼性」があれば、早速始めてみます。

14．もし時間と共に考え方が変わった点があれば、それを反映させた文を書きます。あなたが継続して信頼している事柄や人をリストにまとめ、定期的に確認できる場所に置いておきます。

■必要とする基本的なツールをチームメンバーが持っていることを確認する

- 電話
- コンピューター（デスクトップまたはノートパソコン）
- ヘッドセット
- 外部モニターやキーボード（必要に応じて）
- ウェブカメラ機能
- ビデオに適した設備環境、背景や部屋などの空間、モニター

- モデム（DSL／Wi-Fi／イーサネットなど）
- 会社のサーバー経由での仕事用メールへのアクセス（Outlook や Mac Mail など）
- 電話番号やメールアドレスへのアクセス
- 作業中ファイルへのアクセス
- 該当する場合は、VPNへのアクセス

■社内にいる社員のために──部分的分散型チームの場合

- ビデオ通話をするための静かで／プライベートスペースとテクノロジー
- リモートワーカーが職場で仕事をしなければならない時に使うスペース（「ホット」デスクと呼ばれることもあります）
- グループでコラボレートする時に使うスペース（会議室など）

■チームがツールを使いこなせているかを確認する

15. 必要に応じてトレーニングを実施します。
16. マネジャーが頻繁にメンバーと話し合い、誰が追加のサポートを必要としているかを把握します。

■リモートフレンドリーなツールや習慣を探求する

17. 第8章を読んで、あなたの社員、目的、状況に最適なツールや実践をメモして、検討してください。

18. 使えそうなツールを探して（できればさらに詳しく調査して）おきます。

■チーム規約について検討する

19. 第9章を読みながらメモを取ってください。
20. リモートチームの規約テンプレートを確認してください。
21. あなたのこれまでの調査結果に基づいて、特に理想的なツールと実践に関して、チーム規約のテンプレートに変更を加えます。チームが各オプションを検討するために役立つ説明やURLも含めます。
22. チームにテンプレートを配布し、チームとしてどのツールや実践を試してみたいかを検討してもらいます。なぜそれを好むのか、選んだ理由もまとめておくように伝えます。
23. チーム規約について話し合うためのミーティングを計画します。

■チーム規約について話し合う

物理的な、またはバーチャルのホワイトボード上、あるいは書面でチーム規約のテンプレートを全員が確認できることが理想です。時間が許せば、話し合いによって合意することを目標にしましょう。

24. チーム規約について話し合うミーティングで、チームにテンプレートの説明をし、各自の希望を話してもらいます。チームが最初に何を試したいかを検討することがポイントであって、それがまだ決定事項になるわけではないと伝えます。

25. ミーティングが進むにつれ、必要に応じて、テンプレートを調整します。
26. 規約を調整したら、最終投票を行います。
27. 承認された文書は配布するか、全員が（Googleドキュメントなどを使って）アクセスできるようにします。

■チーム規約を実現する

決定したチーム規約で要求される全ての行動手順《アクションステップ》を実行するためのスケジュールを組み、割り当てます。

28. 選ばれたテクノロジーやツールにチームメンバー全員がアクセスでき、彼らがそれを使いこなせるようにします。
29. 必要に応じてトレーニングや追加のサポートを提供します。
30. 実現プロセスを完了させる、つまり全ての要素を確定するための状況確認《チェックイン》ミーティングのスケジュールを組みます。その後、チーム規約内の全ての項目を実践に移します。
31. チーム規約の実践状況を確認するための状況確認ミーティングのスケジュールを組みます。
32. チーム規約の有効性を再検討するために（できれば導入後3ヵ月から半年で）状況確認ミーティングのスケジュールを組みます。必要に応じてチーム規約を調整します。
33. チーム規約の状況確認ミーティングの予約を定期的に組みます（半年ごとやチーム編成が変わ

るたび、どちらか早い方にチーム規約を見直すチームもあります）。

■効果的なオンラインミーティングを実施する

34. 第10章の〈効果的なオンラインミーティングを実施する〉をご覧ください。
35. テクノロジーに問題が発生した場合に備えて、テック／ツールの代替案を検討します。テクニカルな問題に瞬時に対処できるのは誰なのかも把握しておきます。
36. あなたのチームにとっての効果的な緊張をほぐす時間《アイスブレーカー》を検討します。ある程度、調べられる限り内容をリストアップし、数週間分の用意をしておきます。
37. 後で総括するために、やるべきこと《アクションアイテム》を把握しておく方法を検討します。
38. 参加者の発言したいという意思を示す方法を検討します（ビデオミーティングでは、当てられるまで手をあげることができます。音声のみのミーティングでは、ＩＭを使用して会話に割り込みたいことを示すことができます）。
39. 参加者の発言したいという意思を承認する方法を検討します。
40. あなたや参加者がＥＬＭＯを使って、脱線している話し合いを引き戻せるようにする方法を検討します。
41. 参加者がディスカッションを視覚化できるようにするツールについて検討します。

■感謝を伝え、成功を祝うことで、チームの士気を高める

42. 第10章の〈チームの士気を高め、結束を固める〉をご覧ください。

43. 例えば、Tinggly で体験を贈ったり、Kudobox.co から Kudo カードを贈ったりするなど、全員が貢献を評価されていると感じられるような方法を検討しましょう。チーム規約で定めたチーム全体で行う同僚同士《ピアツーピア》の感謝にも、マネジャーとして何らかの形で参加した上で、さらにこれらの方法を追加して行いましょう。

■ 各チームメンバーとの関係を継続的に強化する

44. 各チームメンバーと話し合う項目のチェックリストを作成します。彼らの貢献や努力に対し感謝の気持ちを表すことも含めます。例えば次のような質問をしてみましょう。

- 使用が決定した全てのツールに満足していますか?
- 私から十分なサポートを受けていると感じていますか?
- 仕事に満足していますか?
- あなた自身の生産性を高めるために必要なものはありますか?
- サポートが必要な問題はありますか?
- あなたはチームの中で尊重されていると感じていますか?

45. 各メンバーと定期的に話し合うミーティングを計画します。

46. そして話し合いで決まった行動計画《アクションプラン》を立てます。

リモートワークチームのルールづくり——手順とテンプレート

チーム規約はチームの規模にかかわらず役に立ちます。しかし、オンラインでチーム規約の話し合いをうまく進めるには、参加者は最大12人までがベストです。また、チームがすでに、ビデオミーティングやチャットなどのツールに慣れていることが理想的です。

手順

チーム規約を作成するプロセスは段階的に行います。

1. チームの状況に基づいたニーズを検討します。
2. チームのニーズに最適なオプションを調査します。
3. 調査結果に基づいた具体的なオプションをいくつか含め、チームに提示するチーム規約テンプレートを完成（あるいは新たに作成）させます。
4. チームメンバーにテンプレートを配布し、メンバーが内容を確認した上で、各自の希望を話し合う準備をするように伝えます。
5. ミーティングを開き、規約内容について話し合い、最終決定を行います。

続いてマネジャーのニーズについて考えるために役立つ質問をいくつか紹介しましょう。他の質問はテンプレート自体で確認できます（テンプレートのデジタルバージョンは https://collaborationsuperpowers.com/extras で入手できます）。

- カレンダーやスケジュールをチームと共有する必要はありますか？　必要がある場合は、どのオンラインカレンダーが最適であるかを検討します。また、多くのタスク管理アプリには、カレンダーが機能に含まれています。
- 生産性を把握する必要はありますか？
- セキュリティプロトコルを確立していますか？
- 会社のネットワークにアクセスするために安全な接続は必要ですか？
- 必要な情報へのアクセスを制限しているものはありますか？
- 仕事を完成させるために、チームはイントラネット、オンラインファイルシステム、データベースなどにアクセスする必要はありますか？　必要がある場合は、システムに接続するために、どのようなアクセス、権限、セキュリティプロトコルが必要であるかを検討します。
- テクノロジーやツールの使用に関してサポートが必要なチームメンバーはいますか？　いる場合は、トレーニングオプションを検討するか、ツールの選択時にサポートを必要とするチームメンバーがいることを考慮すべきかを検討します。

テンプレート

すでに確立されているチームの場合、「○○の方がよいですか？」の質問は、ツール・実践・システムにどれほど満足していますか？」のような具体的な質問に置き換えるとよいでしょう。

■情報

- どのような情報を共有する必要がありますか？
- どのような情報が共有されることを期待しますか？
- 共同タスクボードを導入した方がよいですか？　例えば○○などがあります。他に提案したいオプションはありますか？
- 連絡手段を共有するための好みのツールはありますか？　例えば○○などがあります。
- 全員がどの業務を行っているかを把握するための好みのツールはありますか？　例えば○○などがあります。
- 好みのスタンドアップ・振り返り《レトロスペクティブ》用ソフトウェアはありますか？　例えば○○などがあります。
- 好みの時間追跡ツールはありますか？　例えば○○などがあります。他に提案したいオプションはありますか？

■コミュニケーション

・下記の表に、次のことを記入してください。

－仕事目的で使用したい媒体（該当するものに○印をつけるか、なければ使いたいものを書き込みます）

－各媒体での希望する返答時間

－社交目的で使用したい媒体

・好みのグループチャットツールはありますか？　例えば○○などがあります。

・好みのビデオミーティングツールはありますか？　例えば○○などがあります。

・好みのバーチャルオフィスツールはありますか？　例えば○○などがあります。

・アイディアを共有したり、話し合ったりするための確立されたフォーラムがあった方がよいですか？　例えば○○などがあります。あるいは、定例ミーティングでアイディアを出し合う方法がよいですか？

・互いに感謝の気持ちを表すための確立されたフォーラムが必要です。例として、メリットマネーやBonusly、そして

媒 体	仕事目的で使いたいもの	希望する返答時間	社交目的で用いたいもの
メール			
グループチャット			
インスタントメッセージ			
対面		N/A	
電話			
テキスト			
ビデオ通話		N/A	
バーチャルオフィス		N/A	

YouEarnedItなどがあります。これらの中で試したいものはありますか？　また、他に提案したいオプションはありますか？

- プロジェクトのフィードバックを要求するためのプロトコルを確立しましょう。例えば○○（できれば「30／60／90％のフィードバック法」を含めます）などがあります。これらの中で試したいものはありますか？　また、他に提案したいオプションはありますか？
- 争い事に対処するためのフォーラムを確立しましょう。例えば○○（「フィードバックラップ」あるいは「バーチャル枕投げ」を含めてもよいでしょう）などがあります。これらの中で試したいものはありますか？　また、他に提案したいオプションはありますか？

■コラボレーション

- （チームが複数のタイムゾーンにまたがる場合）どのタイムゾーンを基準にしてスケジュールを立てますか？
- コラボレーションのために、（いくつかの）コアタイムを設定した方がよいですか？
- オンラインでコラボレーションを促進するツールに○○などがあります。これらの中で試したいものはありますか？　また、他に提案したいオプションはありますか？

オンラインミーティングのヒント――進行役向け

このリストの後に、参加者のためのヒントを別リストで掲載しています。

■ミーティング前

- 可能な場合はビデオを使用します。
- ノイズキャンセリングヘッドセットなど、高品質の機器を使用します。
- テクノロジーに問題が発生した場合に備えて、テック／ツールの代替案を用意します。
- テクニカルな問題に対処するための役割を誰かに割り当てます。
- 静かな場所を選ぶよう参加者に求めます。
- ビデオの場合は、照明に留意するよう参加者に求めます。
- 参加できない人のためにミーティングを録画します。

■対人／進行役

- ミーティングの指揮を執り、予定通りに進める進行役を決めます。
- 時間配分のガイドラインを含んだ予定表を準備します。

・予定表が全員にアクセス可能であることを確認します。
・ミーティングのマナーを定めます。
・参加者が親睦を深められるように、早めの参加や長めの滞在を歓迎します。
・ミーティングの終わりに「保留事項《パーキングロット》」の時間を設けます。これは、主な議題について話し終えた後に、「いったん保留にした」様々な質問に対応する時間です。
・ミーティング中に保留事項用の質問事項を把握しておく方法を計画します。
・参加者の発言したいという意思を示す方法を決定します（ビデオミーティングでは、当てられるまで手を挙げたり、バーチャルミーティングカード〔次の項目を参照〕を掲げたりすることができます。音声のみのミーティングでは、グループチャットやＩＭを使用して会話に割り込みたいことを示すか、単純にそのまま会話に割り込むこともできます）。
・前の項目に付け加えると、バーチャルミーティングカードを使うことによって、割り込みの発生しないコミュニケーションの方法も検討します。
・進行役として、参加者の発言したいという意思をどのように承認するかを決めておきます。
・参加者がＥＬＭＯ（「もう十分、先に進みましょう」）を使って、脱線している話し合いをどのように引き戻すかを決めておきます。
・可能な場合は、コラボレーション用ツールを使用して、参加者がディスカッションを視覚化できるように手助けをします。
・参加者の熱意《エンゲージメント》を最大に保つためには、書面で伝えられる情報はミーティングに含めないようにします（多くの人は、Asana、Jira、Slack など進捗状況を投稿するための決まった場所を用意することを推奨しています)。代わりに、ミーティングの時間は話し合いに使います。
・プレゼンテーションは最小限にします。
・ミーティング中は1時間ごとに5分から10分の休憩を設けます。
・もし同時に二人が話し始め、一人は職場で一人はリモートの場合、リモートの参加者を優先します。

必要に応じて検討すること

部分的分散型チーム(一部集約型、一部リモート)

・サポートスタッフ制度を導入します。

言語の壁がある場合

・ミーティングと並行してリアルタイムのオンライン会話を可能にする**バックチャンネル**(グループチャットやIMなど)を用意します。そこで追加情報を共有し、ミーティング言語が母国語ではない参加者の理解を助けます。
・参加者が発言者の唇を読めるように、可能な限りビデオを使用します。
・可能な場合は、テキストではなく視覚情報を使用します。

時差の問題がある場合

・スケジュールを組む際に基準にするタイムゾーンを一つ選びます(例えば、チームメンバーがブリュッセル、ロンドン、ニューヨークにいて、過半数がロンドンにいる場合、チーム間のやりとりは、ロンドンの協定世界時〔UTC〕でスケジュールを組みます）。この基準は、混乱とスケジュールエラーを回避するのに役立ちます。

- 共有カレンダーを使用することでも、混乱とスケジュールエラーを最小限に抑えることができます。
- 可能な限り、コラボレーションのアクティビティは、全てのチームメンバーの通常の勤務時間内に計画します。
- 通常の勤務時間外に集まらなければならない場合は、その苦労を交代で共有します。

ミーティング中

■テクニカル／一般的なこと

- 開始時間の前に機器、照明、接続に問題がないことを確認します（多くの人は、最低でもミーティングの5分前に準備を始めることを推奨しています）。
- 通知音やアナウンスを無効にします。
- 話していない時はミュートにします。

■対人／進行役

- 進行役はパーソナルタイムのために早めに入室しましょう。早めに来ている人と親睦を深める機会に利用してください。

- 熱意《エンゲージメント》を持って参加してもらうために、緊張をほぐす時間《アイスブレーカー》で開始します。
- ミーティングのガイドラインを最初に伝えます。特に、発言したいという意思を伝える方法、そしてその意思を承認する方法について、無関係な質問や議論は最後に取っておくよう求め、必要に応じてELMOを実施する方法について伝えます。
- 全員に発言する機会があることを確認します。基本的に、全員が携わり続けるよう努めます。

必要に応じて検討すること

- 雑多な質問は短く切り上げ、ミーティング終わりの保留事項の時間《パーキングロット》に回します。
- 参加者の一人が話し合いを支配し始めたら、ELMOを利用します。
- 熱意を示さない参加者にフィードバック／質問を求めます。

終了前

- 保留事項の時間を開始します。
- ミーティング後のやるべきこと《アクションアイテム》を発表／再発表し、誰が、いつまでに、何をするのかをはっきりと伝えます。
- 参加者に出席してくれたことに対する感謝の気持ちを伝え、最高の気分でミーティングを終えましょう。

オンラインミーティングのヒント――参加者向け

進行役のためのヒントは、このリストの前に記してあります。

ミーティング前

■一般的なことに関して

- 進捗状況を報告する時は、皆に熱意《エンゲージメント》を持って聞いてもらうために、次の二つのガイドラインに注意してください。一つ目は、今話し合う必要のない事柄は、メールやグループチャットなど、別の媒体のために置いておきます。二つ目は、情報を発表する時は文書を読み上げるのではなく、会話をするように発表することで、参加者を引き込みましょう（完全な文章の代わりに、箇条書きのメモを用意すると役立ちます）。
- 何かを発表する場合は、可能な限りビデオを使用します。

■テクニカルなこと

- ノイズキャンセリングヘッドセットなど、高品質の機器を使用します。
- テクノロジーに問題が発生した場合に備えて、テック／ツールの代替案を用意します。

・ビデオを使用する場合は、照明が十分に明るいことを確認してください。また、後ろについ立てを立てるなどして、乱雑な背景が邪魔にならないようにします。
・静かな場所にセットし、背景の雑音を最小限に抑えます。
・開始時間の前に機器、照明、接続に問題がないことを確認します。
・通知音やアナウンスを無効にします。

言語の壁がある場合

・言語理解のために、バックチャンネル（グループチャットやＩＭ）の利用を希望するかどうかをミーティングの進行役に伝えます。
・発言者の唇が読めるように、ビデオベースのミーティングを要求します。

ミーティング中

・発言していない時はミュートにします。
・保留事項《パーキングロット》の時間に質問したいことをメモしておきます。
・ミーティングを支配するのではなく、積極的に参加するよう努めます。ミーティングを進めるために、一つの議題についてのさらなる議論を後回しにすることもあります。そのことに理解を示しましょう。
・割り当てられたやるべきこと《アクションアイテム》をメモし、それらにコミットします。

結論

成功への道を共に歩む

本書の目的は、あなたがチームメンバーであっても、チームリーダーであっても、リモートで皆とうまく働くにはどうすればよいかを見つける手助けをすることです。それは、何を、いつ、なぜ行うかといった詳細を知るだけではありません。その先に、より深く重大なメッセージがあるのです。

優れたリモートワーカーになることは、人としても成功することで、さらには、優れた人になることでもあります。優れたリモートワーカーになるためには、自分自身を知る必要があります。あなたが必要としているものは何か、あなたはどんな人なのか、あなたに備わっている能力は何かを知ることです。

リモートでうまく働くためには、より意図的に、より意識的に、そしてより徹底的になる必要があります。自分のための時間をつくること、新しいことに挑戦すること、つねに向上する努力をすること、さらには情熱を追求することも求められます。

リモートでうまく働くためには、思いやりがあって親切であることも必要です。そして、誠実で、他者に目を向ける必要があります。より多くのコミュニケーションを取り、より多くのことを共有し、より多くの質問をし、より多くのことを求めることが要求されます。まず人を信用し、相手の意図をポジティブに受け取ること。感謝の気持ちを表すこと、好奇心を持って他者について学ぶことが求められます。他の人のプロセスを尊重し、他の人がやり遂げると約束したことをしっかりやり遂げると信頼することです。

連帯感というものは、お互いに注意を向けることで生まれます。そして、チームが方向性の一致《アラインメント》をさせ、夢が目標に、目標が現実に変わる時、素晴らしいことが起こります。信頼し合い、共に働く方法について合意し、親睦を深めることで、共に素晴らしいことを成し遂げることができます。私たちは、尊敬する人々と協力して、最も大切なことを追い求めることができるのです。

素晴らしいことの実現とは、子ども思いの親になったり、新たな交通手段をつくったり、老化を止めようとしたりすることでしょう。自分が最も生産的になれる場所で働き、最も大切に思うことを追求することです。誇りに思える会社を築き、尊敬する人たちと共に働くことです。

どこからでも仕事ができることについて、私が個人的にワクワクしている理由は、世界を変えたいと思っている人たちが簡単にお互いを見つけ出すことができること、そして積極的に素晴らしいことを実現できることです。あなたも参加してみませんか！

インタビューに答えてくれた方々

ジェラード・ビューリ氏（Gerard Beaulieu）はフォルシェエンタープライズ社の共同創設者であり、COOです。フォルシェエンタープライズ社は、tornadosedge.comで革新的なスケートトレーニングを提供していることで知られています。また、彼はベアフットイノベーションズ社の共同創設者、そしてディレクターでもあります。ベアフットイノベーションズ社は、2015年4月に、電話ミーティングの初めに行ったチームビルディングの促進を目的としたミニゲームの実験から生まれた「オンラインの緊張をほぐす時間《アイスブレーカー》」を発表しました（www.virtualicebreakers.com）。リモートワークに関する、彼の最高のアドバイスは「オンラインミーティングで人との繋がりを築きましょう」。以下のページで、インタビューやポッドキャストを視聴し、筆記録を読むことができます（以下同）。https://collaborationsuperpowers.com/52-virtual-icebreakers-with-gerard-beaulieu

デイブ・ブラム氏（Dave Blum）は集約型のチームやリモートチームにチームビルディングのための体験を提供する、Dr.Clue.comを運営しています。「トレジャーハント」は、人々が共同的なチームワークを体験し、信頼関係を構築するための洞察力を養える、遊び心溢れる手法です（http://drclue.com）。彼の最高のアドバイスは「毎日、あなたが感謝していることについて考えてください」https://www.collaborationsuperpowers.com/74-solve-the-puzzles-of-remote-teamwork-with-dr-clue

ルーシャス・ボビケイヴィッチ氏（Lucius Bobikiewicz）はドイツのベルリンにあるSpreadScrum.comを運営する分散型アジャイルチームのトレーナーです。彼はオンラインスプレッドシートのみを使用して、インドネシア、イスラエル、ロシア、ウクライナ、イギリスからのメンバーを含む、世界中に分散したチームをマネジングしてきました（http://spreadscrum.com）。リモートチームのマネジメントに関する、彼の最高のアドバイスは「人々が安心して質問でき、自分らしくいられるような職場環境を提供してください」https://www.collaborationsuperpowers.com/45-powerful-collaboration-with-simple-spreadsheets

レイノー・ボーランド氏（Reinoud Boland）はオランダのアイントホーフェンでヴァーターランドハウシェを運営しています。ヴァーターランドハウシェは米国のタイニーハウス運動［小さな家でシンプルに暮らす運動］のドイツ版です。ザーン地方の伝統的な建築に着想を得ており、アムステルダムのすぐそばの泥炭地であるワーテルラントにちなんで名付けられました（http://waterland-huisje.nl）。https://www.collaborationsuperpowers.com/97-tiny-house-office-for-remote-workers

ブランドン・ブラウン氏（Brandon Brown）は夢を追ってハンガリーにたどり着いたアメリカ人です。彼はオンラインアシスタントとして働き、アップワーク社を通して世界中のクライアントから興味深い仕事を受注しています。彼は自身のことを「スイスアーミーナイフのようなオンラインアシスタント」と呼んでいます。クライアントが何をストレスと感じていたのかを忘れさせることが彼の目標です（https://www.upwork.com/o/profiles/users/_~0170815817e346823a）。彼の最高のアドバイスは「クライアントについて知り、オンラインでの交流に人間味を持たせましょう」https://www.collaborationsuperpowers.com/124-work-with-a-virtual-assistant-like-brandon-brown

エゴール・ブガエンコ氏（Yegor Bugayenko）はゼロクラシー社のディレクターであり、「極めて」分散したモードでソフトウェア開発を行っている会社、Teamed.ioの創設者、そして元最高技術責任者でもあります。Teamed.ioでは本部も、ミーティングも、Skypeチャットもない代わりに、タスク管理システムを通して仕事を行っています。１００人を超えるTeamed.ioのフリーランスは好きなだけ仕事を受け持つことができ、タスクが完了次第、支払いを受けることになっています（http://www.teamed.io）。彼の最高のアドバイスは「技術的にやりがいのある仕事を人に与え、十分な報酬を支払ってください」https://www.collaborationsuperpowers.com/extreme-results-oriented-working-yegor-bugayenko

アンナ・デーンズ氏（Anna Danes）はウェブサイトアウトソーシング企業であるリカリス社のディレクターで

す（http://www.ricaris.com）。彼女は分散型チームの経営コンサルティングを提供している、マネジングバーチャルチームズ社のアドバイザー・コンサルタントでもあります（http://managing-virtual-teams.com）。彼女の最高のアドバイスは「企業がリモートワークで成功したいなら、人事部の協力が不可欠です」。次のページで、インタビューを視聴し、筆記録を読むことができます。https://collaborationsuperpowers.com/interview-managing-virtual-teams

ブライアン・デイ氏（Brian Day）は米国航空宇宙局（NASA）の太陽系探査バーチャル研究所（SSERVI）で市民科学とコミュニティ開発のリーダーを務めており、オンラインで月を探索できるアプリを開発したチームと働いています（https://sservi.nasa.gov/articles/moon-tours-explore-the-moon-with-a-new-app-from-nasa）。彼は次のように述べています。「私たちは宇宙を旅する文明を築く見込みがあります。それは私たちが生きている間に実現するでしょう」（http://sservi.nasa.gov）。https://collaborationsuperpowers.com/6-take-a-virtual-tour-of-the-moon-nasa-sservi

ステファン・ドーン氏（Stephan Dohrm）はラディカルインクルージョン社のマネジングパートナーです。ラディカルインクルージョン社のパートナーは、ヨーロッパ、南アメリカ、北アメリカの三大陸にわたり、様々なタイムゾーンでバーチャルオフィスが機能しています。彼らは、「グローバルでローカル」な戦略的経営、プロジェクト管理、リーダーシップ、そして円滑化を実行するために、共同的な業務方法を基盤としています（www.radical-inclusion.com）。彼の最高のアドバイスは「ツールの使用方法を学び、有用なプロセスを設定し、お互いを知ることに時間を費やしてください」https://www.collaborationsuperpowers.com/66-what-it-takes-to-be-a-great-virtual-team-leader-with-stephan-dohrm

ハワード・B・エスビン博士（Howard B. Esbin）は社会起業家です。彼はバーチャルチーム向けの体験学習プラットフォームであるPrelude Suiteを開発しました。そこでは、チームは、自己評価、自己表現、共創、ストーリーテリングを使用したインタラクティブなオンライン演習を通じて、心理的安全性、信頼性、有効性に不可欠なソフトスキルを養うことができます（http://playprelude.com）。彼の最高のアドバイスは「正直で安全なコミュニケーション体制を確立するための、チーム憲章を作成してください」。次のページで、ポッドキャストを視聴し、筆記録を読むことができます。https://www.collaborationsuperpowers.com/episode-2-tuning-virtual-team-howard-esbin

ジェシー・フューウェル氏（Jesse Fewell）は米国、ワシントンDCにあるフューウェルイノベーション社の創設者・主任コーチで、イノベーションとアジャイル手法のライター・トレーナーでもあります。彼はPMIアジャイルプラクティスコミュニティを設立し、PMI－ACPアジャイル資格を共同制作し、*Can You Hear Me Now?: Working with Global Distributed Virtual Teams*（『ちゃんと聞こえますか？——グローバルに分散したバーチャルチームと働くことについて』）というミニブック（3・5×5インチ［8・89×12・7センチ］の「極短」本）を執筆しました（http://jessefewell.com）。彼の最高のアドバイスは「初めての試みで決まるとは限りません。決まるまでは小さな実験と反復作業の繰り返しです」https://www.collaborationsuperpowers.com/80-let-go-of-old-habits-with-jesse-fewell

ペール・フライクマン氏（Per Frykman）はスウェーデンのストックホルムにあるユアプロフェッショナルレピュテーション社の評価アドバイザーです。彼は人々が自身のポテンシャルを発見し、好きな仕事を見つけるための手助けをしています。彼はどこからでも仕事ができることを楽しんでいます（https://perfrykman.com）。評価管理に関する、彼の最高のアドバイスは「何かをすると決めて、それにかかる時間を尊重してください」https://collaborationsuperpowers.com/22-managing-your-reputation-remotely-per-frykman

イワイン・フルド氏（Iwein Fuld）はスタータースクワッド社の共同創設者でリーン［無駄を極限までなくした］ビジネスのホワイトハッカーです。スタータースクワッド社は、オランダのユトレヒトにある、ベンチャー企業向けのソフトウェアを開発する開発者たちによる自己組織化された企業です（https://www.startersquad.com）。彼の最高のアドバイスは「行き詰まった時は、他の人と組んでみましょう」。次のページで、彼との二件のインタビューとポッドキャストを視聴し、それらの筆記録を読むことができます。https://www.collaborationsuperpowers.com/25-a-remote-team-perspective-with-startersquad、https://www.collaborationsuperpowers.com/build-a-company-of-entrepreneurs-iwein-fuld

フェルナンド・ガリド・ヴァス氏（Fernando Garrido Vaz）はブラジルのフリーランスプロダクトマネジャーで、分散型チーム、複数の国籍、そして異なるタイムゾーンのマネジメント経験があります。ガリド・ヴァス氏は次のように話しています。「異なる背景を持った、物事の見方が少し違う人々が、同じ問題について考えているのは実に興味深いです。同じような人々で構成されたチームでは得ることのできない、より革新的で創造的な提案が得られることでしょう」（http://blog.garridovaz.com）。彼の最高のアドバイスは「優れた仕事をすることに集中してください」https://www.collaborationsuperpowers.com/89-build-reputation-in-the-freelance-economy-with-fernando-garrido-vaz

ルイス・ゴンサウヴェス氏（Luis Gonçalves）は経営コンサルタント、作家、講演者そしてブロガーです。2016年に、中規模企業の経営者がより効果的で、効率的で、高所得になるために支援する経営コンサルティング会社、エボリューション4オール社を設立しました。ゴンサウヴェス氏はドイツのミュンヘンに拠点を置き、リモートでオランダのティルブルグに拠点を置くベン・リンダーズ氏と共に、『アジャイルふりかえりから価値を生み出す――ふりかえりエクササイズのツールボックス』〔邦訳、電子書籍、2014年〕を共同執筆しました。彼の最高のアドバイスは「少しでもいいから発信することです。アイディアを検証してもらうのです。話題にして、そのまま進めればいいのです」https://www.collaborationsuperpowers.com/interview-with-ben-linders-and-luis-goncalves

リッキー・ゲスト氏（Ricky Guest）は米国航空宇宙局（NASA）エイムズ研究センターワイル研究所のシニアオーディオ／ビデオスペシャリストです。彼はNASAの三つのバーチャル研究所、SSERVI（太陽系探査バーチャル研究所）、NARI（NASA航空研究所）、NAI（NASA占星学研究所）のサポートを行っています。彼の最高のアドバイスは「あなたのチームやイベントにとって、より適したソリューションや機会をつねに追求してください」https://collaborationsuperpowers.com/episode-3-collaboration-space-exploration-nasa-sservi

イヴ・ハノウル氏（Yves Hanoulle）はベルギーのゲントでPairCoaching.netのクリエイティブなコラボレーションを求める人のためのエージェントを務めています。また、彼は *Who Is Agile? A Book of Personal Reflections on the Journeys of People Who Stumbled on Agile*（『アジャイルとはだれか？――アジャイルでつまずいた人々の経験談』）の著者です。彼は自宅に「歩くオフィス」をつくりました。それは、電動のスタンディングデスクとルームランナーを組み合わせたもので、仕事をしながら歩くことができ、そのおかげで集中ができるそうです（www.hanoulle.be）。彼の最高のアドバイスは「自発的に責任を取れるように、人々にゆとりを与えましょう」https://collaborationsuperpowers.com/20-welcome-people-and-develop-trust-while-walking-yves-hanoulle

テオ・ハーレン氏（Teo Härén）はスウェーデンで最も人気のあるクリエイティブエキスパートの一人で、一番生産的でいられる場所で働くことについての本 *Härabete*（『ハラベテ』）の著者です。彼がリモートワークのよさにぴんと来たのは、彼が休暇中にいくつかのタスクを任された時のことでした。彼は自分のいる環境に触発され、今までで最高の仕事を生み出していたことに気づいたのです（http://teoharen.se）。彼の最高のアドバイスは「どのように仕事をするかを選べる力があることに気づいてください」https://collaborationsuperpowers.com/29-work-where-you-are-most-productive-with-teo-hren

デイブ・ヘッカー氏（Dave Hecker）は分散型チームによるソフトウェア配信を専門に行っているソースシーク社の共同創設者で、経験豊富なテクノロジーエグゼクティブ、講演者、および著作者でもあります。オフショアチームと働く前に、どのチームのメンバーとも、ヘッカー氏は彼らと直接会って、お互いに合うかどうかを見極めます（http://www.sourceseek.com）。アウトソーシングに関する、彼の最高のアドバイスは「あなたのチームがいる地域について学んでください」https://www.collaborationsuperpowers.com/93-manage-expectations-on-distributed-teams-with-dave-hecker

ジェフリー・ヘッセ氏（Jeffry Hesse）は米国アラスカ州で、ソナタイプ社のアジャイルコーチを務めています。彼は約40人の分散型ソフトウェア開発チームと働いています。彼は仕事、山登り、写真、そして祖母との時間がとても好きだそうです。ヘッセ氏はどこにいても仕事ができるので、旅をしながら仕事をすることで、自身の情熱を掛け合わせているのです（www.sonatype.org）。彼の最高のアドバイスは「ボールを毎日前へ進めましょう」https://www.collaborationsuperpowers.com/39-how-to-be-a-self-organizing-remote-team

ピーター・ヒルトン氏（Peter Hilton）はオランダのロッテルダムにてリモートで働く、シグナビオ社のコンサルタントです。彼のチームでは、どのようにお互いに連携を取るかについて、チームで決定しなければいけません。それは、リモートであったり、社内で集まったり、その日によって異なります（http://hilton.org.uk）。彼の最高のアドバイスは「仮説を検証してみよう」https://collaborationsuperpowers.com/17-the-need-for-face-to-face-on-virtual-teams-peter-hilton

ルーク・ホーマン氏（Luke Hohmann）はコンテネオ社の創設者でありディレクターです。コンテネオ社は計測可能な意思決定フレームワークを通じてグループパフォーマンスを向上します（http://conteneo.co）。彼の最高のアドバイスは「問題を複数の角度から見てみましょう」https://collaborationsuperpowers.com/creating-epic-wins-through-collaborative-games-luke-hohmann

スコット・ホップ氏（Scott Hoppe）はホワイブルー社の創設者です。ホワイブルーは、米国企業のために法人税申告書を提出する、完全分散型の会計事務所です。彼は従来の「昇進か退職か《アップオアアウト》」の会計業界を離れ、利益と同じくらい幸福感を重視する会社を設立しました（https://whyblu.com）。彼の最高のアドバイスは「実験して、失敗して、学ぶことです」https://www.collaborationsuperpowers.com/160-prioritize-happiness-and-profit-with-scott-hoppe

デヴィッド・ホロヴィッツ氏（David Horowitz）はリモートでの振り返り《レトロスペクティブ》を容易にするソフトウェアを提供する、レトリアム社の創設者であり、ディレクターです。ホロヴィッツ氏は非常に効果的なソフトウェアチームの最も重要な側面は、継続的な改善であると考えています。振り返りは通常、対面でフリップチャートや付箋などを用いて行われるため、彼は、リモートチームにこの機能を再現する必要があると感じました。それがレトリアム社の始まりです（http://retrium.com）。彼の最高のアドバイスは「冗談や遊び心、くだけた体制もチームにとって重要です」https://collaborationsuperpowers.com/37-abolish-the-postmortem-with-david-horowitz

トム・ハウレット氏（Tom Howlett）はリバーエージェンシー社のCOOです。彼らの使命は業務目標に適った社員の熱意《エンゲージメント》、販売やチャネルインセンティブ、ビジネスインサイトソリューション、そしてライブイベントを通じて、「クライアントやその社員や顧客のために、仕事で素晴らしい一日を過ごしてもらう」ことです（https://www.riveragency.com）。ハウレット氏は熱心なブロガーでもあります（https://diaryofascrummaster.WordPress.com）。彼の最高のアドバイスは「お互いに簡単にコミュニケーションが取れるようにしましょう」https://collaborationsuperpowers.com/27-build-trust-on-remote-teams-through-pair-collaboration

マーク・ヒューズ氏（Marc Hughes）はオンラインスクラムとスクラムバン（アジャイルとリーンカンバンをスクラムと組み合わせたもの）をサポートするツール、ScrumDo の共同創設者です。彼らは ScrumDo を使用して、会社の優先事項とタスクについて、全員が方向性の一致《アラインメント》をさせるようにしています（https://www.ScrumDo.com）。彼の最高のアドバイスは「あなたが最もよい働きをする時を知り、重要な仕事は最も生産的になる時間帯にスケジュールを組むのです」https://www.collaborationsuperpowers.com/64-align-your-remote-team-in-ScrumDo-with-marc-hughes

ニック・ジャウォスキー氏（Nick Jaworski）はUpwork.com などのオンラインプラットフォームを使って、音楽教師からビジネスオーナーへと転向しました。彼は優れたリモート関係を可能にするのは人情味であると考えており、クライアントと確かな信頼関係を築く習慣を身につけています（http://podcastmonster.com）。彼の最高のアドバイスは「振り返る時間を設けて、自分が達成した成果を称えましょう」。次のページで、ポッドキャストを視聴し、筆記録を読むことができます。https://collaborationsuperpowers.com/128-use-the-human-touch-for-remote-connection

コリーン・ジョンソン氏（Colleen Johnson）はリモートアジャイルの振り返り《レトロスペクティブ》を実施するためのツール ScatterSpoke の共同創設者です（https://www.ScatterSpoke.com）。彼女の最高のアドバイスは「人ではなく、仕事をマネジングするシステムを実装しましょう」https://collaborationsuperpowers.com/68-manage-the-work-not-the-people-with-colleen-johnson

マグナス・カールソン氏（Magnus Karlsson）はエリクソン社で新事業開発とイノベーション部のディレクターを務めています。エリクソン社は、世界中で11万人を超える社員を擁し、180カ国以上で事業を展開しています。彼のチームは、全ての社員が改善と革新のためのアイディアを提供できるようにする方法を開発しました。カールソン氏は次のように述べています。「我々は、複数の分野のコラボレーションを促進したかったのです。また、社員と請負業者が同じアイディアを同時に見ることができる機能もほしいと考えました。徐々に、アイディアを内に留めておくのは古い考え方であることにみんな気づき始めたのです。「秘密のアイディアはどこへも発展しません」（http://www.ericsson.com）。次のページで、インタビューの要約を読むことができます。https://collaborationsuperpowers.com/IdeaBoxes-a-management-system-for-innovation-magnus-karlsson

マーク・キルビー氏（Mark Kilby）は20年以上にわたり、分散型のバーチャルチームを集約されたチームよりも多く育成してきたアジャイルコーチです。キルビー氏は現在、ソナタイプ社でアジャイルコーチを務めています。ソナタイプ社は、ソフトウェアサプライチェーンの自動化に焦点を当てた、分散型アジャイルソフトウェア開発会社です。彼は以前、スタートアップ企業からフォーチュン500の企業まで、様々な企業でアジャイル変革を先導してきました。空き時間には、アジャイルオーランド、アジャイルフロリダ、VirtualTeamTalk.com、アジャイルアライアンスコミュニティグループサポートイニシアチブなどのコミュニティも育成しています（http://markkilby.com）。彼の最高のアドバイスは「リモートの同僚にも見えるようにしましょう」https://collaborationsuperpowers.com/9-coaching-distributed-agile-teams-mark-kilby

マーテン・クープマンズ氏（Maarten Koopmans）は物理学者であり、チームリーダーであり、ソフトウェアアーキテクトです。彼とは、２００６年から２００９年まで共に（リモートで）働いていたことがあり、共にオンラインプロジェクト管理ツールの構築を手伝っていました。彼は技術アーキテクチャからプロジェクトプログラミング、実装、制作、エンジニアリングに至るまで、あらゆることを行ってきました。彼は本書のために私が初めてインタビューした人でもあります。彼の最高のアドバイスは「プロジェクトは象のように大きいです。象はどのように食べますか？　一口ずつです」。次のページで、インタビューの要約を読むことができます。https://collaborationsuperpowers.com/hire-right-people-remote-working-maarten-koopmans

スマン・コウシック氏（Sumant Kowshik）はパソナファイ社のプロダクトVPです。彼のチームは、PC、モバイル、VR／ARなどの没入型プラットフォームにある深度（３D）カメラのために、画像化、コンピューター ビジョン技術、そして、ビデオアプリを制作しました。彼の最高のアドバイスは「自分を大事にして、必要に応じて休憩しよう」https://www.collaborationsuperpowers.com/31-embody-your-team-online-with-personify

アジャイルビル・クレブス氏（AgileBill Krebs）はアジャイルディメンションズ社のコーチであり、創設者です。彼は各地でトレーニングを提供するために様々な場所に出張していたものの、２００９年に会社が厳しい経済状況に陥り、より安価な代案を見つける必要があったそうです。その時に彼は、教育者のためのオンラインミーティングと教育におけるバーチャル世界のベストプラクティスを発見したのです。そして、それまで、一度に会ったことのないほど多くの博士と交流する機会を得ることができたのです――バーチャルで。その経験は、彼がワシントン大学のバーチャル世界に関するプログラムで資格を（バーチャルで）取得するほど、有力なものだったのです。それ以来、彼はチームワーク、コラボレーション、プロジェクト管理のためにバーチャル技術を使用することに専念してきました。彼の言葉を借りると、「時間をかけて新しい働き方を学びましょう。違和感があるのは慣れるまでの間だけです　」（http://www.agiledimensions.com）。https://www.collaborationsuperpowers.com/15-collaborating-in-virtual-worlds-agilebill-krebs

クリスチャン・クロイツ氏（Christian Kreutz）は作家、講演者、戦略アドバイザー、そして、オープンかつソーシャルなイノベーションの専門家です。彼はチェンジメーカーのためのソーシャルソフトウェアであるWE THINQ の制作会社、クリスクロスド社のディレクターです。クロイツ氏はロンドン、極東、米国にいる同僚と仕事をしています。彼らは、自宅、イノベーションラボ、コワーキングスペースなど、様々な場所で働いています（https://www.wething.com）。彼の最高のアドバイスは「新しいアイディアで実験する勇気を持ってください」https://www.collaborationsuperpowers.com/76-create-horizontal-organizations-with-wething

キャリー・ケンペル氏（Carrie Kuempel）はソココ社のカスタマーサクセスディレクターです。彼女はストーリーテリングとソーシャルテクノロジーを革新的な方法で用いて、人と人を結びつけ、見通しをよくし、ソココ社ブランドの支持者を生み出しています（https://Sococo.com）。彼女の最高のアドバイスは「お手本を示して先導することです」https://www.collaborationsuperpowers.com/60-be-a-high-functioning-connected-team-in-a-Sococo-virtual-office

トム・ランボット氏（Tom Lambot）はアールループ社のリードエンジニアです。アールループ社は、世界中から集まった４００人のリモートボランティアからなるチームで、スペースXハイパーループ設計コンテストのために、機能するプロトタイプのハイパーポッドを制作しました（http://rloop.org）。ランボット氏は米国航空宇宙局（ＮＡＳＡ）エイムズ研究センターの航空宇宙エンジニアでもあります。彼は次のように話しています。「ハイパーループは、21世紀のクールな課題です。私が取り組んでいるのは、非日常的で未来的なものなのだと実感しています」https://www.collaborationsuperpowers.com/83-a-self-organized-team-of-remote-redditors-competing-for-spacex-hyperloop

ブレント・レッサード氏（Brent Lessard）はアールループ社の共同創設者でありプロジェクトマネジャーです。レッサード氏は次のように話しています。「私たちは、エンジニアリングをベースにした十数個のチームに分かれ、各チームにワークフローを導くためのリーダーを任命しました。そして、全員が関心事や学歴に基づいてそれらのチームに加わりました。参加するチームは一つだけと制限されることもありませんでした。ただ単純に、必要に応じて、有機的に組織化されたのです」（http://rloop.org）。https://www.collaborationsuperpowers.com/83-a-self-organized-team-of-remote-redditors-competing-for-spacex-hyperloop

ベン・リンダーズ氏（Ben Linders）はオランダのティルブルフに拠点を置いている、トレーナー、コーチ、そしてアドバイザーです。彼はリモートで、ドイツのミュンヘンに拠点を置くルイス・ゴンサウヴェス氏と共に、『アジャイルふりかえりから価値を生み出す――ふりかえりエクササイズのツールボックス』［邦訳、電子書籍、２０１４年］を共同執筆しました（https://www.benlinders.com）。彼の最高のアドバイスは「あなたのコミュニティにいる他の人をプロセスに加えてください。共有すればするほど、他の人と接触する機会が増えます。そこから学べることがきっとあるでしょう」https://collaborationsuperpowers.com/interview-with-ben-linders-and-luis-goncalves

マリオ・ルセロ氏（Mario Lucero）はアジャイルコーチであり、経験豊富なスクラムマスターです。彼はチリのサンティアゴを拠点とし、アルゼンチン、ペルー、米国のリモートチームと共に働いています。彼は優れた設備、コミュニケーション、交流、寛容さの重要性を強調しています。また、大きな変化をもたらすのはほんの些細なことだと考えているようです（https://cl.LinkedIn.com/in/luceromet）。彼の最高のアドバイスは「一体感のある雰囲気づくりを意図的に行ってください」https://collaboration superpowers.com/23-create-big-results-small-changes-mario-lucero

シルヴィナ・マルティネス氏（Silvina Martínez）は小学生や自宅学習者向けのインタラクティブなスペイン語カリキュラムである、カリコスペインのプロジェクトマネジャーです（https://calicospanish.com）。彼女はマネジングバーチャルチームズ社のメディアマーケティングスペシャリストでもあります（http://managing-virtual-teams.com）。彼女の最高のアドバイスは「バーチャルチームと働く際に、メールにパーソナルな文章や陽気な文章を追加するかしないかでは、大きな差があります」https://collaborationsuperpowers.com/interview-managing-virtual-teams

キャリー・マッキーガン氏（Carrie McKeegan）はグリーンバックエクスパット税務サービスのディレクターです。グリーンバックエクスパット税務サービスは、世界中にいるアメリカ人駐在員のために米国連邦税申告書を作成するグローバルなバーチャルビジネスを行っています。米国を拠点とする50人以上もの彼女のチームメンバーは、お互いにどのように働くかについて、特に労働時間の設定とコミュニケーションに関して合意しているため、うまく機能しているとのことです（http://www.greenbacktaxservices.com）。彼女の最高のアドバイスは「できる限り早く、できる限り優秀な人材を雇ってください」https://www.collaborationsuperpowers.com/62-build-a-global-virtual-business-with-carrie-mckeegan-of-greenback-expat-tax-services

ヒューゴ・メッサー氏（Hugo Messer）は10年以上にわたり、オランダの企業とインドやウクライナの社員を仲介してきた経験を持つ、分散型アジャイルの専門家です。彼はITソリューションプロバイダーのブリッジグローバル社とエキパ社の創設者です。エキパ社は、インドとインドネシアを拠点とするアジャイルトレーニングとコーチングエージェンシーです。彼はオフショアリングとニアショアリングで学んだ教訓に関する6冊の本を共同執筆しています。「リモートチームをマネジメントするということ」シリーズの最新作である第6巻は、*How to Manage People in Your Remote Team*（『リモートチームで働く人をマネジメントする方法』）です（http://www.bridge-global.com、www.ekipa.co、www.ekipa.co.id）。オフショアチームと働くことに関する、彼の最高のアドバイスは「文化的な違いがあることを認め、それを考慮に入れて計画してください」https://www.collaborationsuperpowers.com/13-managing-remote-teams-hugo-messer

フィル・モンテロ氏（Phil Montero）はガラムグループ社のシステムエンジニアであり、バーチャルオフィスのエキスパートです。彼がリモートワークに興味を持ったのは、子どもの頃、父親がニュージャージー州とニューヨーク州を往復するのを見ていたことがきっかけでした。その時から「もっと良い方法があるはずだ」と思っていたそうです。モンテロ氏は共に働く企業や人々にリモートワークを可能にし、彼らのワークライフバランスをより良くすることに情熱を注いでいます。また、情報、コミュニケーション、およびコラボレーションに焦点を当てた、チーム規約の作成のための「ICCワークフロー」アプローチを考案したのも彼です。彼の最高のアドバイスは「マネジャーが優れたリモートチームリーダーになるためのトレーニングに投資してください」。次のページで、インタビューを視聴し、筆記録を読むことができます。https://collaborationsuperpowers.com/apply-right-technology-phil-montero

アシュコン・ネジャド氏（Ashcon Nejad）は米国航空宇宙局（NASA）エイムズ研究センターの技術システムスペシャリストです。彼はウェブとアプリケーションの開発、そして、機関全体のオンラインイベントや対面イベントでの技術演出に取り組んでいます。彼の最高のアドバイスは「創造力を発揮して、自分に合った技術システムを制作してください」https://www.collaborationsuperpowers.com/episode-3-collaboration-space-exploration-nasa-sservi

クリスティーナ・ウン氏（Christina Ng）はダイナミックシグナル社のソフトウェア開発者であり、プロダクトディレクターです。このテクノロジー企業は、モバイルファーストの企業コミュニケーションプラットフォームを提供しています。おもしろ半分で、彼女は「在宅で働くための言い訳」ジェネレーターを開発しました。ユーザーが言い訳を投稿すると、オンラインコミュニティがその言い訳の良し悪しを投票するというものです。https://collaborationsuperpowers.com/51-validate-your-work-from-home-excuses-with-christina-ng

アデ・オロノ氏（Ade Olonoh）はジェル社の共同創設者です（https://jell.com）。数年前に集約型からリモートへの移行を決断したフォームスタック社の会長そして創設者でもあります。成長を続けていたフォームスタック社では、米国インディアナ州インディアナポリス以外の場所でも優秀な人材を雇用できるようにしたいと考えていたそうです。移行中、彼らは小規模な実験を繰り返し、最終的にチームにとって合理的なリモートワークの仕組みを見つけたのでした。現在は、必要に応じて社員が利用できる本社オフィスを構えています。彼の最高のアドバイスは「つねに新しいことに挑戦しましょう。新しいプロセスやツールで実験してください」https://www.collaborationsuperpowers.com/78-focus-on-process-not-tools-with-ade-olonoh

ピラル・オルティ氏（Pilar Orti）は英国のコンサルティング会社、バーチャルノットディスタント社を経営しています。彼女はリモートに移行するチームを指導することを専門としています（http://virtualnotdistant.com）。彼女の最高のアドバイスは「決めてかからずに尋ねましょう。好奇心を持ちましょう」https://www.collaborationsuperpowers.com/4-humanizing-remote-work-pilar-orti

ハッサン・オスマン氏（Hassan Osman）はシスコシステムズ社のＰＭＯマネジャーであり、バーチャルチームのマネジメントに関する実践的で具体的なヒントやアドバイスが満載の著書 *Influencing Virtual Teams*（『バーチャルチームに影響を与える』）の著者です。彼は世界中のバーチャルチームにて大規模で複雑なプロジェクトを指揮しており、その全てを自身のホームオフィスから行っています。また、ブログを運営しており、バーチャルチームに関するオンラインコースを教えています。彼自身の言葉を借りれば、彼は「ライフハックと生産性に夢中」なのだそうです（www.thecouchmanager.com）。彼の最高のアドバイスは「情報やリソースは惜しみなく提供しましょう」https://collaborationsuperpowers.com/5-managing-your-virtual-team-hassan-osman

ダーク＝ヤン・パドモス氏（Dirk-Jan Padmos）は技術系卸売業、ＩＣＴ（情報通信技術）、ヘルスケア分野を専門とする、現場主義の臨時人事マネジャー／人材コンサルタントです。彼はオーナー経営の企業に対し、人事方針を構築し実装する方法に関するアドバイスを提供しています。パドモス氏は次のように述べています。「マネジメントは単なる仕事ではなく、実際のスキルなのです。ある程度までなら教えられますが、そのための基本的な才能がなければ、素晴らしいマネジャーになることはできません」（https://www.LinkedIn.com/in/dirkjanpadmos）。彼の最高のアドバイスは「コミュニティに還元しましょう」https://www.collaborationsuperpowers.com/management-skill-job-dirk-jan-padmos

イヴォンヌ・ペンドルトン氏（Yvonne Pendleton）は太陽系探査バーチャル研究所（ＳＳＥＲＶＩ）のディレクターです。宇宙科学と宇宙生物学部門で宇宙物理学研究者として働いていた際（１９７９年から２００５年まで）に、彼女は、宇宙における有機物質の起源と進化に関する80もの科学論文を発表しています。彼女は次のように述べています。「宇宙飛行士がこの地球上でどのように効果的に働くかを研究し学ぶことで、将来より遠く離れた場所に行く宇宙飛行士のためにより良く準備を整えることができます」https://collaborationsuperpowers.com/episode-3-collaboration-space-exploration-nasa-sservi

ティツィアーノ・ペルーチ氏（Tiziano Perrucci）はスターータースクワッド社のバックエンド開発者であり、Scala の達人です。スターータースクワッド社は、開発者により自己組織化された会社であり、オランダのユトレヒトにあるスタートアップ企業のためにソフトウェアを開発しています。ペルーチ氏は興味深く挑戦的な問題を解決することが好きなようです（https://www.startersquad.com)°彼の最高のアドバイスは「他者を理解するためには、まずは耳を傾けることです」https://www.collaborationsuperpowers.com/25-a-remote-team-perspective-with-startersquad

エリン・ラパキ氏（Erin Rapacki）はマシンインバウンド社の創業者であり、製品戦略コンサルタントです。インタビューの時点では、彼女は、テレプレゼンスロボット「ビーム」のメーカーである、スータブルテクノロジーズ社のマーケティングディレクターでした。「ビーム」は、基本的にはSkype に車輪を付けたようなもので、人々が画面に自分の顔を投影し、キーボードの矢印キーを使って動き回ることが可能となっています。同社は、インディアナ州に住むリモートの電気技師が、カリフォルニア州にいたチームの中で自分が目立っていないことに不満を感じたことがきっかけで、２００９年に設立されました。彼はロボット用の予備の部品を使って、最初のプロトタイプを作成しました。チームはそれが非常に有用であることに気付き、商品化して製品として売り出すことを決めたのでした。ラパキ氏が言うには「テレプレゼンスは体験する価値のあるテクノロジーです」（https:// www.LinkedIn.com/in/erapacki)°https://collaborationsuperpowers.com/47-be-in-two-places-at-once-with-beam-smart-presence

ジュディー・リース氏（Judy Rees）はロンドンを拠点とする元ジャーナリストであり、メディアエグゼクティブです。今では、「クリーンランゲージ」と呼ばれる問い合わせ方法の実践者として世界的に知られています。彼女はまた、このトピックに関するベストセラー本『クリーン・ランゲージ入門――〈12の質問〉にもとづく新コーチング技法』（邦訳、春秋社、2010年）の共著者でもあります。アジャイルの愛好家である彼女は、オンラインファシリテーター、トレーナー、コーチとしても活躍しています。彼女はリモートチームの個性や課題を思い浮かべる際にメタファーを用いることを推奨しています（http://judyrees.co.uk）。https://www.collaborationsuperpowers.com/33-discover-a-common-language-with-judy-rees

ブリー・レイノルズ氏（Brie Reynolds）はRemote.coを作成したフレックスジョブズ社のシニアキャリアスペシャリストです。Remote.coは、リモートワーカーやリモートチームの立ち上げ、トレーニング、マネジメントに関する情報やベストプラクティスを提供するリソースです。フレックスジョブズ社には、全米で働く約100人のチームメンバーがいます。彼らは、バーチャルオフィスとしてSococoを、バーチャルの交流場としてYammerを使用しています（http://flexjobs.com）。彼女の最高のアドバイスは、機器の手当て、ハウスクリーニングサービス、フードデリバリーサービス、ジムの会員権など、「クリエイティブな福利厚生をリモート社員に提供することです」https://www.collaborationsuperpowers.com/56-communicate-proactively-and-build-culture-with-brie-reynolds

クリス・リッジウェル氏（Chris Ridgewell）は英国を拠点とする経営コンサルタント会社、ワイズワーク社の共同創設者・ディレクターです。ワイズワーク社では、企業のアジャイル／スマートワークプログラムの計画、実装、マネジメントを支援しています。これには在宅で勤務すること、オフィススペースの効率化を図ること、モバイルワークで働くこと、そして、古い農場の建物を管理されたオフィスやコワーキングスペースに改装することなどが含まれます。彼は世界中の大企業や組織でマネジメント変革プログラムを実施しているチャーターハウスコンサルタンツグループの社長・オーナーでもあります。また、英国テレワーク連合の創設メンバーでもあります（http://www.wisework.co.uk）。彼の最高のアドバイスは「生産性を向上させる楽しいツールとして、ウェアラブル技術に目を向けてみてください」。次のページで、インタビューを視聴し、筆記録を読むことができます。https://www.collaborationsuperpowers.com/episode-1-implement-flexible-working-chris-ridgewell

ロバート・ロッゲ氏（Robert Rogge）はジングワード社の共同創設者であり、ディレクターです。ジングワードは、デジタルポートフォリオ用のスペースと無料ツールの両方を提供することで、フリーランスの翻訳者が翻訳の仕事を容易に受注できるようにするサイトです（http://zingword.com）。彼は分散型チームの経営コンサルティングを行う、マネジングバーチャルチームズ社の共同創設者・アドバイザーでもあります（http://www.managing-virtual-teams.com）。彼の最高のアドバイスは「優れたコミュニケーションが取れるように人をトレーニングしましょう」。次のページで、インタビューを視聴し、筆記録を読むことができます。https://collaborationsuperpowers.com/interview-managing-virtual-teams

ローラ・ルーク氏（Laura Rooke）は米国カリフォルニア州でフリーランスのカスタマーサポートスペシャリストとして活躍しています。長年コンピュータープログラマーとして働いていた彼女は、子育てのために仕事を辞めました。子どもが成長してから、彼女は仕事に復帰したいと考えました――ただ、今度は在宅勤務で。彼女は彼女自身が愛用していたiPaqsを使用している人たちのためのヒューレットパッカード・オンラインフォーラムに参加することから始めました。現在は、いくつかの異なる企業でのオンラインテクニカルサポートとして活躍しています。彼女は顧客との会話やチームとの定期的なミーティングだけでも十分な社会的交流を得られると感じているそうです（https://www.LinkedIn.com/in/laurarooke）。彼女の最高のアドバイスは「定期的に直接会うようにして、それまでの間はバーチャルランチを挟みましょう」https://collaborationsuperpowers.com/14-remote-technical-support-laura-rooke

マーカス・ローゼンタール氏（Marcus Rosenthal）はイノベーティブインパクトコンサルティング社の主任コンサルタントです。また、ポータブルなビデオミーティング装置Kubiを開発した、レボルブロボティクス社の共同創設者であり、元ディレクターでもあります。ローゼンタール氏は「リモートコミュニケーションに動きが含まれると、全ての参加者の熱意《エンゲージメント》が飛躍的に向上する」と強調しています。当然のことながら、彼は、定期的にビデオを使用することを推奨しています。https://collaborationsuperpowers.com/18-teleport-with-the-Kubi-teleconference-robot-revolve-robotics

マンディ・ロス氏（Mandy Ross）は「世界最高規模のアジャイルソフトウェア管理プラットフォーム」であるアジャイルクラフト社のプロダクトマーケティングディレクターです。また、バーチャルオフィスソフトウェアを提供するソココ社の元マーケティングディレクターでもあります（https://www.Sococo.com）。彼女の最高のアドバイスは「チームの規範を確立してください。それが実践されていることを目撃したら称えましょう」https://www.collaborationsuperpowers.com/60-be-a-high-functioning-connected-team-in-a-Sococo-virtual-office

ジョハンナ・ロスマン氏（Johanna Rothman）はソフトウェアマネジャーやリーダーのための経営コンサルタントです。彼女は多くの書籍の著者でもあり、最近出版されたものでは*Agile and Lean Program Management: Scaling Collaboration Across the Organization*（『アジャイルとリーンプログラム管理――組織全体のコラボレーションのスケーリング』）があります。彼女は１９８８年に、地理的に分散したチームと働き始めました（http://www.jrothman.com）。地理的に分散されたチームに関する、彼女の最高のアドバイスは「時差による負担を共有し、コミュニケーションを頻繁に取りましょう」https://www.collaborationsuperpowers.com/87-organize-your-distributed-team-with-johanna-rothman

デレック・スクラッグス氏（Derek Scruggs）は「不動産投資をシンプルに」がモットーのブルースプルースホールディングスのパートナーです（https://bluespruceholdings.com）。以前は、コンテントブルバード社の最高技術責任者であった彼ですが、インタビューの時点では、スターンチロボット社のVPを務めていました。スターンチロボット社では、コロンビアと米国にいるリモートチームと連携を取っていました。アメリカの多くの企業がインドや東欧にアウトソーシングする傾向にあった時、彼らは南米にアウトソーシングすることを思いつき、タイムゾーンの問題を解決したのです。スクラッグス氏は主に彼のホームオフィスで仕事をしており、定まったルーティンを持つことが物事を順調に進めるコツであると考えています。彼の最高のアドバイスは「可能な場合はツールを使用してプロセスを自動化することです」https://www.collaborationsuperpowers.com/26-using-tools-and-increasing-productivity-with-derek-scruggs

ヴァネッサ・ショウ氏（Vanessa Shaw）はフリーランスの学習デザイナー・ファシリテーターで、人中心の職場文化を創造するためのリーダーシッププログラムを作成しています。彼女は異なる文化とは単に他国出身であるということだけではないと強調しています。例えば、山派の人がいたり、都会派の人がいたり、海派の人がいたりします。猫派の人も犬派の人もいるでしょう。私たちは、住んでいる国や出身国以外にも、様々な特性によって自身を定義しているのです（http:// www.humansideoftech.co）。異文化と働くことに関する、彼女の最高のアドバイスは「リモートに移行する場合、場の空気感が失われることに注意してください。私たちは全員違うということを理解し、好奇心を持ちましょう」https://www.

collaborationsuperpowers.com/54-helping-you-tech-better-with-vanessa-shaw
ジェシー・シュテルンシュス氏（Jessie Shternshus）はインプロブエフェクト社の創設者であり、あなたの○○な一日に合わせたオリジナルのインプロゲームを紹介する本 *CTRL Shift: 50Games for 50****ing Days Like Today*『ＣＴＲＬシフト――今日のような○○な日のための50のゲーム』の共著者です。彼女はまた、即興《インプロブ》を（オンラインと対面の両方で）使用して、ソフトウェアチームのオンボーディング、コミュニケーション、チームビルディングを支援しています。彼女は即興について、互いの独自性を学んで受け入れ、その場で考え、自己認識するための優れたツールであると述べています。また、チームが互いに共通点を見つけ、問題を創造的に解決するのにも役立ちます（www.improveffect.com）。彼女の最高のアドバイスは「積極的に互いに耳を傾ける方法を学びましょう。一人ひとりにしかないものを見つけるのです」https://www.collaborationsuperpowers.com/85-make-shift-happen-with-jessie-shternshus
マイケル・スリウィンスキ氏（Michael Sliwinski）はオンラインのタスク管理ツールであるノズビーの創設者です。彼はどこからでも仕事ができる自由を大切にしていたことから、彼がリモートの会社を設立するのは必然であったとも言えます。彼は講演者、*#iPad Only:*『#・ｉＰａｄオンリー』）」の著者、『プロダクティブ！マガジン』の編集長、そしてトライアスリートでもあります（https://nozbe.com）。彼の最高のアドバイスは「定期的にホームオフィスの機能性を見直し、徐々に改善していきましょう」https://collaborationsuperpowers.com/99-curate-your-notifications-for-maximum-productivity
マリオン・スミッツ氏（Marion Smits）はオランダのロッテルダムのエラスムス大学医療センターの准教授であり、神経放射線科医です。また、英国ロンドンのユニバーシティカレッジ・ロンドン病院ＮＨＳ財団信託の名誉コンサルタントで、講師でもあります。外出時に使える優れたインターネット接続を導入し、仕事と娯楽の境界線を設定することを彼女は推奨しています（http://marionsmits.net）。スミッツ氏は次のように話しています。「私は旅をしながら仕事をするのが大好きです。電車での長旅や飛行機での移動で得られる集中力がたまらなく好きです」https://collaborationsuperpowers.com/12-scanning-brains-and-managing-students-remotely-marion-smits
ティーグ・ソダーマン氏（Teague Soderman）は米国航空宇宙局（ＮＡＳＡ）太陽系探査バーチャル研究所（ＳＳＥＲＶＩ）のコミュニケーションリーダーです。彼はテクニカルライティングとグラフィック制作の経歴を持つコミュニケーションスペシャリストとして、２００４年から科学界のために執筆しています。彼の最高のアドバイスは「結局のところ、信頼は成果を出すことに結び付きます」https://collaborationsuperpowers.com/episode-3-collaboration-space-exploration-nasa-sservi

ジェレミー・スタントン氏（Jeremy Stanton）はアミノペイメンツ社のエンジニアリング担当ＳＶＰで、１９９６年からソフトウェア開発に携わってきました。彼は２０００年に、勤務していた会社の移転が決まって以来、リモートワークを続けています。新しくできた距離が問題にならないほど、彼が築き上げた仕事上の関係は強固なものだったのです（https://www.LinkedIn.com/in/jeremystanton）。彼の最高のアドバイスは「成功と失敗がどういうことなのかを定義することが重要です」https://www.collaborationsuperpowers.com/10-being-deliberate-with-onboarding-and-culture-jeremy-stanton

ティム・スタウ氏（Tim Stough）は長年データシステムアーキテクトとして活躍し、現在は、米国航空宇宙局（ＮＡＳＡ）のジェット推進研究所（ＪＰＬ）で応用科学プログラムマネージャーを務めています。ＪＰＬでは、従業員に９／80の柔軟なタイムスケジュールを提供しています。これはつまり、２週間（80時間の勤務時間）を一サイクルとして、９時間勤務で８日間と、８時間勤務で1日働くことによって、隔週で３日間の週末の休みを取ることができるというシステムです。このオプションは、仕事にもっと柔軟性が欲しいという幅広い要望に応えるために提供されたのでした。このオプションによって、仕事で一日静かになる日があってよいと言う人もいれば、休日が一日増えることを好んでいる人もいます。そして、誰もがこのオプションの恩恵を受けています（https://www.LinkedIn.com/in/timothy-stough-525b08a0）。次のページで、ポッドキャストを視聴し、筆記録を読むことができます。https://www.collaborationsuperpowers.com/58-how-the-980-flextime-schedule-works

ルイス・スアレス氏（Luis Suarez）はＩＢＭで17年間働いていました。最後の10年間はスペインのカナリア諸島の一つであるグラン・カナリア島で過ごしたそうです。彼が最初にリモートワークを始めたのは、大規模な交通渋滞により、自宅で仕事をしたいと懇願したのがきっかけでした。彼は現在、ＩＴのコラボレーション用インフラのソリューションを構築するソフトウェア会社、パナジェンダ社のデジタル変革・データ分析のアドバイザーを務めています（https://www.panagenda.com）。彼の最高のアドバイスは「メールを使うのはやめましょう。代わりに、ソーシャルネットワークを使って業務を見える化し、同僚から見えるようにしましょう」https://collaborationsuperpowers.com/21-engaging-remotely-with-social-networks-luis-suarez

エゴール・スビリデンコ氏（Egor Sviridenko）はオンラインで仕事を可視化しマネジングするためのツールである、Targetprocessのドイツチームのマネジングディレクターです。ターゲットプロセス社は、ベルリン、バッファロー、ロンドン、ミンスク、トロントのチームと連携を取っています。彼らの目標は、特定の関心事項に焦点を当てることですが、多くのチームや多くのプロジェクトに直面していると、時には困難な場合もあります（https://targetprocess.com）。彼の最高のアドバイスは「仕事を視覚化してください。仲間について理解を深めてください。不測事態に備えて余裕を持ちましょう」https://collaborationsuperpowers.com/70-visualize-and-manage-your-work-with-targetprocess

ビンセント・ティッツ氏（Vincent Tietz）はドイツ、ドレスデンにあるサクソニアシステムズ社の本社でシニアコンサルタント、そしてスクラムマスターを務めています。サクソニアシステムズ社はETEOコンセプトを生み出した会社です。これは、「Ein Team Ein Office」（ワンチーム・ワンオフィス）の略称で、分散型アジャイルチームのためのベストプラクティスをまとめたものです。このコンセプトの一部に、「eteoボード」というものがあります。これは、カメラ、マイク、オンラインタスクボードを備えた大型モニターであり、対面交流のシミュレーションを行うために設置されています。eteoボードは、ドイツの異なる都市に拠点を置くチーム同士の日常的なスタンドアップを改善する必要性から生まれました。eteoボードによって、チームはお互いをより良く知り、信頼関係を築き、共通の認識を持てるようになったのです（http://www.eteoboard.de）。https://collaborationsuperpowers.com/82-connect-distributed-agile-teams-with-eteo-at-saxonia-systems

ニック・ティモンズ氏（Nick Tmmons）はパソナファイ社のセールスディレクターです。パソナファイ社では、ウェブカメラからユーザーの背景を取り除き、リアルタイムでユーザーの姿を画面に投影する技術を開発しています。設立当初、彼らは地元の大学から新入社員を募集していました。社員は歳を取るにつれ、新しい場所への移転を希望するようになり、会社はそれを支援したいと考えたのです。同社はアメリカとベトナムにチームを置いています（http://www.personify.com）。彼の最高のアドバイスは「時差がある場合は、遅めのミーティングや早めのミーティングに出席しなければいけない負担を交代で共有しましょう」https://www.collaborationsuperpowers.com/31-embody-your-team-online-with-personify

ピエロ・トファニン氏（Piero Toffanin）はソフトウェア開発者です。大学を卒業して1年後、彼は「普通の9時から5時の仕事」をしていたものの、自分の人生に何かが足りないと感じていたそうです。彼は妻を説得し、所有物を売って新規事業を立ち上げ、デジタル社会の流浪者《ノマド》として旅をすることを決意したのです。彼らはコーディングをしながら生活費を稼ぎ、キャンピングカーで米国を2年間旅行しました（http://www.pierotoffanin.com）。彼の最高のアドバイスは「忍耐力を持ってください。適応するまでは少し時間がかかります」https://www.collaborationsuperpowers.com/30-work-as-a-digital-nomad-with-piero-toffanin

レスリー・トゥルーエクス氏（Leslie Truex）は作家、講演者、起業家、ソーシャルワーカー、フィットネスインストラクター、そして母親であり、全ての仕事を米国バージニア州の自宅から快適に行っています。トゥルーエクス氏は自身のエネルギーレベルに合わせて一日のスケジュールを立て、リラクゼーションの時間（昼寝も含む）をたっぷりとることが重要だと考えています。彼女の著書には *Digital Writer Success: How to Make a Living Blogging*（『デジタルライターの成功――ブログで生計を立てる方法』）、*Freelance Writing and Publishing Online*（『フリーランスのライティングとオンライン出版』）、*The Work-at-Home Success Bible*（『在宅ワーク成功バイブル』）そして *Jobs Online: How to Find and Get Hired to a Work-at-Home Job*（『オンラインで仕事を探す――在宅ワークを見つけて採用してもらう方法』）などがあります。彼女は自身のウェブサイトを通じて在宅ワークの情報やリソースを提供しています（https://www.workathomesuccess.com）。彼女の最高のアドバイスは「一日の中で一番良く機能する時間帯を知ることです。自分に合った職場環境をつくりましょう」https://www.collaborationsuperpowers.com/91-be-a-work-at-home-success-with-leslie-truex

ソドリス・チリディス氏（Thodoris Tsiridis）はスウェーデンの会社である、スポティファイ社のリードソフトウェアエンジニアです。スポティファイ社のほとんどのチームはストックホルムに集約されていますが、チリディス氏のiOSチームは例外です。彼らは世界中に散らばっており、ボローニャ、ボストン、フロリダ、ニューヨーク、そしてストックホルムにメンバーがいます。チリディス氏のチームは、リモートワークで、Google Meet を使って、日々のスタンドアップやその他のミーティングを実施しています。また、ペアプログラミングにも使用しており、シニア開発者は後輩の開発者のコーディング技術を確認し、手助けすることができます（https://www.spotify.com）。彼の最高のアドバイスは「リモート化のプロセスはチームごとに異なり、つねに調整が必要となります。ですので、始めること、機敏でいること、そして反復することです」。インタビューの要約は次のページよりご覧いただけます。https://www.collaborationsuperpowers.com/how-a-team-at-spotify-uses-hangouts-to-work-remotely

バート・ヴァン・ルーン氏（Bart Van Loon）はゼロポイント社のオフショア人材派遣スペシャリストです。ベルギーを拠点とする彼の会社は、パキスタン、スリランカとヨーロッパ諸国の企業の橋渡しを行っています。ゼロポイント社の成功の秘訣は、クライアントと雇用される社員の両方にリモートチームマネジメントのトレーニングを提供することです（https://zeropoint.it）。彼の最高のアドバイスは「チームメンバーの文化的な違いを考慮し、積極的に対応することです」https://collaborationsuperpowers.com/28-how-to-hire-offshore-staff-with-bart-van-loon

ラルフ・ヴァン・ルースマレン氏（Ralph van Roosmalen）は自身を「革新的なアジャイルを可能にする人」と呼んでいます。彼はコーチングコンサルティング会社のアジャイルストライド社（https://agilestrides.com）と、イノベーション、リーダーシップ、マネジメントに関する運動、マネジメント3・0（https://management30.com）の両方でCEOを務めています。インタビューの時点で、彼は、オランダ、ルーマニア、米国にいるチームのマネジメントをしていました。彼はチームを公平かつ平等に扱うことを強く支持しています。彼の最高のアドバイスは「自分を向上させる努力をいつもしましょう。つねに何か新しいことを試しましょう」https://collaborationsuperpowers.com/24-managing-three-remote-offices-with-ralph-van-roosmalen

シュリカント・ヴァシシュタ氏（Shrikant Vashishtha）はマロナスコンサルティングの共同創設者・アジャイルコーチです。彼はテクノロジー戦略と実装、分散型アジャイル、そしてアジャイル変革を専門としています（https://malonus.in）。彼の最高のアドバイスは「人々に仕事の内容を伝えましょう。知識を共有しましょう。新しいことに挑戦し、失敗することを恐れないでください」https://www.collaborationsuperpowers.com/11-bridging-the-gap-on-distributed-agile-teams-shrikant-vashishtha

アドリアナ・ヴェラ氏（Adriana Vela）はナノテックネクサス社の創設者です。彼女のチームは、米国とカナダの各地で活動しており、個人がナノ科学を学習する方法を変え、K‐12［幼稚園から高校卒業まで］の生徒がSTEM教育とキャリアを追求するように働きかけることを目標としています。ヴェラ氏は仕事で世界中を駆け回る必要があるため、移動中でも仕事をしています。彼女はツールと創造性を駆使して、どこからでも仕事ができる能力を磨いてきました（http://nanotecnexus.org）。彼女の最高のアドバイスは「創造性を刺激するためには環境を変えることです」https://www.collaborationsuperpowers.com/49-how-to-be-efficient-on-the-road-with-adrian-vela

グレッチェン・ウェグナー氏（Gretchen Wegner）は学生のためのアカデミックライフコーチであり、「パワフルな勉強のための退屈しないアプローチ」の考案者です。彼女はアカデミックコーチとして、生徒が学習プロセスを磨く手助けをし、何が学習を中断させているのかを調査します。その後で、新しいスキルを教え、生徒が新しい習慣と独自の問題解決能力を組み合わせられるようにサポートします。ウェグナー氏とは、共通のクライアントのために、リモートで共同執筆したこともあります（https://gretchenwegner.com）。ウェグナー氏は次のように話しています。「コーチングの恩恵を受ける生徒は二種類います。自身でやる気を起こすのが苦手な人と頑張りすぎな人です」https://www.collaborationsuperpowers.com/19-remote-academic-life-coaching-w-ith-gretchen-wegner

フレドリック・ウィーク氏（Fredrik Wiik）はマネジメント3・0のファシリテーター、コンサルタント、そしてイノプローチ社の創設者です。インタビューの時点では、スウェーデンのストックホルムにあるノウィットマネジメント社（https://www.knowit.eu）でシニアコンサルタントを務めていました。彼は製品開発の取り組みにおいて、市場投入の時間やビジネスの機敏性などの重要な側面を含め、より多くの利益を企業が得られるようにすることを専門としています。彼は特定の規模と複雑性を持つ組織で必要とされる、大規模なアジャイルの設備環境に特別な関心を持っています（https://innoproach.com）。彼の最高のアドバイスは「社員に情報を押し入れるのではなく、社員から情報を引き出すためのシステムを実装してください」。次のページで、インタビューの要約を読むことができます。https://collaborationsuperpowers.com/become-agile-remote-collaboration-fredrik-wiik

アンディ・ウィリス氏（Andy Willis）はファシリテーター、メンター、講演者、そして、ワーキングフロムエニイウェア社の創設ディレクターです。彼の会社では、中小企業の経営者、マネジャー、またその他の社員が「仕事中心の生活」ではなく「生活中心の仕事」ができるように支援しています。彼はオーストラリアのニューサウスウェールズ州の美しい海岸沿いの町、タスラに住んでおり、毎年数ヵ月間はフランス・アルプスでサイクリングやハイキングをしています。彼は「今を楽しめ」というモットーを掲げ、毎日の一瞬一瞬を大切にしています。彼が言うには、「ワークライフバランスなんてものは存在しない。あるのはライフのみだ」（https://wfa.life）https://www.collaborationsuperpowers.com/132-dont-wait-to-start-living

ピーター・ウィルソン氏（Peter Wilson）はキネティックイノベーティブスタッフィング社のマネジングディレクターです。同社は、オーストラリアの企業とフィリピンの人材の橋渡しを行っています。この二つの国は自然と調和が取れています。両国は同じタイムゾーンに位置しており、フィリピンでは英語を話す人口が非常に多いです。また、大規模な交通渋滞が一般的となっているフィリピンでは、在宅で働けることが強力なインセンティブとなります。そして、フィリピンの生活費の安さは、オーストラリアのビジネスにとって魅力的なコストの削減になります。これら全ての要素が共生関係を築いているのです（http://www.kistaffing.com）。彼の最高のアドバイスは「マネジャーとして、毎日ビデオを介して視覚的に社員と繋がりを持つようにしましょう。お互いの文化について学ぶことは、豊かで実りある体験になるでしょう」https://www.collaborationsuperpowers.com/95-how-to-hire-and-onboard-an-offshore-team-with-kistaffing

アンドレア・ザバラ氏（Andrea Zabala）は事業開発とオフショアプロジェクトに力を入れている、アルゼンチン出身の情報システムエンジニアです。彼女は石油やガス業界の企業で様々な管理職を経験した後、より多くの時間を家族と過ごすためにフリーランスになることを決意しました（https://www.LinkedIn.com/in/adreavzabala）。彼女の最高のアドバイスは「信頼関係を築くには、親しみやすく率直であることです」。次のページで、インタビューやポッドキャストを視聴し、筆記録を読むことができます。https://www.collaborationsuperpowers.com/72-maximize-your-time-working-remotely-with-andrea-zabala

謝辞

次の方々に、心より厚くお礼申し上げます。

フロリアン・ホールナーさん、本の執筆という途方もないアイディアと、最後まで忍耐強く付き合ってくれたことに感謝しています。

ラプンザさん、この本を完成する手助けをしてくれて、人として成長させてくれて、ありがとう。

アルフレッド・ボーランドさん、私を格好良く見せてくれてありがとう。あなたは私のこれまでの人生の中で一番お気に入りのグラフィックデザイナーです。

ピラル・オルティさん、私にとっての最高な、そして協力的なライバルでいてくれて、ありがとう。

ヨーガン・アペロさん、長年にわたり、助言やご指導いただいたこと、そして、私を信頼して、様々な機会を与えていただいたことに感謝しています。

ハッピーメリー社のチームとコミュニティの皆さん、支援と指導いただいたこと、昇進の話をいただいたこと、そして、共にたくさんの幸福実験を生み出したことに感謝しています。

バーチャルチームトークコミュニティの皆さん、たくさんの支援と楽しい時間をありがとうございます。バーチャルコワーキングの場に感謝しています。

グレッチェン・ウェグナーさん、最高のバーチャル同僚であること、そしてバーチャルパイを発明してくれたことに感謝しています。実際に会える日を楽しみにしています。

ローラ・メイザーさん、あなたの素晴らしく愉快な、そして巧みなプロモーションとガイダンスに感謝しています。

ハンヌ・ヘルジャラさん、私のウェブサイトを管理、更新してくれて、良き同僚でいてくれて、ありがとう。

マルハ・ハウタラ、あなたの高い想像力と共に働くのが楽しくなる愉快さに感謝しています。

コラボレーションスーパーパワーズ社のファシリテーターの皆さん、世界中の人々がより良くリモートで働けるように支援してくれていることに感謝しています。

マーカス・ローゼンタールさん、（Kubi ロボットの中の）ケンドラに紹介してくれてありがとう。

ソココ社と彼らの素晴らしいサポートチームの皆様、バーチャルチームトークコミュニティにバーチャルなコワーキングスペースを提供してくれたことに感謝しています。

マリア・ケサダさん、豊かな内容の美しいニュースレターをつくってくれてありがとう。あなたは、私にとって最高の有能なバーチャルアシスタントです。

ニック・ジャウォスキーさん、私のインタビューをいかにもプロらしく聞こえるように編集してくれてありがとう。あなたは素晴らしいポッドキャストプロデューサーです。

アブドゥル・ムヒト・マティンさん、私のインタビューを書き起こしてくれたことに感謝しています。

ベッツィ・グールスビーさん、初期の原稿を確認してくれてありがとう。

ルイース・ブレースさん、初期の原稿を確認してくれたこと、そして共に働くのが楽しいと思える素敵なリモート同僚でいてくれて、ありがとう。


エイブ・ヒュワードさんとロイヤル・バセさん、私を見放さずにいてくれてありがとう。あなたたちは私にとって最愛の友人です。

マーテン・クープマンズさん、オランダで歓迎してくれたこと、私の初めてのインタビューに答えてくれたこと、そして、友人として支えてくれたことに感謝しています。

ウーター・ファン・アールストさん、心身共に健康でいさせてくれて、先に進む活力を与えてくれてありがとう。

マルギット・ファン・ハーテンさん、私の心を癒してくれてありがとう。

カバーデザインに貢献してくれた全ての方々（アルフレッドさん、イムランさん、ラプンザさん、マルハさん）そして、エリン・シーワード・ハイアットさん、最高のカバーデザインに仕上げていただきありがとうございます。ハイアットさんの忍耐力とプロフェッショナリズムにも感謝しています。

そして、ふわふわのチーチ、いつもそばにいて楽しませてくれてありがとう。

また、この本に早い段階で興味を示してくれた全ての人にも感謝します（以下、敬称略）。

ロバート・アストン、デヴィッド・バアー、トーマス・ベア、ビアンカ・バローネ、ヘンリック・ベルグルンド、キース・バーナード、アレクサンダー・バーク、アン・ビルンバウム、アリナ・ボンダール、マキシム・ボネ、ブレンダン・ボイド、ミレンコ・ブゲノ、オレステス・カラセド、アンドレア・チウ、アンディ・クレフ、スティーブン・クレイゴ、アレクサンドル・クバ、リチャード・ダラウェイ、トゥアン・ダン、キャサリン・デカス、クレア・ドナルド、ケイト・エドワーズ、デヴィッド・エリアセン、セルゲイ・エルリク、ヘレナ・エヴァンス、ピーター・ファーカス、ピエール・フォーベル、ジェシー・フューウェル、トーマス・フランシス、ダニエル・フリッツラー、ロバート・ガレン、スティーブン・ジャイルズ、アンドレ・ゴメス、エレン・ゴッテスディナー、グローイング・アジャイル社、イヴ・ハノウル、フレドリック・ハップ、ジェフリー・ヘッセ、ジェローム・ホーリグ、マーティン・ハルトマン、サビーヌ・イグラー、株式会社インパビドコンサルティング、デニス・ジャレット、マイケル・カウフマン、アンドリュー・キッド、ジェイソン・ナイト、ハネス・クロップフ、パトリック・リリエクランツ、トーマス・リンク、ジェイソン・リトル、ヤン・ルンドバーグ、ペドロ・メダス、グラツィエラ・メルリナ、ファビアーノ・モライス、クアン・マリガン、ショーン・ニューマン、ハリー・ニーボア、ヤヴォル・ニコロフ、ゾルニツァ・ニコロワ、オルフ・ニッセン、フランシス・ノートン、シーラ・オールズ、アデクンレ・オロノ、ピラル・オルティ、ハッサン・オスマン、バリー・オーヴァリーム、トレーシー・パーキンス、クリスチャン・フィスター、ダーリーン・パイク、株式会社プロジェクトリーダーシップアカデミー、マーク・レーバーグ、エヴァ・レイター、クリス・リッジウェル、ジェニファー・リギンズ、ションテル・サンボーン、リチャード・サザーランド、グレゴリー・ツツンジアン、パスカル・ファン・ビーク、イェルーン・ファン・ヘルトゥム、バート・ヴァン・ルーン、アドリアナ・ヴェラ、ジョン・ウエストワース、ミシェル・ウィッキー。

「どこでも共に働ける」ワークショップ

（Work Together Anywhere Workshop）

四つのパートから成るワークショップでは、リモートチームで働く際の最重要な事柄について詳しく説明します。オンラインでも直接でも受けることができます

共に働くために何が求められているか――チーム規約をつくろう

* リモートチームで働くガイドラインの設定方法
* リモートワークの一般的なコミュニケーションのプロトコル
* チーム規約のためのツール

オンラインでオフィスをつくろう

* 高速度通信のワークプレイスをつくる方法
* 信頼性の高いコミュニケーションのためのツール
* チーム全員の共通認識のためのテクニック

オンラインミーティングをプロ並みに円滑に進めよう

* オンラインミーティングのテクノロジーの選び方と効果的な使い方
* 注意散漫や多重タスクを減らして、オンラインミーティングへの参加と対話を促す方法
* 効果的なリモートミーティングのための、一般的なコミュニケーションのプロトコル

フィードバックし合おう

* 360度評価法の設定の方法
* リモートで振り返り《レトロスペクティブ》ミーティングを行う方法
* 素早い、継続的な評価のためのテクニック
* 感謝の気持ちを表すツール

https://collaborationsuperpowers.com/anywhereworkshop

14. Claire O'Connell, director of people & culture, "Canonical Remote Company Q&A," interview with Remote.co, September 2015, https://www.remote.co/ company/canonical.
15. アミノペイメンツ社エンジニアリング担当SVP。Jeremy Stanton, "Being Deliberate with Onboarding and Culture with Jeremy Stanton," interview by Lisette Sutherland, Collaboration Superpowers, podcast audio, video, and transcript, 17 November 2014, https://www.collaborationsuperpowers.com/10-being-deliberate-with-onboarding-and-culture-jeremy-stanton.
16. "What Is Agile? What Is Scrum?," cPrime, https://www.cprime.com/resources/what-is-agile-what-is-scrum.
17. "What Has Changed About How Your Remote Team Operates?," Remote.co, https://remote.co/qa-leading-remote-companies/what-has-changed-about-how-your-remote-team-operates.
18. Sieva Kozinsky, CEO, "StudySoup Remote Company Q&A," interview with Remote.co, January 2016, https://remote.co/company/studysoup.
19. Nathaniel Manning, COO, "Ushahidi Remote Company Q&A," interview with Remote.co, May 2016, https://remote.co/company/ushahidi.
20. "What Is the Hardest Part About Managing a Remote Workforce?," Remote.co, https://remote.co/qa-leading-remote-companies/what-is-the-hardest-part-about-managing-a-remote-workforce.
21. Casey Cobb, partner/developer, "Project Ricochet Remote Company Q&A," interview with Remote.co, July 2016, https://remote.co/company/project-ricochet.
22. アーティキュレイト社COO。Frazier Miller, "Articulate Inc. Remote Company Q&A," interview with Remote.co, August 2015, https://remote.co/company/articulate-inc.
23. ギットハブ社プロダクトデザイナー。Coby Chapple, "GitHub Inc. Remote Company Q&A," interview with Remote.co, June 2015 https://remote.co/company/github-inc.
24. トレロ社マーケティング担当VP。Stella Garber, "Trello Remote Company Q&A," interview with Remote.co, June 2015, https://remote.co/company/trello.
25. ワーキングソリューションズ社人材管理担当VP。Kristin Kanger, VP of talent management, "Working Solutions Remote Company Q&A," interiew with Remote.co, December 2015, https://remote.co/ team/working-solutions.
26. トルトゥガ社CEO。Fred Perrotta, "Tortuga Remote Company Q&A," interview with Remote.co, June 2017, https://remote.co/company/Tortuga.
27. Kristin Kanger, VP of talent management, "Working Solutions Remote Company Q&A," interview with Remote.co, December 2015, https://remote.co/ team/working-solutions.
28. Alex Frison, co-owner and project manager, "Inpsyde GmbH Remote Company Q&A," interview with Remote.co, June 2016, https://remote.co/company/ inpsyde-gmbh.
29. Martin Van Ryswyk, EVP of engineering, "DataStax Remote Company Q&A," interview with Remote.co, October 2015, https://remote.co/company/ datastax.
30. Paul Jun, content marketer, "Help Scout Remote Company Q&A," interview with Remote.co, November 2015, https://remote.co/company/help-scout.

and Culture with Jeremy Stanton," interview by Lisette Sutherland, Collaboration Superpowers, podcast audio, video, and transcript, 17 November 2014, https://www.collaborationsuperpowers.com/10-being-deliberate-with-onboarding-and-culture-jeremy-stanton.

第 10 章　まとめ

1. フレックスグローバル社。Emily Klein, "The World of Work in 2018: How the Workplace Will Evolve," Flexwork Global.com, 18 January 2018, http://flexworkglobal.com/world-work-2018-workplace-will-evolve.
2. Mark Kilby, "Facilitating Distributed Agile Teams," interview by Lisette Sutherland, Collaboration Superpowers, podcast audio, video, and transcript, 12 November 2014, https://collaborationsuperpowers.com/9-coaching-distributed-agile-teams-mark-kilby.
3. Sally French, "Ten Rules of Etiquette for Videoconferencing," *The Wall Street Journal*, 13 March 2016, https://www.wsj.com/articles/ten-rules-of-etiquette-for-videoconferencing-1457921535.
4. *The Wall Street Journal*, 21 December 2016, https://www.wsj.com/articles/ everybody-unmute-its-time-for-the-virtual-office-christmas-party-1482334506. (Photo by Lisette Sutherland.)
5. Dean Anderson, "Great Meeting Facilitation Technique," 27 March 2011, http://changeleadersnetwork.com/great-meeting-facilitation-technique; "E.L.M.O.: How a Muppet Can Save Your Meetings . . . and Your Sanity!," The Persimmon Group blog, 20 May 2016, https://www.thepersimmongroup.com/e-l-m-o-how-a-muppet-can-save-your-meetings-and-your-sanity; Tom Richert, "Enough Let's Move On: ELMO," Lean Project, 12 August 2016, www.leanproject.com/news/enough-lets-move-on-elmo.
6. Melinda Wenner, "Smile! It Could Make You Happier," *Scientific American*, 1 September 2009, https://www.scientificamerican.com/article/smile-it-could-make-you-happier.
7. トレードコンダクター社CEO。Soulaima Gourani, "Trade Conductor Remote Company Q&A," interview with Remote.co, January 2017, https://remote.co/company/tradeconductor.
8. Victor Lipman, "66% of Employees Would Quit If They Feel Unappreciated," Forbes.com, 15 April 2017, https://www.forbes.com/sites/victorlipman/2017/04/15/66-of-employees-would-quit-if-they-feel-unappreciated/#4fa5103f6897.
9. Vernon Gunnarson, "4 Reasons to Praise Employees' Effort, Not Talent," *The Muse*, https://www.themuse.com/advice/4-reasons-to-praise-employees-effort-not-talent; see also Carol S. Dweck, "The Secret to Raising Smart Kids," *Scientific American*, December 2007, https://www.scientificamerican.com/article/the-secret-to-raising-smart-kids.
10. Ralph van Roosmalen, "How to Manage Three Remote Offices," interview by Lisette Sutherland, Collaboration Superpowers, podcast audio, video, and transcript, 9 February 2015, https://www.collaborationsuperpowers.com/24-managing-three-remote-offices-with-ralph-van-roosmalen.
11. Allie VanNest, head of communications, "Parse.ly Remote Company Q&A," interview with Remote.co, July 2016, https://remote.co/company/parse-ly.
12. Erin Davidson, recruiting coordinator, "Appirio Remote Company Q&A," interview with Remote.co, December 2016, https://remote.co/team/appirio.
13. Chris Arnold, partner, "Authentic Form & Function Remote Company Q&A," interview with Remote.co, April 2016, https://www.remote.co/company/ authentic-form-function.

https://remote.co/company/scrapinghub.
26. Paul-Andrea Berry-Breanna, "Communication Tips for Global Virtual Teams," *Harvard Business Review*, 30 October 2014, https://hbr.org/2014/10/ communication-tips-for-global-virtual-teams.
27. ヒューマンサイドオブテック社ワークプレイスイノベーター。Vanessa Shaw, "Helping You Tech Better," interview by Lisette Sutherland, Collaboration Superpowers, podcast audio, video, and transcript, 7 September 2015, https://www.collaborationsuperpowers.com/54-helping-you-tech-better-with-vanessa-shaw.
28. Ralph van Roosmalen, "How to Manage Three Remote Offices," interview by Lisette Sutherland, Collaboration Superpowers, podcast audio, video, and transcript, 9 February 2015, https://www.collaborationsuperpowers.com/24-managing-three-remote-offices-with-ralph-van-roosmalen.
29. フリーランスプロダクトマネジャー。Fernando Garrido Vaz, "Build Reputation in the Freelance Economy with Fernando Garrido Vaz," interview by Lisette Sutherland, Collaboration Superpowers, podcast audio, video, and transcript, 2 March 2016, https://www.collaborationsuperpowers.com/89-build-reputation-in-the-freelance-economy-with-fernando-garrido-vaz.
30. Hugo Messer, "Managing Remote Teams," interview by Lisette Sutherland, Collaboration Superpowers, podcast audio, video, and transcript, 26 November 2014, https://www.collaborationsuperpowers.com/13-managing-remote-teams-hugo-messer.
31. Hugo Messer, "Managing Remote Teams."
32. Scott E. Page, "#52 Raising the Bar," interview by Alex Goldman, *Reply All*, GimletMedia.com, 20 January 2016, https://gimletmedia.com/episode/52-raising-the-bar. See also Scott E. Page, *The Difference: How the Power of Diversity Creates Better Groups, Firms, Schools, and Societies* (Princeton: Princeton University Press, 2007).〔『「多様な意見」はなぜ正しいのか』日経BP出版、2009年〕
33. Tiziano Perrucci, "A Remote Team Perspective with StarterSquad," interview by Lisette Sutherland, Collaboration Superpowers, podcast audio, video, and transcript, 16 February 2015, https://www.collaborationsuperpowers.com/25-a-remote-team-perspective-with-startersquad.
34. Paul-Andrea Berry-Breanna, "Communication Tips for Global Virtual Teams," *Harvard Business Review*, 30 October 2014, https://hbr.org/2014/10/ communication-tips-for-global-virtual-teams.
35. Deven Bhagwandin, "Managing Cultural and Language Divides Within Your Remote Team," Workafar.com, 22 November 2015, http://workafar.com/managing-cultural-and-language-divides-within-your-remote-team.
36. Silvina Martinez, "An Interview with Managing Virtual Teams," interview by Lisette Sutherland, Collaboration Superpowers, podcast audio, video, and transcript, 12 June 2014, https://collaborationsuperpowers.com/interview-managing-virtual-teams.
37. John Rampton, "10 Tips for Overcoming the Language Barrier When Expanding Overseas," *Fast Company*, 10 March 2015, https://www.fastcompany.com/3043336/10-tips-for-overcoming-the-language-barrier-when-expanding-overseas. For more, visit https://www.johnrampton.com.
38. "5 Tips for Overcoming the Language Barrier on a Distributed Team," Sococo blog, https://www.sococo.com/blog/5-tips-overcoming-language-barrier-distributed-team.
39. Lucius Bobikiewicz, "Powerful Online Collaboration with Simple Spreadsheets," interview by Lisette Sutherland, Collaboration Superpowers, podcast audio, video, and transcript, 6 July 2015, https://www.collaborationsuperpowers.com/45-powerful-collaboration-with-simple-spreadsheets.
40. アミノペイメンツ社エンジニアリング担当 SVP。Jeremy Stanton, "Being Deliberate with Onboarding

hilton.
10. バーチャルノットディスタント社ディレクター。Pilar Orti, "Humanize Remote Work," interview by Lisette Sutherland, 3 November 2014, https://www.collaborationsuperpowers.com/4-humanizing-remote-work-pilar-orti.
11. リバーエージェンシー社COO。Tom Howlett, "Build Trust on Remote Teams Through Pair Collaboration," interview by Lisette Sutherland, Collaboration Superpowers, podcast audio, video, and transcript, 2 March 2015, https://www.collaborationsuperpowers.com/27-build-trust-on-remote-teams-through-pair-collaboration.
12. エボリューション4オール社マネジメントコンサルタント・創設者。Luis Gonçalves, "Writing a Book Together Remotely," interview by Ben Linders, Collaboration Superpowers, video and transcript, 14 April 2014, https:// www.collaboration superpowers.com/interview-with-ben-linders-and-luis-goncalves.
13. Paul-Andrea Berry-Breanna, "Communication Tips for Global Virtual Teams," *Harvard Business Review*, 30 October 2014, https://hbr.org/2014/10/ communication-tips-for-global-virtual-teams.
14. Cris Hazzard, partner, "Sanborn Remote Company Q&A," interview with Remote.co, April 2016, https://remote.co/company/sanborn-media-factory.
15. Scott Hoppe, "Prioritize Happiness and Profit," interview by Lisette Sutherland, Collaboration Superpowers, podcast audio, video, and transcript, 18 September 2017, https://collaborationsuperpowers.com/160-prioritize-happiness-and-profit-with-scott-hoppe.
16. Nita Tune, email message to the authors, 12 June 2018.
17. アジャイルディメンションズ社創設者。AgileBill Krebs, "Collaborating in Virtual Worlds," interview by Lisette Sutherland, Collaboration Superpowers, podcast audio, video, and transcript, 8 December 2014, https://www.collaborationsuperpowers.com/15-collaborating-in-virtual-worlds-agilebill-krebs.
18. Peter Hilton, "The Need for Face-to-Face on Virtual Teams," interview by Lisette Sutherland, Collaboration Superpowers, podcast audio, video, and transcript, 22 December 2014, https://collaborationsuperpowers.com/17-the-need-for-face-to-face-on-virtual-teams-peter-hilton.
19. Laura Rooke, "Remote Technical Support," interview by Lisette Sutherland, Collaboration Superpowers, podcastaudio, video, andtranscript, 1 December 2014, https://www.collaborationsuperpowers.com/14-remote-technical-support-laura-rooke.
20. Mark Kilby, "Facilitating Distributed Agile Teams," interview by Lisette Sutherland, Collaboration Superpowers, podcast audio, video, and transcript, 12 November 2014, https://collaborationsuperpowers.com/9-coaching-distributed-agile-teams-mark-kilby.
21. Happy Melly team, Sample Team Agreement Etiquette for Slack, 2018.
22. Howard B. Esbin, "Tuning Your Virtual Team," interview by Lisette Sutherland, Collaboration Superpowers, podcast audio, video, and transcript, 22 October 2014, https://www.collaborationsuperpowers.com/episode-2-tuning-virtual-team-howard-esbin.
23. Patrick Sarnacke,"Visualizing Time Zone Challengesfor Distributed Teams," Mingle blog, 13 June 2016, https://www.thoughtworks.com/mingle/scaled-agile/2016/06/13/visualizing-time-zones.html.
24. Sebastian Göttschkes, VP of platform, "Blossom Remote Company Q&A," interview with Remote.co, April 2016, https://remote.co/company/blossom.
25. Pablo Hoffman, director, "ScrapingHub Remote Company Q&A," interview with Remote.co, June 2015,

collaborationsuperpowers.com/37-abolish-the-postmortem-with-david-horowitz.
42. Henrik Kniberg, "Squad Health Check Model: Visualizing What to Improve," Spotify Labs, 16 September 2014, https://labs.spotify.com/2014/09/16/squad-health-check-model.
43. Susan Scott, *Fierce Conversations: Achieving Success at Work and in Life One Conversation at a Time* (New York: New America Library/Berkley, 2004), 189.〔『激烈な会話——逃げずに話せば事態はよくなる！』ソニー・マガジンズ、2004年〕
44. ワーキングソリューションズ社人材管理担当VP。Kristin Kanger, "Working Solutions Remote Company Q&A," interview with Remote.co, https://remote.co/team/working-solutions.

第9章　チーム間のルール決め

1. ジングワード社共同創設者・ディレクター、マネジングバーチャルチームズ社共同創設者・アドバイザー。Robert Rogge, "An Interview with Managing Virtual Teams," interview by Lisette Sutherland, Collaboration Superpowers, podcast audio, video, and transcript, 12 June 2014, https://collaborationsuperpowers.com/interview-managing-virtual-teams.
2. ブリッジグローバル社・エキパ社分散型アジャイルエキスパート・創設者。Hugo Messer, "Managing Remote Teams," interview by Lisette Sutherland, Collaboration Superpowers, podcast audio, video, and transcript, 26 November 2014, https://collaborationsuperpowers.com/13-managing-remote-teams-hugo-messer.
3. プレイプレリュード社ディレクター。Howard B. Esbin, "Tuning Your Virtual Team," interview by Lisette Sutherland, Collaboration Superpowers, podcast audio, video, and transcript, 22 October 2014, https://www.collaborationsuperpowers.com/episode-2-tuning-virtual-team-howard-esbin.
4. Derek Scruggs, "Use Tools and Increase Productivity," interview by Lisette Sutherland, Collaboration Superpowers, podcast audio, video, and transcript, 23 February 2015, https://www.collaborationsuperpowers.com/26-using-tools-and-increasing-productivity-with-derek-scruggs.
5. Frances Frei and Anne Morriss, "Culture Takes Over When the CEO Leaves the Room," *Harvard Business Review*, 10 May 2012, https://hbr.org/2012/05/ culture-takes-over-when-the-ce.
6. フォームスタック社会長、ジェル社共同創設者。Ade Olonoh, "Focus on Process, Not Tools, with Ade Olonoh," interview by Lisette Sutherland, Collaboration Superpowers, podcast audio, video, and transcript, 22 February2016, https://www.collaborationsuperpowers.com/78-focus-on-process-not-tools-with-ade-olonoh.
7. Hugo Messer, "Managing Remote Teams," interview by Lisette Sutherland, Collaboration Superpowers, podcast audio, video, and transcript, 26 November 2014, https://collaborationsuperpowers.com/13-managing-remote-teams-hugo-messer.
8. ソナタイプ社アジャイルコーチ。Mark Kilby, "Facilitating Distributed Agile Teams," interview by Lisette Sutherland, Collaboration Superpowers, podcast audio, video, and transcript, 12 November 2014, https://collaborationsuperpowers.com/9-coaching-distributed-agile-teams-mark-kilby.
9. シグナビオ社コンサルタント。Peter Hilton, "The Need for Face-to-Face on Virtual Teams," interview by Lisette Sutherland, Collaboration Superpowers, podcast audio, video, and transcript, 22 December 2014, https://collaborationsuperpowers.com/17-the-need-for-face-to-face-on-virtual-teams-peter-

functioning-connected-team-in-a-sococo-virtual-office.
28. Carrie Kuempel, "Be a High-Functioning Connected Team in a Sococo Virtual Office," interview by Lisette Sutherland, Collaboration Superpowers, podcast audio, video, and transcript, 19 October 2015, https://collaborationsuperpowers.com/60-be-a-high-functioning-connected-team-in-a-sococo-virtual-office.
29. プレイプレリュード社ディレクター。Howard B. Esbin, "Tuning Your Virtual Team," interview by Lisette Sutherland, Collaboration Superpowers, podcast audio, video, and transcript, 22 October 2014, https://www.collaborationsuperpowers.com/episode-2-tuning-virtual-team-howard-esbin.
30. Mandy Ross, "Be a High-Functioning Connected Team in a Sococo Virtual Office," interview by Lisette Sutherland, Collaboration Superpowers, podcast audio, video, and transcript, 19 October 2015, https://collaborationsuperpowers.com/60-be-a-high-functioning-connected-team-in-a-sococo-virtual-office.
31. リカリス社ディレクター。Anna Danes, "An Interview with Managing Virtual Teams," interview by Lisette Sutherland, Collaboration Superpowers, podcast audio, video, and transcript, 12 June 2014, https://www.collaborationsuperpowers.com/interview-managing-virtual-teams.
32. アミノペイメンツ社エンジニアリング担当SVP。Jeremy Stanton, "Being Deliberate with Onboarding and Culture with Jeremy Stanton," interview by Lisette Sutherland, Collaboration Superpowers, podcast audio, video, and transcript, 17 November 2014, https://www.collaborationsuperpowers.com/10-being-deliberate-with-onboarding-and-culture-jeremy-stanton.
33. Brie Weiler Reynolds, "Communicate Proactively and Build Culture," interview by Lisette Sutherland, Collaboration Superpowers, podcast audio, video, and transcript, 5 August 2015, https://collaborationsuperpowers.com/56-communicate-proactively-and-build-culture-with-brie-reynolds.
34. Carrie McKeegan, "Build a Global, Virtual Business with Greenback Expat Tax Services," interview by Lisette Sutherland, Collaboration Superpowers, podcast audio, video, and transcript, 2 November 2015, https://collaborationsuperpowers.com/62-build-a-global-virtual-business-with-carrie-mckeegan-of-greenback-expat-tax-services.
35. ジングワード社共同創設者・ディレクター、マネジングバーチャルチームズ社共同創設者・アドバイザー。Robert Rogge, "An Interview with Managing Virtual Teams," interview by Lisette Sutherland, Collaboration Superpowers, podcast audio, video, and transcript, 12 June 2014, https://collaborationsuperpowers.com/interview-managing-virtual-teams.
36. マネジメント3.0 コーチ・ファシリテーター。Ralph van Roosmalen, "How to Manage Three Remote Offices," interview by Lisette Sutherland, Collaboration Superpowers, podcast audio, video, and transcript, 9 February 2015, https://www.collaborationsuperpowers.com/24-managing-three-remote-offices-with-ralph-van-roosmalen.
37. Ryan Baker, founder and CEO, "Timely Remote Company Q&A," interview with Remote.co, February 2016, https://remote.co/company/timely.
38. バーチャルノットディスタント社ディレクター。Pilar Orti, "Humanize Remote Work," interview by Lisette Sutherland, 3 November 2014, https://www.collaborationsuperpowers.com/4-humanizing-remote-work-pilar-orti.
39. Pilar Orti, "Humanize Remote Work."
40. "Retrospective Plans," http://retrospectivewiki.org/index.php?title=Retro spective_Plans.
41. レトリアム社共同創設者・ディレクター。David Horowitz, "Make Remote Retrospectives Easy," interview by Lisette Sutherland, Collaboration Superpowers, podcast audio, video, and transcript, 11 May 2015, https://

13. Ryan Chartrand, from video "Slack Tips Tuesday: How to Not Look Like a Slacker on Slack" on "The 5 Most Important Things We Do As a Remote Company," X-Team, 10 July 2015, https://x-team.com/blog/5-important-things-remote-company.
14. Tish Briseno, "Celebrating 2 Years at Automattic," 1 June 2017, https://tish.blog/2017/06/01/2-years-at-automattic; see also https://wordpress.org/themes/p2.
15. Mario Peshev, founder and WordPress architect, "DevriX Remote Company Q&A," interview with Remote.co, July 2016, https://remote.co/company/devrix.
16. Pierre Veyrat, "Check Out 10 Examples of OKRs and See How This Methodology Works," Heflo.com, 23 December 2016, https://www.heflo.com/blog/business-management/examples-of-okrs.
17. Jurgen Appelo, "The Peer-to-Peer Bonus System," *Forbes*, 8 July 2015, https:// www.forbes.com/sites/jurgenappelo/2015/07/08/the-peer-to-peer-bonus-system/#6e1b96594329.
18. Louise Brace, email message to the author, 8 February 2015.
19. マロナスコンサルティング社共同創設者・アジャイルコーチ。ShriKant Vashishtha, "Bridging the Gap on Distributed Agile Teams," interview by Lisette Sutherland, Collaboration Superpowers, podcast audio, video, and transcript, 19 November 2014, https://www.collaborationsuperpowers.com/11-bridging-the-gap-on-distributed-agile-teams-shrikant-vashishtha.
20. AgileBill Krebs, "Collaborating in Virtual Worlds," interview by Lisette Sutherland, Collaboration Superpowers, podcast audio, video, and transcript, 8 December 2014, https://www.collaborationsuperpowers.com/15-collaborating-in-virtual-worlds-agilebill-krebs.
21. Howard B. Esbin, "Tuning Your Virtual Team," interview by Lisette Sutherland, Collaboration Superpowers, podcast audio, video, and transcript, 22 October 2014, https://www.collaborationsuperpowers.com/episode-2-tuning-virtual-team-howard-esbin.
22. ShriKant Vashishtha, "Bridging the Gap on Distributed Agile Teams," interview by Lisette Sutherland, Collaboration Superpowers, podcast audio, video, and transcript, 19 November 2014, https://www.collaborationsuperpowers.com/11-bridging-the-gap-on-distributed-agile-teams-shrikant-vashishtha.
23. Thodoris Tsiridis, "How to Use Hangouts as a Virtual Office with Spotify," interview by Lisette Sutherland, Collaboration Superpowers, 28 November 2013, https://collaborationsuperpowers.com/how-a-team-at-spotify-uses-hangouts-to-work-remotely.
24. Mark Kilby, "Facilitating Distributed Agile Teams," interview by Lisette Sutherland, Collaboration Superpowers, podcast audio, video, and transcript, 12 November 2014, https://collaborationsuperpowers.com/9-coaching-distributed-agile-teams-mark-kilby.
25. Luis Suarez, "Engaging Remotely with Social Networks," interview by Lisette Sutherland, CollaborationSuperpowers, podcast audio, video, and transcript, 19 January 2015, https://www.collaborationsuperpowers.com/21-engaging-remotely-with-social-networks-luis-suarez.
26. Tom Howlett, "Build Trust on Remote Teams Through Pair Collaboration," interview by Lisette Sutherland, Collaboration Superpowers, podcast audio, video, and transcript, 2 March 2015, https://www.collaborationsuperpowers.com/27-build-trust-on-remote-teams-through-pair-collaboration.
27. アジャイルクラフト社プロダクトマーケティングディレクター。Mandy Ross, "Be a High-Functioning Connected Team in a Sococo Virtual Office," interview by Lisette Sutherland, Collaboration Superpowers, podcast audio, video, and transcript, 19 October 2015, https://collaborationsuperpowers.com/60-be-a-high-

17. Luis Suarez, "Engaging Remotely with Social Networks," interview by Lisette Sutherland, Collaboration Superpowers, podcast audio, video, and transcript, 19 January 2015, https://www.collaborationsuperpowers.com/21-engaging-remotely-with-social-networks-luis-suarez.
18. シンプルテキスティング社共同創設者。Felix Dubinsky, "SimpleTexting Remote Company Q&A," interview with Remote.co, May 2016, https://remote.co/company/simple-texting.

第８章　成功へ導くためのリーダーシップ、方向性の一致、ツール

1. チャージファイ社ディレクター。Lance Walley, "Hiring & Firing for Small Business Success: 25 Years, 130 People," Chargify: The Bullring Blog, 12 January 2016, https://www.chargify.com/blog/hiring-firing-success.
2. アジャイルディメンションズ社創設者・コーチ。AgileBill Krebs, "Collaborating in Virtual Worlds," interview by Lisette Sutherland, Collaboration Superpowers, podcast audio, video, and transcript, 8 December 2014, https:// www.collaborationsuperpowers.com/15-collaborating-in-virtual-worlds-agilebill-krebs.
3. プレイプレリュード社ディレクター。Howard B. Esbin, "Tuning Your Virtual Team," interview by Lisette Sutherland, Collaboration Superpowers, podcast audio, video, and transcript, 22 October 2014, https://www.collaborationsuperpowers.com/episode-2-tuning-virtual-team-howard-esbin.
4. ワールドワイドウェブホスティング社COO。Tom Sepper, COO, "World Wide Web Hosting Remote Company Q&A," interview with Remote.co, September 2015, https://remote.co/company/world-wide-web- hosting.
5. Liz Peterson, operations manager, "ezhome Remote Company Q&A," interview with Remote.co, July 2017, https://remote.co/company/ezhome.
6. Sieva Kozinsky, CEO, "StudySoup Remote Company Q&A," interview with Remote.co, January 2016, https://remote.co/company/studysoup.
7. エンバト社人事部長。James Law, "Envato Remote Company Q&A," interview with Remote.co, May 2016, https://remote.co/team/envato.
8. Cris Hazzard, partner, "Sanborn Remote Company Q&A," interview with Remote.co, April 2016, https://remote.co/company/sanborn-media-factory.
9. Fred Perrotta, CEO, "Tortuga Remote Company Q&A," interview with Remote.co, June 2017, https://remote.co/company/Tortuga.
10. Magnus Karlsson, "A Management System for Innovation," interview by Lisette Sutherland, Collaboration Superpowers, 4 March 2015, https://collabora tionsuperpowers.com/ideaboxes-a-management-system-for-innovation-magnus-karlsson.
11. Noelle Daley, "What Colocated Teams Can Learn from Remote Teams," Medium.com, 9 June 2018, https://medium.com/@elnoelle/what-colocated-teams-can-learn-from-remote-teams-f48bb4a708d1.
12. 米国航空宇宙局（NASA）太陽系探査バーチャル研究所コミュニケーションリーダー。Teague Soderman, "Collaboration in Space Exploration NASA/SSERVI," interview by Lisette Sutherland, Collaboration Superpowers, podcast audio, video, and transcript, 22 October 2014, https://www.collaborationsuperpowers.com/episode-3-collaboration-space-exploration-nasa-sservi.

collaborating-in-virtual-worlds-agilebill-krebs.
4. ヴリッジヘッド社 オーナー、物理学者、チームリーダー、ソフトウェアアーキテクト。Maarten Koopmans, "How to Eat an Elephant," interview by Lisette Sutherland, Collaboration Superpowers, 5 February 2013, https://collaborationsuperpowers.com/hire-right-people-remote-working-Maarten-koopmans.
5. "Global Survey of 24,000+ Workers Unearths the 'Need' for Flexibility in the Workplace in Order for Businesses to Thrive," 20 March 2017, Polycom Inc., http://www.polycom.com/company/news/press-releases/2017/20170321.html.
6. パソナファイ社セールスディレクター。Nick Timmons, "Embody Your Team Online with Personify," interview by Lisette Sutherland, Collaboration Superpowers, podcast audio, video, and transcript, 30 March 2015, https://www.collaborationsuperpowers.com/31-embody-your-team-online-with-personify.
7. パソナファイ社プロダクトVP。Sumant Kowshik, "Embody Your Team Online with Personify," interview by Lisette Sutherland, Collaboration Superpowers, podcast audio, video, and transcript, 30 March 2015, https://www.collaborationsuperpowers.com/31-embody-your-team-online-with-personify.
8. "A Highly Scientific Post About Lighting Zoom Meetings," 12 February2015, Zoom blog, https://blog.zoom.us/wordpress/2015/02/12/scientific-lighting-zoom-meetings-will-ever-read. See also G. C. Brainard, J. P. Hanifin, J. M. Greeson, B. Byrne, G. Glickman, E. Gerner, and M. D. Rollag, "Action Spectrum for Melatonin Regulation in Humans: Evidence for a Novel Circadian Photoreceptor," *The Journal of Neuroscience* 21, no. 16, 15 August 2001, http://www.jneurosci.org/content/21/16/6405.long.
9. 米国航空宇宙局（NASA）エイムズ研究センターワイル研究所シニアオーディオ／ビデオスペシャリスト。Ricky Guest, "Collaboration in Space Exploration NASA/SSERVI," interview by Lisette Sutherland, Collaboration Superpowers, podcast audio, video, and transcript, 22 October 2014, https://www.collaborationsuperpowers.com/episode-3-collaboration-space-exploration-nasa-sservi.
10. Alice Hendricks, CEO, "Jackson River Remote Company Q&A," interview with Remote.co, July 2015, https://remote.co/company/jackson-river.
11. Ricky Guest, "Collaboration in Space Exploration NASA/SSERVI," interview by Lisette Sutherland, Collaboration Superpowers, podcast audio, video, and transcript, 22 October 2014, https://www.collaborationsuperpowers.com/episode-3-collaboration-space-exploration-nasa-sservi.
12. SpreadScrum.com分散型アジャイルチームトレーナー。Lucius Bobikiewicz, "Powerful Online Collaboration with Simple Spreadsheets," interview by Lisette Sutherland, Collaboration Superpowers, podcast audio, video, and transcript, 6 July 2015, https://www.collaborationsuperpowers.com/45-powerful-collaboration-with-simple-spreadsheets.
13. Ryan Baker, founder and CEO, "Timely Remote Company Q&A," interview with Remote.co, February 2016, https://remote.co/company/timely.
14. ガラムグループ社システムエンジニア。Phil Montero, "Apply the Right Technology," interview by Lisette Sutherland, Collaboration Superpowers, video and transcript, 5 August 2014, https://www.collaborationsuperpowers.com/apply-right-technology-phil-montero.
15. Phil Montero, "Apply the Right Technology."
16. ソナタイプ社アジャイルコーチ。Mark Kilby, "Facilitating Distributed Agile Teams," interview by Lisette Sutherland, Collaboration Superpowers, podcast audio, video, and transcript, 12 November 2014, https://collaboration superpowers.com/9-coaching-distributed-agile-teams-mark-kilby.

26. Sara Rosso, marketing manager, and Lori McLeese, head of HR, "Automattic Remote Company Q&A," interview with Remote.co, June 2015, https://remote.co/company/automatic.
27. Paula Strozak, chief business officer, "Bitovi Remote Company Q&A," interview with Remote.co, September 2017, https://remote.co/company/bitovi.
28. Remote.co, "What is the Hardest Part About Managing a Remote Workforce?," https://www.remote.co/qa-leading-remote-companies/what-is-the-hardest-part-about-managing-a-remote-workforce. (Note that as of this printing Allie Schwartz is director of people operations at Healthify.)

第Ⅲ部 番外編　雇用に役立つ早見表

1. John Lee Dumas, "1: John Lee Dumas of Entrepreneur On Fire," *Entrepreneur on Fire*, https://www.eofire.com/podcast/podcast-interview-with-entrepreneur-john-lee-dumas-of-entrepreneur-on-fire.

第Ⅲ部 番外編　リモートオンリーのマニフェスト

1. John Northrup, "Remote-Only Manifesto" GitLab, June 2016, https://www.remoteonly.org.
2. ハノ社創設者。Jon Lay, "Hanno Remote Company Q&A," interview with Remote.co, January 2016, https://remote.co/company/hanno.

〈第Ⅳ部　リモートワークのマネジメント中級編〉

扉

1. ガラムグループ社システムエンジニア。Phil Montero, "Apply the Right Technology," interview by Lisette Sutherland, Collaboration Superpowers, videoandtranscript, 5 August 2014, https://www.collaborationsuperpowers.com/apply-right-technology-phil-montero.

第７章　コミットして指導、信頼して成功

1. パナジェンダ社デジタル変革・データ分析アドバイザー。Luis Suarez, "Engaging Remotely with Social Networks," interview by Lisette Sutherland, Collaboration Superpowers, podcast audio, video, and transcript, 19 January 2015, https://www.collaborationsuperpowers.com/21-engaging-remotely-with-social-networks-luis-suarez.
2. Meghan M. Biro, "Telecommuting Is the Future of Work," *Forbes*, 12 January 2014, https://www.forbes.com/sites/meghanbiro/2014/01/12/telecommuting-is-the-future-of-work/#175008543c86.
3. AgileBill Krebs, "Collaborating in Virtual Worlds," interview by Lisette Sutherland, Collaboration Superpowers, podcast audio, video, and transcript, 8 December 2014, https://www.collaborationsuperpowers.com/15-

look-for-in-a-remote-worker; Brie Reynolds, "5 Traits to Look For When Hiring Remote Workers," Recruiter.com, 24 September 2015, https://www.recruiter.com/i/5-traits-to-look-for-when-hiring-remote-workers; Lance Walley, "Hiring & Firing for Small Business Success: 25 Years, 130 People," Chargify.com, 12 January 2016, https://www.chargify.com/blog/hiring-firing-success—plus the additional eighty-eight companies who responded to Remote.co's question: "What Traits Do You Look For in Candidates for a Remote Job?" (https://remote.co/qa-leading-remote-companies/what-traits-do-you-look-for-in-candidates-for-a-remote-job).
13. David Horowitz, "Make Remote Retrospectives Easy," interview by Lisette Sutherland, Collaboration Superpowers, podcast audio, video, and transcript, 11 May 2015, https://collaborationsuperpowers.com/37-abolish-the-postmortem-with-david-horowitz.
14. Lance Walley, "Hiring & Firing for Small Business Success: 25 Years, 130 People," Chargify: The Bullring Blog, 12 January 2016, https://www.chargify.com/blog/hiring-firing-success.
15. Sara Tiffany, VP of product, "AirTreks Remote Company Q&A," interview with Remote.co, May 2017, https://remote.co/company/airtreks.
16. チャージファイ社コンテンツ・検索マーケティングマネジャー。Kate Harvey, 1 August 2016 (8:56), comment on Dave Nevogt, "Are Remote Workers More Productive? We've Checked All the Research So You Don't Have To," Hubstaff, 25 July 2016, https://blog.hubstaff.com/remote-workers-more-productive.
17. Derek Scruggs, "Use Tools and Increase Productivity," interview by Lisette Sutherland, Collaboration Superpowers, podcast audio, video, and transcript, 23 February 2015, https://www.collaborationsuperpowers.com/26-using-tools-and-increasing-productivity-with-derek-scruggs.
18. Carrie McKeegan, "Build a Global, Virtual Business with Greenback Expat Tax Services," interview by Lisette Sutherland, Collaboration Superpowers, podcast audio, video, and transcript, 2 November 2015, https://collaborationsuperpowers.com/62-build-a-global-virtual-business-with-carrie-mckeegan-of-greenback-expat-tax-services.
19. Remote.co, "How Do You Conduct Interviews for Remote Jobs?," https:// remote.co/qa-leading-remote-companies/how-do-you-conduct-interviews-for-remote-jobs.
20. フレックスプロフェッショナルズ合同会社共同創設者・パートナー。Sheila Murphy, "FlexProfessionals Remote Company Q&A," interview with Remote.co, November 2015, https://remote.co/company/flexprofessionals-llc.
21. ラブトゥノウ社コンテンツ戦略担当ディレクター。Ann MacDonald, "Love to Know Remote Company Q&A," interview with Remote.co, June 2015, https://remote.co/company/lovetoknow-corp.
22. Jeremy Stanton, "Being Deliberate with Onboarding and Culture with Jeremy Stanton," interview by Lisette Sutherland, Collaboration Superpowers, podcast audio, video, and transcript, 17 November 2014, https://www.collaborationsuperpowers.com/10-being-deliberate-with-onboarding-and-culture-jeremy-stanton.
23. Jeremy Stanton, "Being Deliberate with Onboarding and Culture with Jeremy Stanton."
24. Jessie Shternshus, "Make Shift Happen with Jessie Shternshus," interview by Lisette Sutherland, Collaboration Superpowers, podcast audio, video, and transcript, 28 January 2016, https://collaborationsuperpowers.com/85-make-shift-happen-with-jessie-shternshus.
25. Yves Hanoulle, "Welcome People and Develop Trust While Walking with Yves Hanoulle," interview by Lisette Sutherland, Collaboration Superpowers, podcast audio, video, and transcript, 12 January 2015, https://www.collaborationsuperpowers.com/20-welcome-people-and-develop-trust-while-walking-yves-hanoulle.

traits-to-look-for-in-remote-employees; Siofra Pratt, "5 Essential Qualities to Look For in a Remote Worker," SocialTalent.com, 14 April 2016, https://www.socialtalent.com/blog/recruitment/5-essential-qualities-to-look-for-in-a-remote-worker; Brie Reynolds, "5 Traits to Look For When Hiring Remote Workers," Recruiter.com, 24 September 2015, https://www.recruiter.com/i/5-traits-to-look-for-when-hiring-remote-workers; Lance Walley, "Hiring & Firing for Small Business Success: 25 Years, 130 People," Chargify.com, 12 January 2016, https://www.chargify.com/blog/hiring-firing-success—plus the additional eighty-eight companies who responded to Remote.co's question: "What Traits Do You Look For in Candidates for a Remote Job?" (https://remote.co/qa-leading-remote-companies/what-traits-do-you-look-for-in-candidates-for-a-remote-job).

5. Siofra Pratt, "5 Essential Qualities to Look For in a Remote Worker," SocialTalent, 14 April 2016, https://www.socialtalent.com/blog/recruitment/5-essential-qualities-to-look-for-in-a-remote-worker.
6. アミノペイメンツ社エンジニアリング担当SVP。Jeremy Stanton, "Being Deliberate with Onboarding and Culture with Jeremy Stanton," interview by Lisette Sutherland, Collaboration Superpowers, podcast audio, video, and transcript, 17 November 2014, https://www.collaborationsuperpowers.com/10-being-deliberate-with-onboarding-and-culture-jeremy-stanton.
7. Carrie McKeegan, "Build a Global, Virtual Business with Greenback Expat Tax Services," interview by Lisette Sutherland, Collaboration Superpowers, podcast audio, video, and transcript, 2 November 2015, https://collaborationsuperpowers.com/62-build-a-global-virtual-business-with-carrie-mckeegan-of-greenback-expat-tax-services.
8. Lance Walley, "Hiring & Firing for Small Business Success: 25 Years, 130 People," Chargify: The Bullring Blog, 12 January 2016, https://www.chargify.com/blog/hiring-firing-success.
9. "What Challenges Have You Encountered Building a Remote Team?," Remote.co, https://remote.co/qa-leading-remote-companies/what-challenges-have-you-encountered-building-remote-company.
10. Sara Tiffany, VP of product, "AirTreks Remote Company Q&A," interview with Remote.co, May 2017, https://remote.co/company/airtreks.
11. "What Were Your Biggest Fears in Managing Remote Workers?," Remote.co, https://remote.co/qa-leading-remote-companies/what-were-your-biggest-fears-in-managing-remote-workers.
12. Sources referenced include Angela Crist, "12 Qualities to Look For When Hiring Remote Workers," RemoteJobs.com, 21 June 2016, https://remotejobs.com/12-qualities-remote-workers; Brenda Do, "Grow Smart: 4 Traits to Look For When Hiring Remote Workers," Upwork.com, 11 July 2016, https://www.upwork.com/hiring/startup/4-traits-hiring-remote-workers); Rachel Go, "Hiring Remote Workers? Look For These 5 Qualities (Infographic)," https://www.15five.com/blog/hiring-remote-workers-infographic; "What to Look For When Hiring Remote Workers," Hivedesk.com(https://www.hivedesk.com/blog/what-to-look-for-when-hiring-remote-workers); Jessica Howington, "What Employers Look For When Hiring Remote Workers," FlexJobs.com, 11 May 2014, https://www.flexjobs.com/blog/post/employers-look-hiring-remote-workers; "15 Things to Look For When Hiring Remote Employees," Job Monkey (http://www.jobmonkey.com/employer-insights/remote-employees-characteristics); Anna Johansson, "6 Characteristics of Successful Remote Employees," Entrepreneur.com, 17 February 2017, https:// www.entrepreneur.com/article/289370; Dunja Lazic, "5 Traits to Look For in RemoteEmployees," Remote.co, 19 August 2015, https://remote.co/5-traits-to-look-for-in-remote-employees; Siofra Pratt, "5 Essential Qualities to Look For in a Remote Worker," SocialTalent.com, 14 April 2016, https://www.socialtalent.com/blog/recruitment/5-essential-qualities-to-

employer-insights/remote-employees-characteristics.
11. "What Were Your Biggest Fears in Managing Remote Workers?," Remote.co, https://remote.co/qa-leading-remote-companies/what-were-your-biggest-fears-in-managing-remote-workers. Note that they've continued interviewing companies past the 135 companies noted herein. As of July 2018 that figure had reached 138.
12. ゴーフィッシュデジタル社共同経営者。Brian Patterson, "Go Fish Digital Remote Company Q&A," interview with Remote.co, July 2015, https://remote.co/company/go-fish-digital.
13. フォームスタック社CEO。Chris Byers, "Formstack Remote Company Q&A," interview with Remote.co, September 2015, https://remote.co/company/formstack.
14. ハノ社創設者。Jon Lay, "Hanno Remote Company Q&A," interview with Remote.co, January 2016, https://remote.co/company/hanno.
15. "What Were Your Biggest Fears in Managing Remote Workers?," Remote.co, https://remote.co/qa-leading-remote-companies/what-were-your-biggest-fears-in-managing-remote-workers; and "What Is the Hardest Part about Managing a Remote Workforce?," Remote.co, https://remote.co/qa-leading-remote-companies/what-is-the-hardest-part-about-managing-a-remote-workforce.

第６章　リモートワークの人材とチームの雇用

1. グリーンバックエクスパット税務サービス社ディレクター。Carrie McKeegan, "Build a Global, Virtual Business with Greenback Expat Tax Services," interview by Lisette Sutherland, Collaboration Superpowers, podcast audio, video, and transcript, 2 November 2015, https://collaborationsuperpowers.com/62-build-a-global-virtual-business-with-carrie-mckeegan-of-greenback-expat-tax-services.
2. Adriana Vela, "How to Be Efficient on the Road with Adriana Vela," interview by Lisette Sutherland, Collaboration Superpowers, video and transcript, 3 August 2015, https://www.collaborationsuperpowers.com/49-how-to-be-efficient-on-the-road-with-adrian-vela.
3. パドモス人事コンサルタンシーディレクター。Dirk-Jan Padmos, "Management Is a Skill, Not a Job," interview by Lisette Sutherland, Collaboration Superpowers, 23 April 2013, https://www.collaborationsuperpowers.com/management-skill-job-dirk-jan-padmos.
4. Sources referenced include Angela Crist, "12 Qualities to Look For When Hiring Remote Workers," RemoteJobs.com, 21 June 2016, https://remotejobs.com/12-qualities-remote-workers; Brenda Do, "Grow Smart: 4 Traits to Look For When Hiring Remote Workers," Upwork.com, 11 July 2016, https://www.upwork.com/hiring/startup/4-traits-hiring-remote-workers; Rachel Go, "Hiring Remote Workers? Look For These 5 Qualities (Infographic)," https://www.15five.com/blog/hiring-remote-workers-infographic; "What to Look For When Hiring Remote Workers," Hivedesk.com(https://www.hivedesk.com/blog/what-to-look-for-when-hiring-remote-workers); Jessica Howington, "What Employers Look For When Hiring Remote Workers," FlexJobs.com, 11 May 2014, https://www.flexjobs.com/blog/post/employers-look-hiring-remote-workers; "15 Things to Look For When Hiring Remote Employees," Job Monkey (http://www.jobmonkey.com/employer-insights/remote-employees-characteristics); Anna Johansson, "6 Characteristics of Successful Remote Employees," Entrepreneur.com, 17 February 2017, https:// www.entrepreneur.com/article/289370; Dunja Lazic, "5 Traits to Look For in RemoteEmployees," Remote.co, 19 August 2015, https://remote.co/5-

〈第Ⅲ部　リモートチームのマネジメント入門編〉

扉

1. シーク社オペレーションディレクター。Tabitha Colie, “Seeq Remote Company Q&A,” interview with Remote.co, April 2016, https://remote.co/company/seeq. This was in answer to the question: “What advice would you give to a team considering [going] remote?”
2. グルーブ社創設者・ディレクター。Alex Turnbull, “Groove Remote Company Q&A,” interview with Remote.co, July 2015, https://remote.co/company/groove. This was in answer to the question: “What advice would you give to a team considering [going] remote?”
3. コアリッションテクノロジーズ社採用担当。Gabrielle Pitre, “Coalition Technologies Remote Company Q&A,” interview with Remote.co, July 2017, https://remote.co/company/coalition-tech nologies. This was in answer to the question: “What advice would you give to a team considering [going] remote?”

第５章　リモートワーク導入への移行という選択肢

1. ダンダン社創設者。Ka Wai Cheung, “A Remote First Approach to the Workplace,” The DoneDone Blog, 11 June 2014, https://www.getdonedone.com/remote-first-approach-workplace.
2. The DoneDone Blog. Ka Wai Cheung, “A Remote First Approach to the Workplace.”
3. Adapted from Balki Kodarapu, “How We Created a Remote-First Manifesto,” Medium.com, 13 September 2017, https://medium.com/@balki.io/how-we-created-a-remote-first-manifesto-e7dd6add2b3b; republished on LinkedIn.com, 31 October 2017, https://www.linkedin.com/pulse/how-we-created-remote-first-manifesto-balki-kodarapu. [Note: the named tool HipChat later became Slack.]
4. フューウェルイノベーション社創設者・主任コーチ。Jesse Fewell, “Let Go of Old Habits with Jesse Fewell,” interview by Lisette Sutherland, Collaboration Superpowers, podcast audio, video, and transcript, 26 January 2016, https://www.collaborationsuperpowers.com/80-let-go-of-old-habits-with-jesse-fewell.
5. Alari Aho, founder and CEO, “Toggl Remote Company Q&A,” interview with Remote.co, June 2015, https://remote.co/company/toggl.
6. Ade Olonoh, “Focus on Process, Not Tools, with Ade Olonoh,” interview by Lisette Sutherland, Collaboration Superpowers, podcast audio, video, and transcript, 22 February 2016, https://www.collaborationsuperpowers.com/78-focus-on-process-not-tools-with-ade-olonoh.
7. Cris Hazzard, partner, “Sanborn Remote Company Q&A,” interview with Remote.co, April 2016, https://remote.co/company/sanborn-media-factory.
8. Carrie Rice, COO, and Nita Tune, director of project management, “SitePen Remote Company Q&A,” interview with Remote.co, October 2015, https:// remote.co/company/sitepen.
9. Pilar Orti, “Humanize Remote Work,” interview by Lisette Sutherland, 3 November 2014, https://www.collaborationsuperpowers.com/4-humanizing-remote-work-pilar-orti.
10. “15 Things to Look For When Hiring Remote Employees,” Job Monkey, http://www.jobmonkey.com/

第II部 番外編　リモートワーカーのための質問票

1. Kristi DePaul, "7 Tips for Getting Ready to Work Remotely," Remote.co, 4 October 2016, https://remote.co/7-tips-for-getting-ready-to-work-remotely.
2. "17 Non-Tech Fully Remote Jobs," Remote.co, 24 March 2017, updated 6 February 2018, https://remote.co/non-tech-fully-remote-jobs.

第II部 番外編　上司（やチーム）を説得する

1. Meghan M. Biro, "Telecommuting Is the Future of Work," *Forbes*, 12 January 2014, https://www.forbes.com/sites/meghanbiro/2014/01/12/telecommuting-is-the-future-of-work/#175008543c86.
2. Brie Weiler Reynolds, "Workers Are More Productive at Home: Here Are 25 Companies Hiring for Remote Jobs," FlexJobs, 21 August 2017, https://www.flexjobs.com/blog/post/productive-working-remotely-top-companies-hiring.

第II部 番外編　リモートワークの職場を探す

1. WorkAtHomeSuccess.com 創設者。Leslie Truex, "Be a Work-at-Home Success with Leslie Truex," interview by Lisette Sutherland, Collaboration Superpowers, podcast audio, video, and transcript, 20 April 2016, https://www.collaborationsuperpowers.com/91-be-a-work-at-home-success-with-leslie-truex.
2. "17 Non-Tech Fully Remote Jobs," Remote.co, 24 March 2017, updated 6 February 2018, https://remote.co/non-tech-fully-remote-jobs. [Slack later bought Stride.]
3. パナジェンダ社デジタル変革・データ分析アドバイザー。Luis Suarez, "Engaging Remotely with Social Networks," interview by Lisette Sutherland, Collaboration Superpowers, podcast audio, video, and transcript, 19 January 2015, https://www.collaborationsuperpowers.com/21-engaging-remotely-with-social-networks-luis-suarez.
4. Fernando Garrido Vaz, "Build Reputation in the Freelance Economy with Fernando Garrido Vaz," interview by Lisette Sutherland, Collaboration Superpowers, podcast audio, video, and transcript, 2 March 2016, https://www.collaborationsuperpowers.com/89-build-reputation-in-the-freelance-economy-with-fernando-garrido-vaz.

第II部 番外編　リモートワークにフレンドリーな企業のリスト

1. FlexJobs, "100 Top Companies with Remote Jobs in 2018," 15 January 2018, https://www.flexjobs.com/blog/post/100-top-companies-with-remote-jobs-in-2018.

Remotely," interview by Lisette Sutherland, Collaboration Superpowers, podcast audio, video, and transcript, 26 January 2015, https://www.collaborationsuperpowers.com/22-managing-your-reputation-remotely-per-frykman.
31. ノズビー社創設者・ディレクター。Michael Sliwinski, "Curate Your Notifications for Maximum Productivity," interview by Lisette Sutherland, Collaboration Superpowers, podcast audio, video, and transcript, 1 July 2016, https://www.collaborationsuperpowers.com/99-curate-your-notifications-for-maximum-productivity.
32. Phil Montero, "Apply the Right Technology," interview by Lisette Sutherland, Collaboration Superpowers, video and transcript, 5 August 2014, https://www.collaborationsuperpowers.com/apply-right-technology-phil-montero.
33. ドクタークルー社創設者。Dave Blum, "Team Building Adventures with Dr. Clue," interview by Lisette Sutherland, Collaboration Superpowers, podcast audio, video, and transcript, 8 December 2015, https://www.collaborationsuperpowers.com/74-solve-the-puzzles-of-remote-teamwork-with-dr-clue.
34. 情報システムエンジニア。Andrea Zabala, "Maximize Your Time Working Remotely," interview by Lisette Sutherland, Collaboration Superpowers, podcast audio, video, and transcript, 11 January 2016, https://www.collaborationsuperpowers.com/72-maximize-your-time-working-remotely-with-andrea-zabala.
35. バーチャルノットディスタント社ディレクター。Pilar Orti, "Humanize Remote Work," interview by Lisette Sutherland, 3 November 2014, https://www.collaborationsuperpowers.com/4-humanizing-remote-work-pilar-orti.
36. Vanessa Shaw, "Helping You Tech Better," interview by Lisette Sutherland, Collaboration Superpowers, podcastaudio, video, andtranscript, 7 September 2015, https://www.collaborationsuperpowers.com/54-helping-you-tech-better-with-vanessa-shaw.
37. Lauren Moon, "Avoid the Seagull Effect: The 30/60/90 Framework for Feedback," Trello Blog, 4 June 2018, https://blog.trello.com/avoid-the-seagull-effect-30/60/90-feedback-framework.
38. Claire Drumond, "Kill the Triad—Long Live the TEAM," 23 August 2017, https://medium.com/smells-like-team-spirit/why-my-team-is-killing-our-triad-86946b099b.
39. Lauren Moon, "Avoid the Seagull Effect: The 30/60/90 Framework for Feedback," Trello Blog, 4 June 2018, https://blog.trello.com/avoid-the-seagull-effect-30/60/90-feedback-framework.
40. シスコシステムズ社プロジェクト管理オフィスマネジャー。Hassan Osman, "Influence Your Virtual Team," interview by Lisette Sutherland, Collaboration Superpowers, podcast audio, video, and transcript, 3 November 2013, https://www.collaborationsuperpowers.com/5-managing-your-virtual-team-hassan-osman.
41. フリーランスプロダクトマネジャー。Fernando Garrido Vaz, "Build Reputation in the Freelance Economy with Fernando Garrido Vaz," interview by Lisette Sutherland, Collaboration Superpowers, podcast audio, video, and transcript, 2 March 2016, https://www.collaborationsuperpowers.com/89-build-reputation-in-the-freelance-economy-with-fernando-garrido-vaz.
42. ヒューマンサイドオブテック社ワークプレイスイノベーター。Vanessa Shaw, "Helping You Tech Better," interview by Lisette Sutherland, Collaboration Superpowers, podcastaudio, video, andtranscript, 7 September 2015, https://www.collaborationsuperpowers.com/54-helping-you-tech-better-with-vanessa-shaw.
43. ソナタイプ社アジャイルコーチ。Jeffry Hesse, "How to Be a Self-Organizing Remote Team," interview by Lisette Sutherland, Collaboration Superpowers, podcast audio, video, and transcript, 25 May 2015, https://www.collaborationsuperpowers.com/39-how-to-be-a-self-organizing-remote-team.

18. Genevieve N. Healy, Elisabeth A. H. Winkler, Neville Owen, Satyamurthy Anuradha, and David W. Dunstan, "Replacing Sitting Time with Standing or Stepping: Associations with Cardio-Metabolic Risk Biomarkers," *European Heart Journal* 36, no. 39: 2643–2649, 14 October 2015, https://doi.org/10.1093/eurheartj/ehv308.
19. ガラムグループ社システムエンジニア。Phil Montero, "Apply the Right Technology," interview by Lisette Sutherland, Collaboration Superpowers, video and transcript, 5 August 2014, https://www.collaborationsuperpowers.com/apply-right-technology-phil-montero.
20. Carrie Rice, COO, and Nita Tune, director of project management, "Site-Pen Remote Company Q&A," interview with Remote.co, October 2015; and Tom Sepper, COO, "World Wide Web Hosting Remote Company Q&A," interview with Remote.co, September 2015, both at https://remote.co/qa-leading-remote-companies/what-traits-do-you-look-for-in-candidates-for-a-remote-job.
21. Andy Willis, "Don't Wait to Start Living," interview by Lisette Sutherland, Collaboration Superpowers, podcast audio, video, and transcript, 6 March 2017, https://www.collaborationsuperpowers.com/132-dont-wait-to-start-living.
22. Jeffry Hesse, "How to Be a Self-Organizing Remote Team," interview by Lisette Sutherland, Collaboration Superpowers, podcast audio, video, and transcript, 25 May 2015, https://www.collaborationsuperpowers.com/39-how-to-be-a-self-organizing-remote-team.
23. スタータースクワッド社共同創設者・リーンビジネスハッカー。Iwein Fuld, "Build a Company of Entrepreneurs," interview by Lisette Sutherland, Collaboration Superpowers, podcast audio, video, and transcript, 5 November 2014, https://collaborationsuperpowers.com/build-a-company-of-entrepreneurs-iwein-fuld.
24. Mark Kilby, "Facilitating Distributed Agile Teams," interview by Lisette Sutherland, Collaboration Superpowers, podcast audio, video, and transcript, 12 November 2014, https://collaborationsuperpowers.com/9-coaching-distributed-agile-teams-mark-kilby.
25. マネジメント3.0コーチ・ファシリテーター。Ralph van Roosmalen, "How to Manage Three Remote Offices," interview by Lisette Sutherland, Collaboration Superpowers, podcast audio, video, and transcript, 9 February 2015, https://www.collaborationsuperpowers.com/24-managing-three-remote-offices-with-ralph-van-roosmalen.
26. ワイズワーク社ディレクター、チャーター―ハウスコンサルタンツグループオーナー社長。Chris Ridgewell, "Implement Flexible Working," interview by Lisette Sutherland, Collaboration Superpowers, podcast audio, video, and transcript, 22 October 2014, https://www.collaborationsuperpowers.com/episode-1-implement-flexible-working-chris-ridgewell.
27. Peter Hilton, "The Need for Face-to-Face on Virtual Teams," interview by Lisette Sutherland, Collaboration Superpowers, podcast audio, video, and transcript, 22 December 2014, https://collaborationsuperpowers.com/17-the-need-for-face-to-face-on-virtual-teams-peter-hilton.
28. Fernando Garrido Vaz, "Build Reputation in the Freelance Economy with Fernando Garrido Vaz," interview by Lisette Sutherland, Collaboration Superpowers, podcast audio, video, and transcript, 2 March 2016, https://www.collaborationsuperpowers.com/89-build-reputation-in-the-freelance-economy-with-fernando-garrido-vaz.
29. Ben Linders,"Writinga Book Together Remotely," interviewby Lisette Sutherland, Collaboration Superpowers, video and transcript, 14 April 2014, https://www.collaborationsuperpowers.com/interview-with-ben-linders-and-luis-goncalves.
30. ユアプロフェッショナルレピュテーション社評価アドバイザー。Per Frykman, "Manage Your Reputation

4. Maarten Koopmans, "How to Eat an Elephant," interview by Lisette Sutherland, Collaboration Superpowers, 5 February 2013, https://collaborationsuperpowers.com/hire-right-people-remote-working-Maarten-koopmans.
5. Maarten Koopmans, "How to Eat an Elephant."
6. Adam Gorlick, "Media Multitaskers Pay Mental Price, Stanford Study Shows," Stanford News Service, 24 August 2009, https://news.stanford.edu/2009/08/24/multitask-research-study-082409.
7. Paul Minors, "10 Reasons Why Asana Is the Best Project Management Tool, PaulMinors.com, 13 March 2017, https://paulminors.com/10-reasons-why-asana-is-the-best-project-management-tool.
8. Jim Benson, "Introduction to Personal Kanban," PersonalKanban.com, http:// personalkanban.com/pk/personal-kanban-101. For example, David Rock offers the following: "Picturing something you have not yet seen is going to take a lot of energy and effort. This partly explains why people spend more time thinking about problems (things they have seen) than solutions (things they have never seen). This of course also explains why prioritizing is so hard. Prioritizing involves imagining and then moving around concepts of which you have no direct experience. What's more, prioritizing involves every function . . . understanding new ideas, as well as making decisions, remembering, and inhibiting, all at once. It's like the triathlon of mental tasks." David Rock, *Your Brain at Work: Strategies for Overcoming Distraction, Regaining Focus, and Working Smarter All Day Long* (New York: Harper Collins, 2009), 13.
9. JimBenson, "Introduction to Personal Kanban," http://personalkanban.com/pk/personal-kanban-101.
10. Ed Erwin, 4 March 2014 (17:41), comment on Lisette Sutherland, "Guilty Pleasures of Working from Home," LisetteSutherland.com, 27 February 2014, http://www.lisettesutherland.com/2014/02/guilty-pleasures-working-from-home.
11. Derek Scruggs, "Use Tools and Increase Productivity," interview by Lisette Sutherland, Collaboration Superpowers, podcast audio, video, and transcript, 23 February 2015, https://www.collaborationsuperpowers.com/26-using-tools-and-increasing-productivity-with-derek-scruggs.
12. Francesco Cirillo, "The Pomodoro Technique," CirilloCompany.de, https:// cirillocompany.de/pages/pomodoro-technique/book.
13. Linda Varone, "Home Office Design," Smarter Home Office, www.thesmart erhomeoffice.com/home-office-design.
14. オランダ、ロッテルダム、エラスムス大学医療センター 神経放射線学准教授。Marion Smits, "Scan Brains and Manage Students Remotely," interview by Lisette Sutherland, Collaboration Superpowers, podcast audio, video, and transcript, 24 November 2014, https://collaborationsuperpowers.com/12-scanning-brains-and-managing-students-remotely-marion-smits.
15. Yves Hanoulle, "Welcome People and Develop Trust While Walking with Yves Hanoulle," interview by Lisette Sutherland, Collaboration Superpowers, pod cast audio, video, and transcript, 12 January 2015, https://www.collaborationsuperpowers.com/20-welcome-people-and-develop-trust-while-walking-yves-hanoulle.
16. Jeremy Stanton, "Being Deliberate with Onboarding and Culture with Jeremy Stanton," interview by Lisette Sutherland, Collaboration Superpowers, podcast audio, video, and transcript, 17 November 2014, https://www.collaborationsuperpowers.com/10-being-deliberate-with-onboarding-and-culture-jeremy-stanton.
17. Leslie Truex, "Be a Work-at-Home Success with Leslie Truex," interview by Lisette Sutherland, Collaboration Superpowers, podcast audio,video, and transcript, 20 April 2016, https://www.collaborationsuperpowers.com/91-be-a-work-at-home-success-with-leslie-truex.

and-luis-goncalves.
6. アジャイルディメンションズ社創設者・コーチ。AgileBill Krebs, "Collaborating in Virtual Worlds," interview by Lisette Sutherland, Collaboration Superpowers, podcast audio, video, and transcript, 8 December 2014, https://www.collaborationsuperpowers.com/15-collaborating-in-virtual-worlds-agilebill-krebs.
7. "A Highly Scientific Post About Lighting Zoom Meetings," 12 February 2015, Zoom blog, https://blog.zoom.us/wordpress/2015/02/12/scientific-lighting-zoom-meetings-will-ever-read. See also G. C. Brainard, J. P. Hanifin, J. M. Greeson, B. Byrne, G. Glickman, E. Gerner, and M. D. Rollag, "Action Spectrum for Melatonin Regulation in Humans: Evidence for a Novel Circadian Photoreceptor," *The Journal of Neuroscience* 21, no. 16, 15 August 2001, http://jneurosci.org/content/21/16/6405.long.
8. AgileBill Krebs, "Collaborating in Virtual Worlds," interview by Lisette Sutherland, Collaboration Superpowers, podcast audio, video, and transcript, 8 December 2014, https://www.collaborationsuperpowers.com/15-collaborating-in-virtual-worlds-agilebill-krebs.
9. Eurofound and the International Labour Office (2017), *Working Anytime, Anywhere: The Effects on the World of Work*, Publications Office of the European Union, Luxembourg, and the International Labour Office, Geneva; GlobalWorkplaceAnalytics.com, http://globalworkplaceanalytics.com/telecommuting-statistics; and 2017 Modern Families Index, http://docplayer.net/32438346-The-modern-families-index-2017.html.
10. Jesse Fewell, "Let Go of Old Habits with Jesse Fewell," interview by Lisette Sutherland, Collaboration Superpowers, podcast audio, video, and transcript, 26 January 2016, https://collaborationsuperpowers.com/80-let-go-of-old-habits-with-jesse-fewell.
11. ヒューマンサイドオブテック社ワークプレイスイノベーター。Vanessa Shaw, "Helping You Tech Better," interview by Lisette Sutherland, Collaboration Superpowers, podcastaudio, video, and transcript, 7 September 2015, https://www.collaborationsuperpowers.com/54-helping-you-tech-better-with-vanessa-shaw.
12. レトリアム社共同創設者・ディレクター。David Horowitz, "Make Remote Retrospectives Easy," interview by Lisette Sutherland, Collaboration Superpowers, podcast audio, video, and transcript, 11 May 2015, https://collaborationsuperpowers.com/37-abolish-the-postmortem-with-david-horowitz.
13. Adriana Vela, "How to Be Efficient on the Road with Adriana Vela," interview by Lisette Sutherland, Collaboration Superpowers, video and transcript, 3 August 2015, https://collaborationsuperpowers.com/49-how-to-be-efficient-on-the-road-with-adrian-vela.

第 4 章　リモートワーク中級編

1. ヴリッジヘッド社 オーナー、物理学者、チームリーダー、ソフトウェアアーキテクト。Maarten Koopmans, "How to Eat an Elephant," interview by Lisette Sutherland, Collaboration Superpowers, 5 February 2013, https://collaborationsuperpowers.com/hire-right-people-remote-working-Maarten-koopmans.
2. トレーナー、コーチ、アドバイザー。Ben Linders, "Writing a Book Together Remotely," interview by Lisette Sutherland, Collaboration Superpowers, video and transcript, 14 April 2014, https://www.collaborationsuperpowers.com/interview-with-ben-linders-and-luis-goncalves.
3. Andrea Zabala, "Maximize Your Time Working Remotely," interview by Lisette Sutherland, Collaboration Superpowers, podcast audio, video, and transcript, 11 January 2016, https://www.collaborationsuperpowers.com/72-maximize-your-time-working-remotely-with-andrea-zabala.

why-appreciation-matters-so-mu.html.
25. Larry Alton, "Are Remote Workers More Productive Than In-Office Workers?," *Forbes*, 7 March 2017, https://www.forbes.com/sites/larryalton/2017/03/07/are-remote-workers-more-productive-than-in-office-workers/2/#77544c4f78f5.
26. Eric Severson, "Forget Work-Life Balance—It's All About Work-Life Integration," interview by Jacob Morgan, *The Future of Work Podcast*, podcast audio, 18 August 2015, https://thefutureorganization.com/forget-work-life-balance-its-all-about-work-life-integration.
27. Fredrik Wiik, "Become More Agile with Remote Collaboration with Fredrik Wiik," interview by Lisette Sutherland, Collaboration Superpowers, 28 November 2013, https://collaborationsuperpowers.com/become-agile-remote-collaboration-fredrik-wiik.
28. Nick Timmons, "Embody Your Team Online with Personify," interview by Lisette Sutherland, Collaboration Superpowers, podcast audio, video, and transcript, 30 March 2015, https://www.collaborationsuperpowers.com/31-embody-your-team-online-with-personify.
29. ConnectSolutions [now CoSo Cloud] Remote Collaborative Worker Survey, "CoSo Cloud Survey Shows Working Remotely Benefits Employers and Employees," CoSo Cloud LLC, 17 February 2015, http://www.cosocloud.com/press-release/connectsolutions-survey-shows-working-remotely-benefits-employers-and-employees.
30. Global Workplace Analytics, "Pros and Cons," http://www.globalworkplace analytics.com/pros-cons.

〈第 II 部　リモートワーク実践ガイド〉

扉

1. 講演者、コーチ、著者。Jesse Fewell, "Let Go of Old Habits with Jesse Fewell," interview by Lisette Sutherland, Collaboration Superpowers, podcast audio, video, and transcript, 26 January 2016, https://www.collaborationsuperpowers.com/80-let-go-of-old-habits -with-jesse-fewell.

第 3 章　リモートワーク入門編

1. Lisette Sutherland, "Work Together Anywhere," TEDx talk for Theme: Unbox the Future, 19 November 2017, Kaunas, Lithuania, http://lisettesutherland.com/tedx.
2. Meghan M. Biro, "Telecommuting Is the Future of Work," *Forbes*, 12 January 2014, https://www.forbes.com/sites/meghanbiro/2014/01/12/telecommuting-is-the-future-of-work/#175008543c86.
3. Dirk-Jan Padmos, "Management Is a Skill, Not a Job," interview by Lisette Sutherland, Collaboration Superpowers, 23 April 2013, https://www.collaborationsuperpowers.com/management-skill-job-dirk-jan-padmos.
4. Kathryn Ottinger, "Intridea/Mobomo Remote Company Q&A," interview with Remote.co, July 2015, https://remote.co/company/intrideamobomo.
5. Ben Linders, "Writing a Book Together Remotely," interview by Lisette Sutherland, Collaboration Superpowers, video and transcript, 14 April 2014, https://www.collaborationsuperpowers.com/interview-with-ben-linders-

15. Remote.co, "How Do You Measure the Productivity of Remote Workers?," https://remote.co/qa-leading-remote-companies/how-do-you-measure-productivity-of-remote-workers.
16. Heather Boushey and Sarah Jane Glynn, "There Are Significant Business Costs to Replacing Employees," Center for American Progress, 16 November 2012, https://www.americanprogress.org/wp-content/uploads/2012/11/Costof Turn over.pdf; Jason Hesse, "The True Cost of Hiring an Employee? Much More Than Their Salary," *Forbes*, 30 October 2014, https://www.forbes.com/sites/jasonhesse/2014/10/30/here-is-the-true-cost-of-hiring-an-employee/#1ebe13c76326; Julie Kantor, "High Turnover Costs Way More Than You Think," *HuffPost*, 11 February 2016, updated 11 February 2017, http://www.huffingtonpost.com/julie-kantor/ high-turnover-costs-way-more-than-you-think_b_9197238.html; "Why Retaining Current Employees is Cheaper Than Hiring New Ones," infographic by Mind Flash.com using information provided by Society for Human Resource Management, SHRM.org. Included in Matthew Gates, "Cost of Keeping Employees vs. Hiring New Employees," Confessions of the Professions, http://www.confessions oftheprofessions.com/keeping-employees-infographic.
17. PGi, "2015 PGi Global Telework Survey," http://go.pgi.com/gen-genspec-15telesur-SC1129.
18. Dave Nevogt, "Are Remote Workers More Productive? We've Checked All the Research So You Don't Have To," Hubstaff, 25 July 2016, https://blog. hubstaff.com/remote-workers-more-productive. Hubstaff cites: ConnectSolutions [now CoSo Cloud] Remote Collaborative Worker Survey, "CoSo Cloud Survey Shows Working Remotely Benefits Employers and Employees," CoSo, 17 February 2015, http://www.cosocloud.com/press-release/connectsolutions-survey-shows-working-remotely-benefits-employers-and-employees; Gallup, "State of the American Workplace Report," http://news.gallup.com/reports/199961/state-ameri can-workplace-report-2017.aspx; Scott Edinger, "Why Remote Workers Are More (Yes, More) Engaged," *Harvard Business Review*, 24 August 2012, https://hbr.org/2012/08/are-you-taking-your-people-for; GlobalWorkplaceAnalytics.com, "Latest Telecommuting Statistics," based on an analysis of 2005–2015 American Com munity Survey (U.S. Census Bureau) data, http://globalworkplaceanalytics.com/telecommuting-statistics; Remote.co, "How Do You Measure the Productivity ofRemoteWorkers?,"https://remote.co/qa-leading-remote-companies/how-do-you-measure-productivity-of-remote-workers.
19. Victor Ingalls, VP, world service, American Express, company Q&A interview with Remote.co, January 2016, https://remote.co/team/american-express.
20. Pilar Orti and Lisette Sutherland, "WLP126: Are Virtual Teams Dysfunctional?," 15 June 2017, *21st-Century Work Life*, Virtual Not Distant, https://www.virtualnotdistant.com/podcasts/dysfunctional-team.
21. Patrick Lencioni, "Virtual Teams Are Worse Than I Thought," The Hub, May 2017, https://tablegroup.com/hub/post/05/21/2017/virtual-teams-are-worse-than-i-thought. See also Patrick Lencioni, *The Five Dysfunctions of a Team: A Leadership Fable* (San Francisco: Jossey-Bass, 2002).〔『あなたのチームは、機能してますか？』翔泳社、2003年〕
22. "Global Survey of 24,000+ Workers Unearths the 'Need' for Flexibility in the Workplace in Order for Businesses to Thrive," 20 March 2017, Polycom Inc., http://www.polycom.com/company/news/press-releases/2017/20170321.html.
23. Jason Fried, Remote: Office Not Required (New York: Crown Business, 2013), back cover.〔『強いチームはオフィスを捨てる』早川書房、2014年〕
24. "Why Appreciation Matters So Much," *Harvard Business Review*, 23 January 2012, https://hbr.org/2012/01/

onboarding-and-culture-jeremy-stanton.
52. Dirk-Jan Padmos, "Management Is a Skill, Not a Job," interview by Lisette Sutherland, Collaboration Superpowers, 23 April 2013, https://www.collaborationsuperpowers.com/management-skill-job-dirk-jan-padmos.
53. Ralph van Roosmalen, "How to Manage Three Remote Offices," interview by Lisette Sutherland, Collaboration Superpowers, podcast audio, video, and transcript, 9 February 2015, https://www.collaborationsuperpowers.com/24-managing-three-remote-offices-with-ralph-van-roosmalen.
54. Remote.co, "What Advice Would You Give to a Team Considering to Go Remote?,"https://remote.co/qa-leading-remote-companies/what-advice-would-you-give-to-a-company-considering-to-go-remote.
55. ワークアファー。Deven Bhagwandin, "Managing Cultural and Language Divides Within Your Remote Team," Workafar.com, 22 November 2015, http://www.workafar.com/managing-cultural-and-language-divides-within-your-remote-team.

第 I 部 番外編　よくある質問

1. Morgan Legge, Slack message to author, 2 February 2018.
2. Brie Weiler Reynolds, "Working Parents in 2017: What They Want at Work, FlexJobs, 11 August 2017, https://flexjobs.com/blog/post/what-working-parents-want-at-work.
3. Global Workplace Analytics, "Costs and Benefits," http://globalworkplace analytics.com/resources/costs-benefits.
4. Upwork and Freelancers Union, "Freelancing in America: 2017," Results Deck, slide 43, 28 September 2017, https://www.upwork.com/i/freelancing-in-america/2017.
5. Pew Research Center, www.pewinternet.org/2016/11/17/gig-work-online-selling-and-home-sharing.
6. Upwork, "Fortune 500 Enterprises Shift their Contingent Workforce to Upwork Platform Saving Both Time and Money," press release, 6 February 2018, https://www.upwork.com/press/2018/02/06/fortune-500-enterprises.
7. Remoters.net, "7 Remote Work Trends in 2017," http://remoters.net/remote- work-trends-2017.
8. "Global Survey of 24,000+ Workers Unearths the 'Need' for Flexibility in the Workplace in Order for Businesses to Thrive," 20 March 2017, Polycom Inc., http://www.polycom.com/company/news/press-releases/2017/20170321.html.
9. ConnectSolutions [now CoSo Cloud] Remote Collaborative Worker Survey, "CoSo Cloud Survey Shows Working Remotely Benefits Employers and Employees," CoSo, 17 February 2015, http://cosocloud.com/press-release/connectsolutions-survey-shows-working-remotely-benefits-employers-and-employees.
10. Rieva Lesonsky, "Is Your Work-at-Home Policy Spurring Jealousy?," Small Business Trends, 1 November 2017, https://smallbiztrends.com/2013/10/work-at-home-policy-jealousy.html.
11. Global Workplace Analytics, "Pros and Cons," http://www.globalworkplace analytics.com/pros-cons.
12. Rachel Jay, "When Your Coworkers Don't Support Your Remote Work," Flex- Jobs, 29 May 2017, https://www.flexjobs.com/blog/post/coworkers-dont-support-remote-work.
13. Brie Weiler Reynolds, "Workers Are More Productive at Home: Here Are 25 Companies Hiring for Remote Jobs," FlexJobs, 21 August 2017, https://www.flexjobs.com/blog/post/productive-working-remotely-top-companies-hiring.
14. "Remote Work Isn't Working for IBM," *The American Interest*, 22 March 2017, https://www.the-american-interest.com/2017/03/22/remote-work-isnt-working-for-ibm.

why-appreciation-matters-so-mu.html; and Gallup (2017), *State of the Global Workplace* report, Washington, DC.
38. バーチャルノットディスタント社ディレクター。 Pilar Orti, "Humanize Remote Work," interview by Lisette Sutherland, 3 November 2014, https://collaborationsuperpowers.com/4-humanizing-remote-work-pilar-orti.
39. Marc Hughes, "Align Your Remote Team in ScrumDo," interview by Lisette Sutherland, Collaboration Superpowers, podcast audio, video, and transcript, 16 November 2015, https://collaborationsuperpowers.com/64-align-your-remote-team-in-scrumdo-with-marc-hughes.
40. Karolina Szczur, "Building Remote-First Teams," Medium, 3 May 2016, https://medium.com/@fox/building-remote-first-teams-a98bf8581db.
41. Christina Ng, "Validate Your Work from Home Excuses," interview by Lisette Sutherland, Collaboration Superpowers, podcast audio, video, and transcript, 7 August 2015, https://www.collaborationsuperpowers.com/51-validate-your-work-from-home-excuses-with-christina-ng.
42. アジャイルディメンションズ社創設者・コーチ。AgileBill Krebs, "Collaborating in Virtual Worlds," interview by Lisette Sutherland, Collaboration Superpowers, podcast audio, video, and transcript, 8 December 2014, https://www.collaborationsuperpowers.com/15-collaborating-in-virtual-worlds-agilebill-krebs.
43. Sumant Kowshik, "Embody Your Team Online with Personify," interview by Lisette Sutherland, Collaboration Superpowers, podcast audio, video, and transcript, 30 March 2015, https://www.collaborationsuperpowers.com/31-embody-your-team-online-with-personify.
44. ヒューマンサイドオブテック社ワークプレイスイノベーター。Vanessa Shaw, "Helping You Tech Better," interview by Lisette Sutherland, Collaboration Superpowers, podcastaudio, video, andtranscript, 7 September 2015, https://www.collaborationsuperpowers.com/54-helping-you-tech-better-with-vanessa-shaw.
45. Andrew Montalenti, CTO, "Parse.ly Remote Company Q&A," interview with Remote.co, July 2016, https://remote.co/company/parse-ly.
46. Ryan Baker, founder and CEO, "Timely Remote Company Q&A," interview with Remote.co, February 2016, https://remote.co/company/timely.
47. Chris Ridgewell, "Implement Flexible Working," interview by Lisette Sutherland, Collaboration Superpowers, podcast audio, video, and transcript, 22 October 2014, https://www.collaborationsuperpowers.com/episode-1-implement-flexible-working-chris-ridgewell.
48. Jeremy Stanton, "Being Deliberate with Onboarding and Culture with Jeremy Stanton," interview by Lisette Sutherland, Collaboration Superpowers, podcast audio, video, and transcript, 17 November 2014, https://www.collaborationsuperpowers.com/10-being-deliberate-with-onboarding-and-culture-jeremy-stanton.
49. プレイプレリュード社ディレクター。Howard B. Esbin, "Tuning Your Virtual Team," interview by Lisette Sutherland, Collaboration Superpowers, podcast audio, video, and transcript, 22 October 2014, https://www.collaborationsuperpowers.com/episode-2-tuning-virtual-team-howard-esbin.
50. ヴリッジヘッド社 オーナー、物理学者、チームリーダー、ソフトウェアアーキテクト。Maarten Koopmans, "How to Eat an Elephant," interview by Lisette Sutherland, Colla-boration Superpowers, 5 February 2013, https://www.collaborationsuperpowers.com/hire-right-people-remote-working-Maarten-koopmans.
51. アミノペイメンツ社エンジニアリング担当SVP。Jeremy Stanton, "Being Deliberate with Onboarding and Culture with Jeremy Stanton," interview by Lisette Sutherland, Collaboration Superpowers, podcast audio, video, and transcript, 17 November 2014, https://www.collaborationsuperpowers.com/10-being-deliberate-with-

implement-flexible-working-chris-ridgewell.
24. Tiziano Perrucci, "A Remote Team Perspective with StarterSquad," interview by Lisette Sutherland, Collaboration Superpowers, podcast audio, video, and transcript, 16 February 2015, https://www.collaborationsuperpowers.com/25-a-remote-team-perspective-with-startersquad.
25. Larry Alton, "Are Remote Workers More Productive Than In-Office Workers?," *Forbes*, 7 March 2017, https://www.forbes.com/sites/larryalton/2017/03/07/ are-remote-workers-more-productive-than-in-office-workers/2/#77544c4f78f5.
26. Global Workplace Analytics, "Costs and Benefits," http://globalworkplace analytics.com/resources/costs-benefits.
27. Global Workplace Analytics, "Pros and Cons," http://www.globalworkplace analytics.com/pros-cons.
28. Chris Ridgewell, "Implement Flexible Working," interview by Lisette Sutherland, Collaboration Superpowers, podcast audio, video, and transcript, 22 October 2014, https://www.collaborationsuperpowers.com/episode-1-implement-flexible-working-chris-ridgewell.
29. Judy Rees, "Discover a Common Language," interview by Lisette Sutherland, Collaboration Superpowers, podcast audio, video, and transcript, 13 April 2015, https://www.collaborationsuperpowers.com/33-discover-a-common-language-with-judy-rees.
30. イノベーティブインパクトコンサルティング社主任コンサルタント。Marcus Rosenthal, "Teleport with the Kubi Teleconference Robot (Revolve Robotics)," interview by Lisette Sutherland, Collaboration Superpowers, podcast audio, video, and transcript, 29 December 2014, https://collaborationsuperpowers.com/18-teleport-with-the-kubi-teleconference-robot-revolve-robotics.
31. Chris Ridgewell, "Implement Flexible Working," interview by Lisette Sutherland, Collaboration Superpowers, podcast audio, video, and transcript, 22 October 2014, https://www.collaborationsuperpowers. com/episode-1-implement-flexible-working-chris-ridgewell.
32. Peter Wilson, "How to Hire and Onboard an Offshore Team with KIStaffing," interview by Lisette Sutherland, Collaboration Superpowers, podcast audio, video, and transcript, 20 June 2016, https://collaborationsuperpowers.com/95-how-to-hire-and-onboard-an-offshore-team-with-kistaffing.
33. Marissa Lang, "Employers Can Collect Reams of Worker Data Through Electronic Tracking," *San Francisco Chronicle*, 17 October 2017, updated 19 October 2017, https://www.sfchronicle.com/business/article/Employers-can-collect-reams-of-worker-data-12282997.php.
34. Piero Toffanin, "Work as a Digital Nomad," interview by Lisette Sutherland, Collaboration Superpowers, podcast audio, video, and transcript, 23 March 2015, https://www.collaborationsuperpowers.com/30-work-as-a-digital-nomad-with-piero-toffanin.
35. Bart Van Loon, "How to Hire Offshore Staff," interview by Lisette Sutherland, Collaboration Superpowers, podcast audio, video, and transcript, 9 March 2015, https://collaborationsuperpowers.com/28-how-to-hire-offshore-staff-with-bart-van-loon.
36. キャリア開発専門家・フレックスジョブズ社シニアキャリアスペシャリスト。Brie Weiler Reynolds, "Communicate Proactively and Build Culture," interview by Lisette Sutherland, Collaboration Superpowers, podcast audio, video, and transcript, 5 August 2015, https://collaborationsuperpowers.com/56-communicate-proactively-and-build-culture-with-brie-reynolds.
37. "Why Appreciation Matters So Much," *Harvard Business Review*, 23 January 2012, https://hbr.org/2012/01/

13. Karen Mattison and Emma Stewart, Timewise, *The Timewise Flexible Jobs Index 2017*, http://timewise.co.uk/wp-content/uploads/2015/05/Timewise_ Flexible_Jobs_Index.pdf.
14. パナジェンダ社デジタル変革・データ分析アドバイザー。Luis Suarez, "Engaging Remotely with Social Networks," interview by Lisette Sutherland, Collaboration Superpowers, podcast audio, video, and transcript, 19 January 2015, https://www.collaborationsuperpowers.com/21-engaging-remotely-with-social-networks-luis-suarez.
15. ワイズワーク社ディレクター、チャーターハウスコンサルタンツグループ社長・オーナー。Chris Ridgewell, "Implement Flexible Working," interview by Lisette Sutherland, Collaboration Superpowers, podcast audio, video, and transcript, 22 October 2014, https://www.collaborationsuperpowers.com/episode-1-implement-flexible-working-chris-ridgewell.
16. Jeremy Stanton, "Being Deliberate with Onboarding and Culture with Jeremy Stanton," interview by Lisette Sutherland, Collaboration Superpowers, podcast audio, video, and transcript, 17 November 2014, https://www.collaborationsuperpowers.com/10-being-deliberate-with-onboarding-and-culture-jeremy-stanton.
17.ゴーライトリー社・エスグルーパルズ社・アジャイルビッツ社カスタマーサポートスペシャリスト。Laura Rooke, "Remote Technical Support," interview by Lisette Sutherland, Collaboration Superpowers, podcastaudio, video, andtranscript, 1 December 2014, https://www.collaborationsuperpowers.com/14-remote-technical -support-laura-rooke.
18. Yegor Bugayenko, "Extreme Results-Oriented Working with Yegor Bugayenko," interview by Lisette Sutherland, Collaboration Superpowers, podcast audio, video, and transcript, 10 November 2014, https://collaborationsuperpowers.com/extreme-results-oriented-working-yegor-bugayenko.
19. Heather Boushey and Sarah Jane Glynn, "There Are Significant Business Costs to Replacing Employees," Center for American Progress, 16 November 2012, https://www.americanprogress.org/wp-content/uploads/2012/11/CostofTurnover.pdf; Jason Hesse, "The True Cost of Hiring an Employee? Much More Than Their Salary," *Forbes*, 30 October 2014, https://www.forbes.com/sites/jasonhesse/2014/10/30/here-is-the-true-cost-of-hiring-an-employee/#1ebe13c76326; Julie Kantor, "High Turnover Costs Way More Than You Think," *HuffPost*, 11 February 2016, updated 11 February 2017, http://www.huffingtonpost.com/julie-kantor/ high-turnover-costs-way-more-than-you-think_b_9197238.html; "Why Retaining Current Employees is Cheaper Than Hiring New Ones," infographic by Mind Flash.com using information provided by Society for Human Resource Management, SHRM.org. Included in Matthew Gates, "Cost of Keeping Employees vs. Hiring New Employees," Confessions of the Professions, http://www.confessions oftheprofessions.com/keeping-employees-infographic.
20. Jeremy Stanton, "Being Deliberate with Onboarding and Culture with Jeremy Stanton," interview by Lisette Sutherland, Collaboration Superpowers, podcast audio, video, and transcript, 17 November 2014, https://www.collaborationsuperpowers.com/10-being-deliberate-with-onboarding-and-culture-jeremy-stanton.
21. Mario Lucero, "Create Big Results with Small Changes," interview by Lisette Sutherland, Collaboration Superpowers, podcast audio, video, and transcript, 2 February 2015, https://www.collaborationsuperpowers.com/23-create-big-results-small-changes-mario-lucero.
22. Victor Ingalls, VP, world service, "American Express Remote Company Q&A," interview with Remote.co, January 2016, https://remote.co/team/american-express.
23. Chris Ridgewell, "Implement Flexible Working," interview by Lisette Sutherland, Collaboration Superpowers, podcast audio, video, and transcript, 22 October 2014, https://www.collaborationsuperpowers.com/episode-1-

3. Gallup, "State of the American Workplace Report," 2017, http://news.gallup.com/reports/199961/7.aspx?utm_source=gbj&utm_campaign=StateofAmerican Workplace-Launch&utm_medium=copy&utm_content=20170315.
4. Ariane Hegewisch and Janet C. Gornick, *Statutory Routes to Workplace Flexibility in Cross-National Perspective*, Institute for Women's Policy Research, 31 December 2007. See also Emma Plumb, "Work Flexibility Legislation Worldwide," 1 Million for Work Flexibility blog, 4 September 2014, https://workflexibility.org/work-flexibility-legislation-worldwide.
5. Martin Fowler, "Remote Versus Co-located Work," MartinFowler.com, 19 October 2015, https://martinfowler.com/articles/remote-or-co-located.html.
6. ジングワード社共同創設者・ディレクター、マネジングバーチャルチームズ社共同創設者・アドバイザー。Robert Rogge, "An Interview with Managing Virtual Teams," interview by Lisette Sutherland, Collaboration Superpowers, podcast audio, video, and transcript, 12 June 2014, https://collaborationsuperpowers.com/interview-managing-virtual-teams.
7. Brie Weiler Reynolds, "Workers Are More Productive at Home: Here Are 25 Companies Hiring for Remote Jobs," FlexJobs, 21 August 2017, https://www.flexjobs.com/blog/post/productive-working-remotely-top-companies-hiring.
8. Heather Boushey and Sarah Jane Glynn, "There Are Significant Business Costs to Replacing Employees," Center for American Progress, 16 November 2012, https://www.americanprogress.org/wp-content/uploads/2012/11/Costof Turn over.pdf; Jason Hesse, "The True Cost of Hiring an Employee? Much More Than Their Salary," *Forbes*, 30 October 2014, https://www.forbes.com/sites/jasonhesse/2014/10/30/here-is-the-true-cost-of-hiring-an-employee/#1ebe13c76326; Julie Kantor, "High Turnover Costs Way More Than You Think," *HuffPost*, 11 February 2016, updated 11 February 2017, http://www.huffingtonpost.com/julie-kantor/ high-turnover-costs-way-more-than-you-think_b_9197238.html; "Why Retaining Current Employees is Cheaper Than Hiring New Ones," infographic by Mind Flash.com using information provided by Society for Human Resource Management, SHRM.org. Included in Matthew Gates, "Cost of Keeping Employees vs. Hiring New Employees," Confessions of the Professions, http://www.confessions oftheprofessions.com/keeping-employees-infographic.
9. ブリッジグローバル社・エキパ社分散型アジャイルエキスパート・創設者。Hugo Messer, "Managing Remote Teams," interview by Lisette Sutherland, Collaboration Superpowers, podcast audio, video, and transcript, 26 November 2014, https://collaborationsuperpowers.com/13-managing-remote-teams-hugo-messer.
10. Fernando Garrido Vaz, "Build Reputation in the Freelance Economy with Fernando Garrido Vaz," interview by Lisette Sutherland, Collaboration Superpowers, podcast audio, video, and transcript, 2 March 2016, https://collaborationsuperpowers.com/89-build-reputation-in-the-freelance-economy-with-fernando-garrido-vaz.
11. Adriana Vela, "How to Be Efficient on the Road with Adriana Vela," interview by Lisette Sutherland, Collaboration Superpowers, video and transcript, 3 August 2015, https://www.collaborationsuperpowers.com/49-how-to-be-efficient-on-the-road-with-adrian-vela.
12. シスコシステムズ社プロジェクト管理オフィスマネジャー。見解はオスマン氏個人のものであり、シスコ社のものではないことにご注意ください。 Hassan Osman, "Influence Your Virtual Team," interview by Lisette Sutherland, Collaboration Superpowers, podcast audio, video, and transcript, 3 November 2013, https://www.collaborationsuperpowers.com/5-managing-your-virtual-team-hassan-osman.

technical-support-laura-rooke.
34. Eric Severson, "Forget Work-Life Balance—It's All About Work-Life Integration," interview by Jacob Morgan, *The Future of Work Podcast*, podcast audio, 18 August 2015, https://thefutureorganization.com/forget-work-life-balance-its-all-about-work-life-integration.
35. Stephan Dohrn, "Get Ready for the Future of Work," interview by Lisette Sutherland, Collaboration Superpowers, podcast audio, video, and transcript, 30 November 2015, https://www.collaborationsuperpowers.com/66-what-it-takes-to-be-a-great-virtual-team-leader-with-stephan-dohrn.
36. Yegor Bugayenko, "Extreme Results-Oriented Working with Yegor Bugayenko," interview by Lisette Sutherland, Collaboration Superpowers, podcast audio, video, and transcript, 10 November 2014, https://collaborationsuperpowers.com/ extreme-results-oriented-working-yegor-bugayenko.
37. ソナタイプ社アジャイルコーチ。Mark Kilby, "Facilitating Distributed Agile Teams," interview by Lisette Sutherland, Collaboration Superpowers, podcast audio, video, and transcript, 12 November 2014, https://www.collaborationsuperpowers.com/9-coaching-distrib uted-agile-teams-mark-kilby.
38. Tornadosedge.com 共同創設者、バーチャルアイスブレーカーズ創設者。Gerard Beaulieu, "Virtual Icebreakers with Gerard Beaulieu," interview by Lisette Sutherland, Collaboration Superpowers, podcast audio, video, and transcript, 24 August 2015, https://www.collaborationsuperpowers.com/52-virtual-icebreakers-with-gerard-beaulieu.
39. ギャップ社元最高人事責任者、革新と起業家精神の国家諮問委員会委員。Eric Severson, "Forget Work-Life Balance—It's All About Work-Life Integration," interview by Jacob Morgan, *The Future of Work Podcast*, podcast audio, 18 August 2015, https://thefutureorganization.com/forget-work-life-balance-its-all-about-work-life-integration.
40. Pam Ross, "2014: The Year of Workplace Reinvention," *HuffPost*, 4 January 2014, https://www.huffingtonpost.com/pam-ross/workplace-reinvention_b_4541805.html.
41. Jake Goldman, "10up Inc. Remote Company Q&A," interview by Remote.co, June 2015, https://remote.co/company/10up-inc.
42. Jamie Nichol, "Pros and Cons of a Results-Only Work Environment (ROWE)," CultureIQ, https://cultureiq.com/results-only-work-environment-rowe.
43. Brie Weiler Reynolds, "Workers Are More Productive at Home: Here Are 25 Companies Hiring for Remote Jobs," FlexJobs, 21 August 2017, https://www.flexjobs.com/blog/post/productive-working-remotely-top-companies-hiring.

第２章　リモートワークが雇用主にもたらす利益

1. SpreadScrum.com分散型アジャイルチームトレーナー。Lucius Bobikiewicz, "Powerful Online Collaboration with Simple Spreadsheets," interview by Lisette Sutherland, Collaboration Superpowers, podcast audio, video, and transcript, 6 July 2015, https://www.collaborationsuperpowers.com/45-powerful-collaboration-with-simple-spreadsheets.
2. Eurofound and the International Labour Office (2017), *Working Anytime, Anywhere: The Effects on the World of Work*, Publications Office of the European Union, Luxembourg, and the International Labour Office, Geneva, 2017.

To," Hubstaff, 25 July 2016, https://blog.hubstaff.com/remote-workers-more-productive. Hubstaff cites: ConnectSolutions [now CoSo Cloud] Remote Collaborative Worker Survey, "CoSo Cloud Survey Shows Working Remotely Benefits Employers and Employees," CoSo, 17 February 2015, http://www.cosocloud.com/press-release/connectsolutions-survey-shows-working-remotely-benefits-employers-and-employees; Gallup, "State of the American Workplace Report," http://news.gallup.com/reports/199961/state-american-workplace-report-2017.aspx; Scott Edinger, "Why Remote Workers Are More (Yes, More) Engaged," *Harvard Business Review*, 24 August 2012, https://hbr.org/2012/08/are-you-taking-your-people-for; GlobalWorkplaceAnalytics.com, "Latest Telecommuting Statistics," based on an analysis of 2005–2015 American Community Survey (U.S. Census Bureau) data, http://globalworkplaceanalytics.com/telecommuting-statistics; Remote.co, "How Do You Measure the Productivity of Remote Workers?," https://remote.co/qa-leading-remote-companies/how-do-you-measure-productivity-of-remote-workers.

25. インタレスティング社クリエイティブエキスパート。Teo Härén, "Work Where You Are Most Productive," interview by Lisette Sutherland, Collaboration Superpowers, podcast audio, video, and transcript, 16 March 2015, https://www.collaborationsuperpowers.com/29-work-where-you-are-most-productive-with-teo-hren.

26. パソナファイ社セールスディレクター。Nick Timmons, "Embody Your Team Online with Personify," interview by Lisette Sutherland, Collaboration Superpowers, podcast audio, video, and transcript, 30 March 2015, https://www.collaborationsuperpowers.com/31-embody-your-team-online-with-personify.

27. カーバナ社シニアエンジニア。Abraham Heward, 9 August 2013 (21:39), comment on Lisette Sutherland, "Is a Hybrid Model an Ideal Scenario for Remote Working?," LisetteSutherland.com, 9 August 2013, http://www.lisettesutherland.com/2013/08/is-a-hybrid-model-an-ideal-scenario-for-remote-working.

28. ゼロクラシー社ディレクター。Yegor Bugayenko, "Extreme Results-Oriented Working with Yegor Bugayenko," interview by Lisette Sutherland, Collaboration Superpowers, podcast audio, video, and transcript, 10 November 2014, https://collaborationsuperpowers.com/extreme-results-oriented-working-yegor-bugayenko.

29. Abraham Heward, 9 August 2013 (21:39), comment on Lisette Sutherland, "Is a Hybrid Model an Ideal Scenario for Remote Working?," LisetteSutherland.com, 9 August 2013, http://www.lisettesutherland.com/2013/08/is-a-hybrid-model-an-ideal-scenario-for-remote-working.

30. Teo Härén, "Work Where You Are Most Productive," interview by Lisette Sutherland, Collaboration Superpowers, podcast audio, video, and transcript, 16 March 2015, https://www.collaborationsuperpowers.com/29-work-where-you-are-most-productive-with-teo-hren.

31. Troy Gardner, 6 March 2014 (07:22), comment on Lisette Sutherland, "Guilty Pleasures of Working from Home," LisetteSutherland.com, 27 February 2014, http://www.lisettesutherland.com/2014/02/guilty-pleasures-working-from-home.

32. Eric Severson, "Forget Work-Life Balance—It's All About Work-Life Integration," interview by Jacob Morgan, *The Future of Work Podcast*, podcast audio, 18 August 2015, https://thefutureorganization.com/forget-work-life-balance-its-all-about-work-life-integration.

33. Laura Rooke, "Remote Technical Support," interview by Lisette Sutherland, Collaboration Superpowers, podcastaudio, video, andtranscript, 1 December 2014, https://www.collaborationsuperpowers.com/14-remote-

9. Brie Weiler Reynolds, "Workers Are More Productive at Home."
10. Leslie Truex, "Be a Work-at-Home Success with Leslie Truex," interview by Lisette Sutherland, Collaboration Superpowers, podcast audio, video, and transcript, 20 April 2016, https://www.collaborationsuperpowers.com/91-be-a-work-at-home-success-with-leslie-truex.
11. Brie Weiler Reynolds, "Communicate Proactively and Build Culture," interview by Lisette Sutherland, Collaboration Superpowers, podcast audio, video, and transcript, 5 August 2015, https://collaborationsuperpowers.com/56-communicate-proactively-and-build-culture-with-brie-reynolds.
12. Upwork and Freelancers Union, "Freelancing in America: 2017," Results Deck, slides 38, 39, and 5, 28 September 2017, https://upwork.com/i/freelancing-in-america/2017.
13. Upwork, "Fortune 500 Enterprises Shift Their Contingent Workforce to Upwork Platform Saving Both Time and Money," press release, 6 February 2018, https://www.upwork.com/press/2018/02/06/fortune-500-enterprises.
14. Jeremy Stanton, "Being Deliberate with Onboarding and Culture with Jeremy Stanton,"interviewbyLisetteSutherland,CollaborationSuperpowers,podcastaudio, video, and transcript, 17 November 2014, https://collaborationsuperpowers.com/10-being-deliberate-with-onboarding-and-culture-jeremy-stanton.
15. Leslie Truex, "Be a Work-at-Home Success with Leslie Truex," interview by Lisette Sutherland, Collaboration Superpowers, podcast audio, video, and transcript, 20 April 2016, https://www.collaborationsuperpowers.com/91-be-a-work-at-home-success-with-leslie-truex.
16. Dave Hecker, "Effectively Managing Remote Teams with Dave Hecker," interview by Lisette Sutherland, Collaboration Superpowers, podcast audio, video, and transcript, 20 April 2016, https://www.collaborationsuperpowers.com/93-manage-expectations-on-distributed-teams-with-dave-hecker.
17. "2016 Global Telework Survey," 27 July 2016, https://www.pgi.com/blog/2016/06/2016-global-telework-survey.
18. Brie Weiler Reynolds, "Communicate Proactively and Build Culture," interview by Lisette Sutherland, Collaboration Superpowers, podcast audio, video, and transcript, 5 August 2015, https://collaborationsuperpowers.com/56-communicate-proactively-and-build-culture-with-brie-reynolds.
19. Leslie Truex, "Be a Work-at-Home Success with Leslie Truex," interview by Lisette Sutherland, Collaboration Superpowers, podcast audio, video, and transcript, 20 April 2016, https://www.collaborationsuperpowers.com/91-be-a-work-at-home-success-with-leslie-truex.
20. Andrea Loubier, "Benefits of Telecommuting for the Future of Work," *Forbes*, 20 July 2017, https://www.forbes.com/sites/andrealoubier/2017/07/20
/benefits-of-telecommuting-for-the-future-of-work/#16e712ec16c6.
21. Brie Weiler Reynolds, "Workers Are More Productive at Home: Here Are 25 Companies Hiring for Remote Jobs," FlexJobs, 21 August 2017, https://www.flexjobs.com/blog/post/productive-working-remotely-top-companies-hiring.
22. Nicholas Bloom, "To Raise Productivity, Let More Employees Work from Home," *Harvard Business Review*, January–February 2014, https://hbr.org/2014/01/to-raise-productivity-let-more-employees-work-from-home.
23. "Remote Work Isn't Working for IBM," *The American Interest*, 22 March 2017, https://www.the-american-interest.com/2017/03/22/remote-work-isnt-working-for-ibm.
24. Dave Nevogt, "Are Remote Workers More Productive? We've Checked All the Research So You Don't Have

註

用語解説

1. Ward Cunningham, "Front Page," Content Creation Wiki, 23 December 2014, http://wiki.c2.com/? FrontPage.
2. Eurofound and the International Labour Office (2017), Working Anytime, Anywhere: The Effects on the World of Work, Publications Office of the European Union, Luxembourg, and the International Labour Office, Geneva.
3. "2016 Global Telework Survey," 27 July 2016, https://www.pgi.com/blog/2016/06/2016-global-telework-survey.
4. Terrence Metz, "How to Manage Your Meeting Parking Lot and Assign Action Items," MG Rush, FAST Facilitation Leadership Monthly, https://mgrush.com/blog/2011/08/04/meeting-parking-lot.
5. Paul R. Niven and Ben Lamorte, *Objectives and Key Results: Driving Focus, Alignment, and Engagement with OKRs* (Hoboken, NJ: John Wiley & Sons, 2016), 6.

〈第 I 部　リモートワークの前提条件〉

第1章　なぜリモートワークをするのか？

1. バーチャルノットディスタント社ディレクター。Pilar Orti, "Humanize Remote Work," interview by Lisette Sutherland, 3 November 2014, https://collaborationsuperpowers.com/4-humanizing-remote-work-pilar-orti.
2. GlobalWorkplaceAnalytics.com, "Latest Telecommuting Statistics," updated June 2017, http://globalworkplaceanalytics.com/telecommuting-statistics. Global Workplace Analytics provides statistics on the work-at-home/telework population in the U.S. based on an analysis of 2005–2015 American Community Survey (U.S. Census Bureau) data.
3. Upwork and Freelancers Union, "Freelancing in America: 2017," Results Deck, slide 65, 28 September 2017, https://www.upwork.com/i/freelancing-in-america/2017.
4. Upwork and Freelancers Union, "Freelancing in America: 2017," 28 September 2017, https://www.upwork.com/i/freelancing-in-america/2017.
5. 2018 Payoneer Freelancer Income Survey, https://explore.payoneer.com/ freelancer-income-survey-2018.
6. 2017 State of Telecommuting in the U.S. Employee Workforce, Global Workplace Analytics and FlexJobs, https://flexjobs.com/2017-State-of-Telecommuting-US.
7. Brie Weiler Reynolds, "Workers Are More Productive at Home: Here Are 25 Companies Hiring for Remote Jobs," FlexJobs, 21 August 2017, https://www.flexjobs.com/blog/post/productive-working-remotely-top-companies-hiring.
8. Brie Weiler Reynolds, "Working Parents in 2017: What They Want at Work," FlexJobs, 11 August 2017, https://www.flexjobs.com/blog/post/what-working-par ents-want-at-work.

索 引

著者紹介

リセット・サザーランド（Lisette Sutherland）

ドイツ生まれのアメリカ人。どこでも働くことができるという考えに魅了され、正しい方法で行えば、ただ働けるのみならず生産的に働くことができると信じている。リセットはリモートワークを様々なフォーマットで行う方法を共有するコラボレーションスーパーパワーズ社のディレクターとして、講演、ウェブセミナー、ワークショップ、リモートワークを実践している専門家へのインタビューのポッドキャストによる発信（毎週)、ニュースレターの発行（隔週)、ピラル・オルティの「21世紀ワークライフ」ポッドキャストへのゲスト出演などを行っている。

またリセットは、世界各地のカンファレンスやMeetupなど多彩なイベントでプレゼンテーションを行ってきた。TED×トークは、リトアニア、カウナスにおいて「未来を解き放つUnbox the Future」というテーマで行われた。リセットのワークショップやウェブセミナーの顧客には、エールフランス、クロスナレッジ（ワイリーブランド)、エリクソン、IKEA、ING、ラボバンク、サンゴバン、ボルボなどがある。2018年1月に、「コラボレーションスーパーパワーズ」のポッドキャストと、「21世紀ワークライフ」ポッドキャストが、ワークプレイスレスによってベストリモートワークポッドキャストのひとつに選ばれた。

リセットは、100%リモートのハッピーメリー社（職場の幸福を追求するグローバルなプロフェッショナルの集まり）のリモートチームのマネジャーも務める。また、バーチャルチームへの取り組みに熱心な500名の集うオンラインコミュニティ、バーチャルチームトーク https://www.virtualteamtalk.com を共同で設立している。リセットはオランダ在住だが、デジタルコネクションのあるところなら、どこでも仕事ができている。連絡先は lisette@lisettesutherland.com

カースティン・ジャニーン＝ネルソン（Kirsten Janene-Nelson）

フリーランスの編集者でコンサルタント。25年以上の出版の経験がある。カリフォルニア州サンフランシスコ在住。2000年に訪れたサンホアン島で、リセット・サザーランドに腕ずもうで挑戦したことが、二人の出会いとなった。身長160㎝のカースティンは178㎝のリセットに勝利して以来、親交を深めてきた。www.the-editrice.com

序文執筆者紹介

ヨーガン・アペロ（Jurgen Appelo）

自らをクリエイティブネットワーカーと呼ぶ。ライター、講演者、トレーナー、アントレプレナー、イラストレーター、マネジャー、ブロガーなど多くの顔を持つ。ビジネスネットワークのハッピーメリー社のCEOで、アジャイルリーンヨーロッパネットワークの共同創設者。世界各地のビジネスセミナーやカンファレンスの講演者としても人気。Dutch guy.inc.comにより、リーダーシップ・エキスパートのトップ50の一人として、またリーダーシップについての講演者トップ100の一人として選ばれた。著書に *Management 3.0* (Addison-Wesley Professional; 1 edition, 2011), *How to Change the World* (Jojo Ventures BV, 2012), *Managing for Happiness* (Wiley, 2016), *Startup, Scaleup, Screwup* (Wiley, 2019) がある。https://jurgenappelo.com/

訳者紹介

上田勢子（うえだ・せいこ）

慶應義塾大学文学部社会学科卒。1979 年より米国カリフォルニア州在住。『イラスト版　子どもの認知行動療法』全 10 巻、『見えない性的指向　アセクシュアルのすべて』、『家庭で育むしなやかマインドセット』（以上、明石書店）、『10 代のためのマインドフルネストレーニング』『10 代のための実行機能トレーニング』（共に合同出版）など、児童書や一般書の翻訳を多く手掛ける。

山岡希美（やまおか・きみ）

16 歳まで米国カリフォルニア州で生活。同志社大学を卒業後、再渡米。リモートワーカーとして Apple 社に入社。翻訳業に専念するために退社を決意し、日本へ再帰国。『教えて！哲学者たち―― 子どもとつくる哲学の教室』（全 2 巻、大月書店）を共訳。

リモートワーク
――チームが結束する次世代型メソッド

二〇二〇年八月一五日　初版第一刷発行

著　者――リセット・サザーランド
カースティン・ジャニーン＝ネルソン
序　文――ヨーガン・アペロ
訳　者――上田勢子・山岡希美
発行者――大江道雅
発行所――株式会社 明石書店
一〇一－〇〇二一　東京都千代田区外神田六－九－五
電　話　〇三－五八一八－一一七一
ＦＡＸ　〇三－五八一八－一一七四
振　替　〇〇一〇〇－七－二四五〇五
http://www.akashi.co.jp
装　丁――清水肇（prigraphics）
印刷／製本――モリモト印刷株式会社
ISBN 978–4–7503–5049–3
（定価はカバーに表示してあります）

家庭で育む しなやかマインドセット
能力や素質を成長させるシンプルなシステム
メアリー・ケイ・リッチ、マーガレット・リー著　上田勢子訳　◎２０００円

見えない性的指向 アセクシュアルのすべて
誰にも性的魅力を感じない私たちについて
ジュリー・ソンドラ・デッカー著　上田勢子訳　◎２３００円

不平等と再分配の経済学 格差縮小に向けた財政政策
トマ・ピケティ著　尾上修悟訳　◎２４００円

サイバーハラスメント 現実へと溢れ出すヘイトクライム
ダニエル・キーツ・シトロン著
明戸隆浩、唐澤貴洋、原田學植監訳　大川紀男訳　◎４５００円

在野研究ビギナーズ 勝手にはじめる研究生活
荒木優太編著　◎１８００円

変わりゆくEU 永遠平和のプロジェクトの行方
臼井陽一郎編著　◎２８００円

世界のAI戦略 各国が描く未来創造のビジョン
マルチメディア振興センター編　◎３５００円

デジタル時代に向けた幼児教育・保育 人生初期の学びと育ちを支援する
アンドレアス・シュライヒャー著
経済協力開発機構（OECD）編　一見真理子、星三和子訳　◎２５００円

GDPを超える幸福の経済学 社会の進歩を測る
ジョセフ・E・スティグリッツほか編著
経済協力開発機構（OECD）編　西村美由起訳　◎５４００円

高齢社会日本の働き方改革 生涯を通じたより良い働き方に向けて
経済協力開発機構（OECD）編著　井上裕介訳　◎３５００円

OECD幸福度白書4 より良い暮らし指標：生活向上と社会進歩の国際比較
OECD編著　西村美由起訳　◎６８００円

信頼を測る OECDガイドライン
経済協力開発機構（OECD）編著
桑原進監訳　高橋しのぶ訳　◎５４００円

環境ナッジの経済学 行動変容を促すインサイト
経済協力開発機構（OECD）編著
齋藤長行監訳　濱田久美子訳　◎３５００円

全国データ SDGsと日本 誰も取り残されないための人間の安全保障指標
NPO法人「人間の安全保障」フォーラム編
高須幸雄編著　◎３０００円

国際的な人の移動の経済学
佐伯康考著　◎３６００円

オフショア化する世界 人・モノ・金が逃げ込む「闇の空間」とは何か？
ジョン・アーリ著　須藤廣、濱野健監訳　◎２８００円

〈価格は本体価格です〉